经营者集中审查制度的理论意蕴与实证研究

张晨颖 著

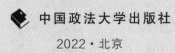

中国政法大学出版社

2022·北京

图书在版编目（ＣＩＰ）数据

经营者集中审查制度的理论意蕴与实证研究/张晨颖著. —北京：中国政法大学出版社，2022.3
ISBN 978-7-5764-0383-1

Ⅰ.①经… Ⅱ.①张… Ⅲ.①反垄断法－研究－中国
Ⅳ.①D922.294.4

中国版本图书馆CIP数据核字(2022)第037692号

书　　名	经营者集中审查制度的理论意蕴与实证研究 JINGYINGZHE JIZHONG SHENCHA ZHIDU DE LILUN YIYUN YU SHIZHENG YANJIU
出版者	中国政法大学出版社
地　　址	北京市海淀区西土城路 25 号
邮　　箱	fadapress@163.com
网　　址	http://www.cuplpress.com (网络实名：中国政法大学出版社)
电　　话	010-58908466(第七编辑部) 010-58908334(邮购部)
承　　印	北京中科印刷有限公司
开　　本	720mm×960mm　1/16
印　　张	17.75
字　　数	280 千字
版　　次	2022 年 3 月第 1 版
印　　次	2022 年 3 月第 1 次印刷
定　　价	88.00 元

引　言

一、研究背景与研究意义

经营者集中审查制度是反垄断法规则的三大实体制度之一，是全球一百余个国家、地区和组织普遍适用的规则，也是我国反垄断案件中占比最高的类型。经营者集中是经济活动中常见的资源整合方式，但这种急速的扩张也可能导致相关市场结构的剧烈变化，造成竞争失序。为此，各法域对于达到法定条件的经营者集中设置了事前或事后的审查规则。经营者集中审查的目的是对企图形成或者加强潜在的市场支配力的事前预防、控制，旨在维护合理的市场结构，防止市场力量过度集中。自 2008 年 8 月 1 日《反垄断法》[1]施行以来，我国执法机构共审结经营者集中案件 4194 件，其中禁止 3 件、附条件批准 52 件、无条件批准 4139 件，积累了丰富的执法经验。同时，也表现出一些重要规则与实践需求的不适应性。

从宏观层面来看，世界的政治经济格局处于历史意义上的变革期。回溯反垄断的历史，从 19 世纪末诞生至今，经历了两次世界大战对全球经济格局的重塑，科学技术的进步和资本的催化掀起了数次并购浪潮，在区域市场所带来的垄断问题屡见不鲜。时至今日，数字经济、虚拟经济的发展让世界变得更近，有时又更遥远，看似近在咫尺又不可触及。禀赋是影响经济的重要因素，不同国家如此，一个国家内部也是这样。于是，如何实现资源的合理配置就成为核心问题。在竞争法学者看来，反垄断法责无旁贷。

纵观全球反垄断法的发展历程，动态适应性是一个显著特点。以美国

---

[1]　本书中我国法律法规等省去"中华人民共和国"字样。

为代表的判例法，在诸多案件的判决中阐释、丰富、发展了成文法规则，也借此实现制度的弹性。以欧盟、中国为代表的成文法体系，通过多层次、立体化的制度建设来满足市场的需要。值《反垄断法》修订之际，对经营者集中审查制度进行理论和实践上的反思，以完善相关制度正当其时。

二、研究思路与研究方法

本书在总体框架上由原理至具体制度在各章就具体制度部分的论证过程中遵循问题导向。在理论层面，一是明确提出二维视角下的经营者集中审查制度的理论架构。以制度的基本内涵为起点，将反垄断法体系解释作为切入点，厘清三大实体制度之间的关系，建立经营者集中审查制度的防御功能与行政法上定性之间的逻辑关系，以此作为经营者集中审查制度的基石，并由此确立比例原则适用的正当性。二是始终围绕"自由"与"控制"这一对关系来论证经营者集中审查制度的原理和制度内涵，以实现预防机制下的价值平衡。三是注重具体制度内部与制度之间体系化的联系，以期提高经营者集中审查制度的总体有效性。四是坚持以问题为导向的理念，理论服务于实践，有针对性地探讨数字经济、平台经济在经营者集中问题中的特殊性并提出解决方案。

在研究方法上，综合运用规范研究法、案例研究法、实证研究法、比较研究法、历史研究法。

法律是一门规范的学科，不仅研究对象本身就是规范，研究过程也离不开规范，解释规范、适用规范，研究的目的是构建或者改进规范。所以，规范是法学研究的起点、过程以及目标。在国内法方面，本书对我国2007年《反垄断法》、国家市场监督管理总局于2020年1月公布的《〈反垄断法〉修订草案（公开征求意见稿）》（以下简称《反垄断法（征求意见稿）》）以及全国人大常委会法工委公布的《反垄断法（修正草案）》的有关内容进行了全面的分析研究。

"法律的生命不在于逻辑，而在于经验。"无论是对法律历史的回溯考察，还是对案例的研究分析，都是对经验的再认识过程，这些都是学术研究的珍贵素材。目前，无论是做定量研究、定性研究或是政策研究都需要进行数据统计和分析。笔者收集了 2008 年 8 月 1 日至 2021 年 12 月 31 日执法机构公告的全部案件，数据详实。在写作中如实摘取其中的信息，根据论证对象和论证目的对数据进行全景式的剖析，力求得出的结论具有说服力。

在比较研究方面，兼顾纵向的时间维度比较和横向的跨域比较，从制度演进中寻找规律，从法域之间的差异辨识取舍；既有微观的规则比较，比如多维度申报标准之间的比较，又有中观的同一制度不同国别之间的比较。

三、研究框架与主要内容

本书对经营者集中审查的规则、结构和内容研究由理论至实践，在具体制度上，选取了重点、难点问题，为我国《反垄断法》相关制度的修订和行政执法提供了具有说服力和可操作性的建议。全书分为五章。

第一章讨论经营者集中审查制度的法理，以双重效应为视角，从立法论、体系论两个维度论证经营者集中审查制度的防御功能以及作为行政执法属性应当秉持的比例原则，以此作为本书的论证基点。反垄断执法机构开展经营者集中审查旨在实现并购效率的同时保持相关市场的有效竞争。为此，审查的目标是在竞争损害和集中产生的收益之间进行平衡。而基于比例原则的必要性要求，在确定限制性条件时要选择对行政相对方侵害最小的方式，这是从经营者的利益角度考虑的，用以制衡基于公共利益考量造成的私利损害。经济法学理念贯穿于反垄断法实践。

第二章至第五章讨论具体制度。经营者集中审查制度的核心内容是申报与审查，这分别是从经营者和执法机构不同的主体视角来区分的，也是制度流程的客观描述。在申报阶段，经营者具有主动性，此处的主动性并非"是"与"否"的选择性，而是对有关集中问题的自我审视，比如是否达到申报标准、适用普通申报还是简易申报、填写和提交资料、是否提出附加限制性条件等。申报之后则由执法机构审查并作出决定。虽然经营者申报、执法机构审查，两个阶段的主辅不同，但其适用的是相同的规则。从这个意义上来说，申报与审查又是一个问题的两个方面。从经营者集中的逻辑和相应规则来看，分为以下几个步骤：经营者集中的申报、审查、决定、监督执行、（如有违法情形时的）法律责任。由于制度的关联性，上述各部分在规则上是密切相关的，而非孤立的。

申报是经营者集中审查制度的起点。根据我国的法律规定，申报规则以两个因素为基础：一是拟议交易构成一项集中（定性）；二是这项集中达到了申报的标准（定量）。在是否构成集中的诸多问题中，其核心是对"控制权"的认识，而对控制关系的理解会直接影响到"经营者"的范畴以及营业额的计算，所以定性一定程度上决定了"量"的度量。为此，本书第二章、第三章分别从定性、定量两个维度来讨论申报问题。

第二章分析经营者集中的核心议题"控制权"。从体系的角度理顺《公司法》《证券法》《反垄断法》在这一概念上的含义并解构在认识"控制"方面的具体分类及其方法，立足于构建适合我国法律传统的具体规则。

第三章检讨现行申报标准的缺陷。包括指标单一、标准阈值固化，以及难以应对数字经济挑战的现实问题。通过对比分析不同法域采用的标准、标准的特征与适用性，旨在立论建立多元指标体系并进行动态调试，设定适合数字经济的申报标准，以期实现有效筛查与行政效率的平衡。

第四章探讨经营者集中的救济措施。救济措施适用于对竞争有影响的案件，是制度的重要组成部分，涵摄多个阶段：由经营者自行提出具体的限制性条件、论证其有效性，经过执法机构审查并批准，再到监督执行。本章通过数据分析、案例研究、比较研究等方法，论证了欧美长期秉持的"结构性救济优先"思路存在片面性，提出救济措施无位阶的观点。进而阐释事后评估的必要性及其规则。

第五章侧重于研究经营者集中存在的违法行为及其责任规则。这种法律责任的特殊性在于，经营者集中控制是一种事前预防制度，即建立在经验基础上的"预判"，而非如同垄断协议或者滥用市场支配地位，是对于既有违法行为的事后追责。正因如此，预防情境下责任制度的正当性及其具体规则都值得讨论，以免法律责任失当。

本书立足于中国立场，研究中国问题。期待我国的反垄断法治不断完善，为促进社会主义市场经济健康有序发展提供保障，为推动经济高质量发展保驾护航。实现经济行稳致远、社会安定和谐，让人民生活更美好。

法律法规名称与简称对比表

法律法规全称	本书简称
《中华人民共和国反垄断法》（第十届全国人民代表大会常务委员会第二十九次会议于 2007 年 8 月 30 日通过，自 2008 年 8 月 1 日起施行）	2007 年《反垄断法》
《〈反垄断法〉修订草案（公开征求意见稿）》	《反垄断法（征求意见稿）》
《中华人民共和国反垄断法（修正草案）》	《反垄断法（修正草案）》
《中华人民共和国公司法》	《公司法》
《中华人民共和国证券法》	《证券法》
《中华人民共和国会计法》	《会计法》
《中华人民共和国刑法》	《刑法》
《中华人民共和国行政许可法》	《行政许可法》
《中华人民共和国行政处罚法》	《行政处罚法》
《中华人民共和国外商投资法》	《外商投资法》
the EC Merger Regulation（Council Regulation（EC）No. 139/2004, on the control of competition between undertakings）	《欧盟并购条例》
Horizontal Merger Guideline	《横向合并指南》
Treaty on the Functioning of the European Union	《欧盟运行条约》
Federal Trade Commission Act	《联邦贸易委员会法》
Sherman Act	《谢尔曼法》
The Clayton Antitrust Act	《克莱顿法》
Antitrust Procedural Improvements Act of 1980	《反托拉斯程序法》

续表

法律法规全称	本书简称
Hart-Scott-Rodino Antitrust Improvement Act	HSR 法案
Celler-Kefauver Act	《塞勒-科佛沃修正案》
Treaty of Rome	《罗马条约》
《外国投资者并购境内企业暂行规定》	《暂行规定》
《关于外国投资者并购境内企业的规定》（2006 年修订）	《外资并购境内企业的规定》
《关于平台经济领域的反垄断指南》	《平台反垄断指南》
《互联网平台分类分级指南（征求意见稿）》	《分类分级指南》
《互联网平台落实主体责任指南（征求意见稿）》	《主体责任指南》
Digital Markets Act	《数字市场法》
DasGesetz gegen Wettbewerbsbeschr nkungen，GWB	《德国反限制竞争法》
《关于禁止私人垄断及确保公平交易之法律》（昭和 22 法 54 号）	《日本独占禁止法》
Commission Consolidated Jurisdictional Notice under Council Regulation（EC）No 139/2004 on the Control of Concentrations between Undertakings《经营者集中控制管辖权汇总的通告》	"管辖权通告"
Platform Competition and Opportunity Act of 2021	《平台竞争和机会法案》
Antitrust Division Policy Guide to Merger Remedies	《合并救济政策指南》
Statement of the Federal Trade Commission's Bureau of Competition on Negotiating Merger Remedies	《集中救济商谈声明》
Merger Remedies：Competition Commission Guidelines	《并购救济指南》
《关于实施经营者集中资产或业务剥离的暂行规定》	《剥离规定》
《关于经营者集中附加限制性条件的规定（试行）》	《救济规定》
Commission Notice on the definition of the relevant market for the purposes of Community competition law	《市场界定通告》
Council Regulation（EC）No. 139/2004 of 20 January 2004 on the control of concentratrions between undertakings《欧盟理事会关于企业集中控制的条例》	《集中控制条例》

目　录

第一章
经营者集中审查制度的法理与思考

　　经营者集中使原本互相独立的经营者之间发生控制与被控制关系的变化，导致市场份额或者市场的结构性变化，并由此出现限制竞争的情况。而这种情况一旦发生会造成竞争损害。为此，在反垄断法上对经营者集中进行审查称为经营者集中审查或者合并控制（Merger Control）。[1]相对于对垄断协议、滥用市场支配地位行为的查处，这是一种事前预防措施。

　　所谓事前与事后，是以反垄断法所规制之行为发生时为基准点，如果执法机构在此前介入为"事前"，反之则为"事后"。我国《反垄断法》规定了四种实体违法行为：一是达成并（或）实施垄断协议，[2]二是滥用市场支配地位，三是违法实施经营者集中，四是滥用行政权力排除、限制竞争。从制度逻辑来看，第一种、第二种、第四种行为，必然是在相关行为发生之后执法机构才介入调查，故而谓之事后救济制度；第三种行为，是根据经营者实施集中的时间和执法机构介入的先后来判断事前或事后的。也就是说，如果经营者集中先发生，即实施了集中再审查就是事后行为；如果拟议集中先申报待审查，经批准之后再实施集中，从执法机构介入的时间来看就是事前审查。从全球的并购规则来看，事前、事后审查两种模式都存在，其中以事前审查为主流。中国、美国、欧盟均采用事前审查的模式。

一、经营者集中审查制度的价值考量

　　由于控制权变化可能引发相关市场结构的改变，譬如造成显著的单边效应（Unilateral Effects）或协同效应（Coordinated Effects），从而出现市场竞争

---

　　〔1〕　鉴于此，本书中除特别讨论"经营者集中"与"并购""合并"的关系外，在适用中为同义词，内涵外延不作区分。

　　〔2〕　根据我国 2007 年《反垄断法》第 46 条第 1 款的规定，达成并实施或达成未实施垄断协议均构成违法。

失序。经营者集中审查制度旨在通过事前的介入，预防垄断行为的发生、维持市场自由的竞争秩序，事前审查遂成为各法域普遍施行的经营者集中控制制度，即达到申报条件的经营者在签订集中协议后，主动向执法机关申报该集中事项，并提供真实、完整的资料供审查。

作为预防性制度，经营者集中案件数量远远超过其他三类调查案件。我国 2008 年 8 月 1 日至 2021 年 12 月 31 日，各年的案件申报数、立案数、结案数统计如图 1-1 所示。[1]

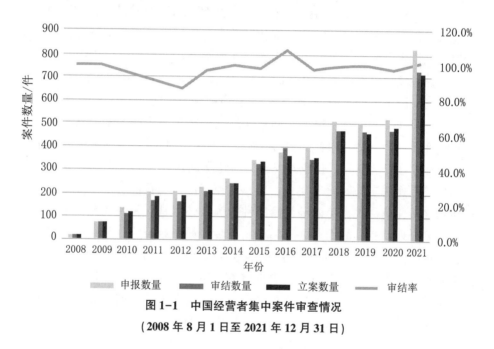

图 1-1　中国经营者集中案件审查情况
（2008 年 8 月 1 日至 2021 年 12 月 31 日）

（一）经营者集中的反垄断法内涵

经营者集中在反垄断法上有特定的内涵。从商业角度来看，经营者集中泛指经营者为了实现特定的经济目的，对其他个人或者企业持有的股权、资产、技术、人员等进行资源整合的行为，其中吸收合并、新设合并是最为常见的形式。但是，法律上的经营者集中的含义大于商业上的企业合并

---

〔1〕　本书统计数据系笔者根据执法机构公告以及资料整理。数据来源参考国家市场监督管理总局反垄断局编：《中国反垄断执法年度报告（2020）》，法律出版社 2021 年版，第 43～45 页。

（Merger）和收购（Acquisition），特别是反垄断法作为维护市场竞争秩序的基本法，它关注的是经营者通过任何方式取得对其他经营者的控制权或者能够对其他经营者施加决定性影响。其核心在于由于控制权变化所引发的相关市场结构发生改变，从而出现市场竞争失序。从这个视角来看，反垄断法下的经营者集中审查制度的法益更倾向于社会整体利益、公共利益，不同于公司法、证券法更强调保护投资人和与公司有关的个人利益。[1]

1. 多视角下经营者集中的类型样态

对经营者集中予以界定是有关制度的基础。我国 2007 年《反垄断法》以"集中"行为的表现形式为标准，将其分为以下三种类型：一是经营者合并；二是经营者通过取得股权或者资产的方式取得对其他经营者的控制权；三是经营者通过合同等方式取得对其他经营者的控制权或者能够对其他经营者施加决定性影响。综观本条规定可以发现，形式意义上的集中的行为方式不一而足，不是最为重要的；实质性的判断标准在于是否有控制权的变化，或者是否能够对决策施加决定性影响。最为典型的就是少数股权控制。

我国 2007 年《反垄断法》在制度结构、规则方面很大程度上与欧盟法相近。根据《欧盟并购条例》[2]第 3 条有关"集中"的界定，如果发生以下三种控制权变更的情形之一，就认为发生了集中，具体是：第一，先前两个独立的企业或者独立企业之部分进行合并；第二，获得控制权；第三，设立一个全能型合资企业。

由此，如何理解控制权、决定性影响则至为关键。对此，反垄断执法机构对控制权的判断标准进行了说明，"经营者集中所指的控制权，包括单独控制权和共同控制权。判断经营者是否通过交易取得对其他经营者的控制权或者能够对其他经营者施加决定性影响（控制权和决定性影响以下统称为'控制权'），取决于大量法律和事实因素……"[3]可见，对于"控制"在反垄

---

〔1〕 参见我国《公司法》第 1 条规定："为了规范公司的组织和行为，保护公司、股东和债权人的合法权益，维护社会经济秩序，促进社会主义市场经济的发展，制定本法。"《证券法》第 1 条："为了规范证券发行和交易行为，保护投资者的合法权益，维护社会经济秩序和社会公共利益，促进社会主义市场经济的发展，制定本法。"

〔2〕 Council Regulation（EC）No 139/2004 of 20 January 2004 on the control of concentrations between undertakings（the EC Merger Regulation），OJ L 24 /1, 29 January 2004.

〔3〕 国家市场监督管理总局《关于经营者集中申报的指导意见》（2018 年修订）第 3 条。

断法上并没有明确的认定标准，而是根据一些"包括但不限于"的因素来综合判断的。故而，这是实践中的重点、难点，也成为执法机关和行政相对人争论的焦点问题。上述规定中提及"单独控制"和"共同控制"，虽然并非经营者集中的具体行为类型，但由于这两种不同的控制方式对于反垄断法所关注的市场结构、市场竞争行为的判断非常重要，所以在诸如营业额的计算、竞争分析等问题上有重大影响。鉴于这一问题的重要性，本书第二章专门进行讨论，在此不作赘述。

以参与集中的经营者的商品或者服务之间的关系为标准，可以将集中分为横向集中、纵向集中和混合集中三种类型。如前所述，经营者集中审查制度的目标在于维护市场竞争秩序，对于集中这种行为而言，在不同市场结构下的效果是不同的。具体来说，集中是发生于具有直接竞争关系的相关市场、上下游之间还是其他市场，结果上会有很大差异。为此，对于这些不同类型的集中进行审查时，竞争分析的视角不同。

横向集中又称为水平集中，是指发生于具有直接竞争关系的经营者之间的集中，参与集中的经营者所生产、销售的产品或者提供的服务具有直接竞争关系或者紧密替代性。横向集中有利于提高经济规模效应，降低成本。但在集中之后，主动收购的一方取得对方的控制权，事实上减少有效竞争，非常有可能减弱相关市场上的竞争性，因而在各法域均是审查最为严格的集中类型。例如美国司法部（Department of Justice，DOJ）和美国联邦贸易委员会（Federal Trade Commission，FTC）于 1992 年联合发布的《横向合并指南》特别对横向集中所引发的竞争影响作了详细的规定。[1]

纵向集中又称为垂直集中，是指发生于产业链条中不同层次环节的经营者之间的集中，参与集中的经营者之间处于上下游关系。纵向集中有利于稳定原料来源或者销售预期，节约交易费用、提高生产效率，并不直接影响某一市场的集中度，也能提高竞品之间的竞争性。但是，这种纵向一体化可能导致经营者通过其上游或者下游制约其他竞争者，比如生产型公司 A1 收购独家生产某种必需原料的企业 B，从交易结构来看是纵向集中，但由于集中后 A1 控制被收购企业 B，B 拒绝向 A1 公司的竞争者 A2 销售原料，就会导致 A2 无法生产，也失去了与 A1 竞争的能力。当然，一般而言，纵向集中要

---

〔1〕 该指南后经 1997 年、2010 年两次修订。

发生反竞争后果通常要受很多因素的制约，就效果而言要弱于横向集中。故而，只会对特殊市场状况下的纵向集中予以限制，类似案例在各法域均有发生。

混合集中是除横向集中、纵向集中之外的集中，也就是说参与集中的经营者原来并没有竞争关系也没有交易关系，在经营方面几乎没有交集。一般理论认为，混合集中对既有市场结构（竞争性或者互补性）的影响不大，除非产生或者加强市场支配地位，否则应当持宽松态度。[1]在传统的反垄断法逻辑下，这种思路和结论是可以肯定的，但置于平台经济的语境下，需要从更宏观的维度思考这个问题。平台有显著的网络外部性和规模效应、用户粘性并产生锁定效应。[2]平台的这些特质改变了经济生产过程和组织样态。以创新活动为例，数字经济条件下，资源配置方式变革和创新主体多元化，创新活动的组织方式由工业时代纵向一体化的组织架构向网络化、协同化、生态化的组织方式转变。[3]因而传统的竞争分析范式——横向、纵向集中的划分模式在平台经济领域是值得商榷的。

2. 经营者集中的双重效应与审查逻辑

经营者集中是常见的企业经营行为，以经济性动因居多，包括扩大企业规模或打通上下游，提高经济效益；放大企业的比较优势和绝对优势，提高市场竞争力，有效促进市场竞争；跨行业、跨层级经营，提高抵抗商业风险的能力；将大企业的资金优势、技术优势辐射于其他产业，加大技术研发投入，提高创新实力；经济全球化背景下发挥跨国资源配置效率，是实现资金、技术、劳动力等生产要素流动的必然要求。

一方面，经营者集中是市场经济条件下一种优胜劣汰的机制，是市场发挥调节作用的具体体现，能够据此优化资源配置，增强企业实力与竞争力、推动经济发展和技术进步。另一方面，经营者集中相对于企业的自然发展、扩张而言，能够实现急速地聚合，强化企业的竞争力量，或者由于集中导致市场上竞争主体减少，便于企业从事滥用市场支配地位或者进行相互协调，

---

[1]　参见孟雁北：《反垄断法》，北京大学出版社 2017 年版，第 189 页。

[2]　See W. Brian Arthur, "Competing Technologies: Increasing Returns and Lock-in by Historical Events", *Economics Journal*, Vol. 99, No. 394, 1989, pp. 116-131.

[3]　参见张昕蔚："数字经济条件下的创新模式演化研究"，载《经济学家》2019 年第 7 期。

从而实施垄断行为，损害社会公共利益、消费者利益，甚至影响社会稳定。所以，反垄断法上对经营者集中的考量，是特定交易是否可能导致原有市场结构下经营者之间的控制权关系发生实质性变化，从而造成市场的结构性影响，以排除、限制竞争。故而，各法域的反垄断执法机构都将达到一定规模的[1]经营者集中纳入审查范围。[2]

自由交易能够提高交易方的福利水平，这是一个基本原理，也是执法机构对交易行为做出行政许可的基本前提，经营者集中审查不是为了禁止企业合并。执法机构一方面要尽可能保护自由交易，另一方面要防止经营者集中所可能产生的负面效果，即妨碍市场交易的竞争规则，最终损害消费者福利。

经营者集中审查的判断原则是：如果一项集中不会严重影响竞争，或者效益大于损失，则予以许可；如果反竞争效果强烈，则予以禁止。由于这一判断是预设性的，即"担心"市场力量过于集中，"可能"导致垄断行为，譬如单边的滥用市场支配地位行为、协同的卡特尔行为。为了避免这种"可能"发生的行为，在经营者集中时即事先予以风险预防。根据经验和分析，对于未来风险较大的集中行为予以禁止，有可能发生假阳性错误或假阴性错误，[3]于是在禁止集中、无条件批准集中之外，对该项集中附加限制性条件成为第三个选项。特别需要阐明的是，所附加的限制性条件，是由参与集中的经营者自行提出的，[4]经权力机关批准并监督其实施。从这个基本出发点，

---

[1] 各法域对纳入经营者集中审查的交易所设定的门槛不同，有的适用动态标准，有的适用静态标准；有的适用多元标准，有的适用一元标准。即使都以"上一年度销售额"作为标准，规定的门槛金额差距也比较大。这是我国 2007 年《反垄断法》修正中的一个重要问题，本书第三章对此作专门分析，故在此不作详细论述。

[2] 我国香港地区是个例外，原则上不审查经营者集中，但电信领域除外。

[3] 假阳性错误是指错误地谴责了事实上对市场竞争和消费者有益的行为。假阳性错误的成本不仅包括被法院或执法机构错误处罚的当事方的损失，也包括那些因为担心类似诉讼结果而放弃尝试促进竞争的行为而带来的损失。假阴性错误是指错误地免于处罚那些事实上有害市场竞争和消费者的行为。就像假阳性错误一样，假阴性错误的成本不仅包括没有处罚反竞争行为的被告方而带来的损失，也包括对其他反竞争行为没有起到应有威慑作用而带来的损失。参见叶卫平："反垄断法的举证责任分配"，载《法学》2016 年第 11 期。

[4] 在商务部负责经营者集中审查时，《关于经营者集中附加限制性条件的规定（试行）》第 5 条规定："商务部应及时提出集中具有或可能具有的排除、限制竞争效果并说明理由，申报方可以据此提出限制性条件建议（以下简称附件建议）。"2020 年 10 月国家市场监督管理总局发布的《经营者集中审查暂行规定》第 32 条第 1 款规定："为减少集中具有或者可能具有的排除、限制竞争的效果，参与集中的经营者可以向市场监管总局提出附加限制性条件承诺方案。"

附加限制性条件的确定过程是执法机关与集中方的博弈过程，是在维护市场有效竞争与促进企业健康发展之间进行平衡的重要法律手段，可以在避免市场既存的有效竞争因合并交易而严重受损的同时，最大程度地维护企业的发展利益。

（二）体系解释的视角：经营者集中审查制度在反垄断规则中的定位及其机理

我国 2007 年《反垄断法》第五章将"滥用行政权力、排除限制竞争"作为一种独立的、第四种垄断行为加以规制。综观全球的反垄断法，在实体规则层面大致分为禁止垄断协议、禁止滥用市场支配地位和经营者集中控制三种制度，通常被称为反垄断规则的三大支柱。如果说反垄断法律规则是一种行为法，就需要建立行为与效果之间的有效联系。比如哈佛学派的结构—行为—绩效理论，或者芝加哥学派的理论。要厘清这三种规则之间的逻辑关系，就需要从宏观视角解构反垄断法的制度体系。

从禁止垄断协议、禁止滥用市场支配地位、经营者集中控制这三种反垄断实体制度的安排来看，在体系构造上是有内在联系的：禁止垄断协议制度的重点在于对经营者（既包括竞争者也包括上下游的交易相对人之间）的共谋[1]行为的规制，禁止滥用市场支配地位制度是对已经形成的现实的市场力量（垄断力）的事后监督、控制，[2]应当说，经营者集中会急速、显著地实现控制力的变化和加强，那么审查制度这种事前预防，其价值在于防患于未然。虽然实施垄断协议、滥用市场支配地位并非必然以在先的集中为前提；但反过来说，集中行为可能造成市场力量过于集中，以不当利用其支配地位或者更易于形成合谋。因此，对合并施加控制，即通过审查及时发现上述情况并有针对性地进行干预是必要的，也是社会成本最小的方案，无论从社会总福利视角、消费者福利或者行政相对人的角度，预防总好于补救。

1. 禁止垄断协议与认定困境

禁止垄断协议制度是对经营者之间所达成的违法协议进行的规制。[3]对

---

　〔1〕　此处"共谋"强调的是经营者之间的主观过错，表现形式可能是明示的也可能是默示的。纵向协议的违法要件也要求经营者之间达成合意。

　〔2〕　参见王先林：《竞争法学》，中国人民大学出版社 2018 年版，第 267 页。

　〔3〕　参见我国 2007 年《反垄断法》第 13~16 条的规定。

此，不同法域的称谓不尽相同：在欧盟被称为"限制竞争协议"，[1]日本称为"不当交易限制"，[2]我国 2007 年《反垄断法》第 13 条第 2 款进一步解释了垄断协议，即"排除、限制竞争的协议、决定或者其他协同行为"。

据此可以从以下几个方面做出解读：首先，这一违法行为的表现形式多样。虽然我们将这类行为称为"垄断协议"，但就其形式而言不一而足，除了协议以外，还可能是决定，甚至是协同行为；外在表现上，可以是书面的，也可以是口头的。[3]更值得注意的是对"其他协同行为"的界定，"其他协同行为是指经营者之间虽未明确订立协议或者决定，但实质上存在协调一致的行为"。[4]从这个定义可以看出，更强调实质上的"协调一致"以阻碍有效竞争的性质。又如美国《谢尔曼法》第 1 条[5]规制经营者之间的联合行为，在形式上规定的是限制贸易的"契约""联合"或"共谋"，类型不拘一格。其次，垄断协议行为的主观过错大、市场损害严重。如亚当·斯密所言，"同业中人甚至为了娱乐或消遣也很少聚集在一起，但他们谈话的结果，往往不是阴谋对付公众便是筹划抬高价格"。[6]因此，某些一旦实施即可确信其损害后果的行为，被称为"核心卡特尔"，[7]以示其违法性。另外，在证明责任方面，如果发现了协议的初步证据便推定其违法，由行为人进行抗辩，证明该协议不会排除、限制竞争；[8]在民事诉讼上则适用举证责任倒置规则。[9]这

---

〔1〕 《欧盟运行条约》第 101 条。

〔2〕 《日本禁止私人垄断及确保公平交易法》第 2 条第 6 款规定，参见中华人民共和国商务部反垄断局编：《世界主要国家和地区反垄断法律汇编》（下册），中国商务出版社 2013 年版，第 853 页。

〔3〕 参见我国《禁止垄断协议暂行规定》第 5 条第 2 款。

〔4〕 参见我国《禁止垄断协议暂行规定》第 5 条第 3 款。

〔5〕 《谢尔曼法》第 1 条规定："任何契约，以托拉斯形式或其他形式的联合、共谋，用来限制州际间与外国之间的贸易或商业，是非法的。任何人签订上述契约或从事上述联合或共谋，是严重犯罪。如果参与人是公司，将处以不超过 100 万美元的罚款，或三年以下监禁。或由法院酌情并用两种处罚"。

〔6〕 ［英］亚当·斯密：《国民财富的性质和原因的研究》（上卷），郭大力、王亚南译，商务印书馆 2011 年版，第 214 页。

〔7〕 See Recommendation of the Council Concerning Effective Action Against Hard Core Cartels (1998), available at https://www.oecd.org/daf/competition/2350130.pdf.

〔8〕 参见国家市场监督管理总局反垄断局：《中国反垄断立法与执法实践》，中国工商出版社 2020 年版，第 86 页。

〔9〕 最高人民法院《关于审理因垄断行为引发的民事纠纷案件应用法律若干问题的规定》第 7 条规定："被诉垄断行为属于反垄断法第十三条第一款第（一）项至第（五）项规定的垄断协议的，被告应对该协议不具有排除、限制竞争的效果承担举证责任。"

种规则和美国法上的本身违法原则、合理原则有可比较之处，由此也可以从反面证明垄断协议对市场竞争的损害程度。最后，垄断协议具有隐秘性、破坏性、高利润性。[1]根据垄断协议证明的难度，由明示共谋至协同行为形成了一个光谱，违法性由强到弱依次为：明示共谋——有意识的平行行为——无意识的平行行为。[2]就协同行为而言，经营者的垄断行为一般是由隐蔽的、默示的意思联络所致的有意识的平行行为，通常欠缺直接证据来证明默示协议的存在，在我国的部门规章中只列举了认定其他协同行为应当考虑的四个因素，而无法明确其要素。[3]在实践中，无论是民事诉讼还是公共执法都是非常难以证明这一点的，以至于在我国尚无认定为协同行为的案件。在美国，反垄断实践中只能尝试降低证明标准，引入规制范围更加宽泛的《联邦贸易委员会法》第5条"不公平的竞争方法"条款，[4]对此行政执法机关与法院的认识也多有冲突。[5]

2. 禁止滥用市场支配地位

认定滥用市场支配地位行为有三个要件，[6]一是主体具有市场支配地位；二是行为不正当，属于"滥用"市场力量；三是该行为导致了排除、限制竞争的后果。这三个要素是紧密关联的，其中以市场支配地位为核心，它不仅是主体要件，即如果主体不适格则不构成此类违法。此外，主体具有市场支配地位是一种必要不充分条件，只有行为人在相关市场具有"可支配"的地位和经济力量，从其趋利的理性角度，才有可能从事非对等、非互惠的行为，也才有可能造成不利于市场竞争的后果。而要认定经营者具有市场支配地位，通常而言，要经过界定相关市场、通过法定因素推定、认定经营者具有市场

---

[1]　参见张晨颖："论卡特尔赦免制度原理——兼议我国《反垄断法》第46条之适用"，载《清华法学》2008年第1期。

[2]　参见张晨颖："共同市场支配地位的理论基础与规则构造"，载《中国法学》2020年第2期。

[3]　我国《禁止垄断协议暂行规定》第6条规定："认定其他协同行为，应当考虑下列因素：（一）经营者的市场行为是否具有一致性；（二）经营者之间是否进行过意思联络或者信息交流；（三）经营者能否对行为的一致性作出合理解释；（四）相关市场的市场结构、竞争状况、市场变化等情况。"

[4]　《联邦贸易委员会法》第5条（a）（1）规定："依照本法，商业领域的不公平竞争方法和不公平或欺诈行为或做法，均视为非法。"

[5]　See Triangle Conduit & Cable Co. v. Federal Trade Commission, 168 F. 2d 175 (7th Cir. 1948). See Monsanto Co. v. Spray-Rite Service Corp. 465 U. S. 752 (1984).

[6]　参见我国2007年《反垄断法》第17~19条。

支配地位的复杂步骤，而且极具不确定性，这一点从我国法律、部门规章以及指南多层次的规定中可见一斑。

我国 2007 年《反垄断法》第三章有关规定滥用市场支配地位行为的规则中，着重强调市场支配地位。这一章共有 3 个条款，其中第 17 条第 1 款列举了滥用市场支配地位的具体行为；第 2 款对市场支配地位下了明确的定义：“本法所称市场支配地位，是指经营者在相关市场内具有能够控制商品价格、数量或者其他交易条件，或者能够阻碍、影响其他经营者进入相关市场能力的市场地位。”可以看出，其表达的是判断经营者市场力量的考量，依然非常抽象。所以，在评估经营者是否具有市场支配地位时，则主要依据 2007 年《反垄断法》第 18 条的认定因素与第 19 条规定的市场份额推定标准。其中，第 19 条明确了推定两个或三个经营者共同具有市场支配地位的市场份额门槛，第 19 条的立法意图是在第 18 条规定的市场支配地位认定因素的基础上，进一步提出“市场占有率（也称为市场份额）可以作为推定企业拥有市场支配地位的法律条件和标准”；同时肯定了“市场占有率的高低是衡量一个企业或几个企业是否处于无竞争状态或压倒性地位的一个测量指标”。[1] 故，对市场支配地位的认定制度体系由以下三个层次构成，即实质认定标准（第 17 条第 2 款）、认定因素（第 18 条）、单独支配地位与共同支配地位的推定标准（第 19 条第 1 款）、推定前提下市场支配地位的抗辩（第 19 条第 2 款、第 3 款）。总之，第三章共三条，合计六款，其中的五款都与市场支配地位直接相关。由此可见，在滥用市场支配地位规则中，对支配地位的主体性判断是一个重点，应当是一个不争的事实。

继而，部门规章中所细化的市场支配地位的认定标准也说明准确认定有较大难度。国家市场监督管理总局于 2018 年成立，为解决执法中的操作性难题，于 2019 年 9 月 1 日开始实施《禁止滥用市场支配地位行为暂行规定》，该规定是部门规章，可以作为总局、地方局的执法依据。该规定从第 6 条至第 10 条针对其上位法——2007 年《反垄断法》第 18 条认定市场支配地位的五个要素——予以细化，第 11 条、第 12 条分别对新经济业态、知识产权两种特殊情形下的市场支配地位认定作了进一步规定，从侧面说明市场支配地

---

〔1〕 参见吴振国：《〈中华人民共和国反垄断法〉解读》，人民法院出版社 2010 年版，第 368~369 页。

位的认定具有相当程度的复杂性。

不仅如此，对滥用市场支配地位行为的定性、排除限制竞争后果的判断在实践中也有较大的难度。

3. 经营者集中与市场结构变化带来的风险

如前所述，经营者集中必然造成市场结构的变化、竞争者减少，但由于其正反两方面的作用，并不能一概而论地、先验地推定其必然损害竞争。相对于企业自身的发展、壮大，经营者集中能够在短时间内形成规模优势，一旦这种市场势力强大到或者潜在可预见的强大到对市场有举足轻重的影响力，就会引起监管机构的重视。站在市场支配地位的制度逻辑上这一点是非常容易理解的，特别是我国 2007 年《反垄断法》通过第 19 条的规定区分了单独市场支配地位、共同市场支配地位两种类型。也就是说，即使集中后市场上有多个经营者，从主体角度来看，并不会仅仅因为是数个而非单一经营者便存在适用滥用市场支配地位规则的制度障碍。当然，区分单独市场支配地位与共同市场支配地位的标准，从表象上看是主体数量不同，即一个与数个；从本质上看，则强调的是数个经营者"作为一个整体"而具有市场支配地位。具体而言，判断共同市场支配地位的逻辑有对外、对内两个层面，形而上的曲解有损于制度的内在机制。[1]

那么，如何来理解经营者集中所引发的市场结构变化与引发垄断协议的关系呢？诚然，在 2007 年《反垄断法》规则下，无论是横向协议还是纵向协议，都没有"安全港"的规定。也就是说，实施协议的经营者的经营规模大小、市场力量强弱、市场份额本身并不能直接排除其违法性。[2]但是，2007年《反垄断法》第 13 条第 2 款在界定"垄断协议"的概念时，其实质问题是"排除、限制竞争的"协议、决定或者其他协同行为。与此相呼应的是，第15 条规定的豁免条件就是"经营者还应当证明所达成的协议不会严重限制相关市场的竞争，并且能够使消费者分享由此产生的利益"。因此，经济力量集中可能导致寡占市场的结构，也可能扭曲竞争秩序。

---

〔1〕　参见张晨颖："共同市场支配地位的理论基础与规则构造"，载《中国法学》2020 年第 2 期。

〔2〕　根据《反垄断法（修正草案）》新增的第 19 条规定："经营者能够证明其在相关市场的市场份额低于国务院反垄断执法机构规定的标准的，不适用本法第十六条、第十七条、第十八条的规定，但有证据证明经营者达成的协议排除、限制竞争的除外。"

就同一行为而言，不同的市场结构下所产生的排除、限制竞争效果必然不同。经济学家通常将市场运行状况划分为三类：（1）完全竞争；（2）垄断，特指一个垄断企业的市场；（3）介于完全竞争和垄断之间的不完全竞争。其中不完全竞争市场可以进一步划分为两类：其一是寡头（oligopoly），是指只有少数几个提供相似或相同产品的卖者的市场结构；其二是垄断竞争（monopolistic competition），是指存在许多出售相似但不相同产品的企业的市场结构。[1]

有研究表明，寡头市场[2]上更容易发生垄断行为，"在某些情形下，互相竞争的销售者也许不需要进行通常意义上的共谋，即不需要进行任何公开的或者可以觉察的联络，就能够在定价方面进行合作"。[3]这是因为，由于经营者数量有限，单个经营者市场力量举足轻重，其单方行为会对其他经营者产生显著影响。故而，经营者在制定商业策略时必须考虑其他竞争者的反应，并根据可能的反应做出应对。长此以往，在这一市场中形成了多次博弈，寡头企业可能在了解对方意图的情况下予以"配合"而非竞争，从而实现"共赢"。最早研究寡占市场竞争问题的是法国经济学家奥古斯丁·古诺，其于1838年提出的古诺模型（Cournot Model）认为在一个产品市场中的两个经营者，即使彼此之间没有任何联络行为，也能够预测对方的行动，从而确定最优产量政策以实现自身利润最大化，但此时并不能使社会整体利益实现最优，且造成社会的无谓损失（Deadweight Loss）。[4]其后经济学家对此进行了大量有价值的研究：1883年的伯特兰德模型（Bertrand Model）[5]认为价格竞争是寡头垄断市场的主要特征，此时经营者的产品价格更接近于产品的边际成本，寡头垄断并不必然反竞争。爱尔兰经济学家埃奇沃斯（E. Y. Edgeworth）于

---

〔1〕 参见［美］曼昆：《经济学原理：微观经济学分册》，梁小民、梁砾译，北京大学出版社2015年版，第349~351页。

〔2〕 所谓寡头垄断，是指介于完全竞争（Perfect Competition）与狭义垄断（Monopoly）之间的一种不完全竞争的市场结构，在市场中通常表现为少数几家经营者垄断了某一行业，同时这些经营者的产量在全行业总产量中占据很高的比例，从而控制着该行业的产品供给。

〔3〕 ［美］理查德·A.波斯纳：《反托拉斯法》，孙秋宁译，中国政法大学出版社2003年版，第80页。

〔4〕 See Arnol C. Harberger, "Monopoly and Resource Allocation", *American Economic Review*, Vol. 44, No. 2, 1954, pp. 77–92.

〔5〕 See Joseph Bertrand, "Théoriemathématique de la richesse sociale", Journal des Savants, 1883, pp. 499–508. 转引自 W. Kip Viscusi, John M. Vernon, Joseph E. Harrington Jr, *Economics of Regulation and Antitrust（Fourth Edition）*, the MIT Press, 2005, p. 113。

1897 年改进了伯特兰德模型的部分观点，[1]美国经济学家斯威齐（P. M. Sweezy）于 1939 年提出斯威齐模型，[2]讨论寡占市场结构下的价格行为。20 世纪 30 年代，美国经济学家张伯伦在其所著的《垄断竞争理论》中提出产品差别理论与合谋理论（Product Differentiation Theory and Collusion Theory），特纳认为这种寡头相互依赖是经营者经济理性的产物，与共谋行为存在本质区别，不应受到反垄断法的规制。[3]但波斯纳法官对特纳的理论提出了不同意见，他更强调这种寡头垄断行为与共谋行为的相似性，应受到反垄断法的规制，并进一步提出了有利于形成平行行为的十七个条件。[4]

通过梳理经济学理论的流变，应当说经济学家并未就寡头市场的竞争效果达成共识。但仍然可以得出以下结论：第一，在寡头垄断市场中，即使经营者之间没有横向协议，依然可能发生平行行为；第二，如果某一经营者提价，其他经营者有可能跟随提价，即寡头之间形成一致的市场行为；第三，质疑这种一致行为可靠性的原因在于寡头依赖关系，即对无协议基础的"相互依赖"的确信程度。

这并非理论上的空想，在我国已有多起相关案件发生。比如在医药领域，有异烟肼原料药案、扑尔敏原料药案。这类案件高发于原料药行业并非偶然：在我国，原料药行业有很高的进入门槛，多年以来形成了由少数经营者垄断市场且相对稳定的市场格局，常常呈现出经营行为一致变化的情况，譬如在相近的时间内大幅涨价、[5]搭售、[6]拒绝交易等，导致下游制剂企业的生产

---

〔1〕　参见［法］泰勒尔：《产业组织理论》，马捷译，中国人民大学出版社 1997 年版，第 272～273 页。

〔2〕　See Paul M. Sweezy, "Demand Under Conditions of Oligopoly", *Journal of Political Economy*, Vol. 47, 1939, pp. 568–573.

〔3〕　See Donald F. Turner, "The Definition of Agreement under the Sherman Act: Conscious Parallelism and Refusals to Deal", *Harvard Law Review*, Vol. 75, 1962, pp. 655–706.

〔4〕　参见［美］理查德·A. 波斯纳：《反托拉斯法》，孙秋宁译，中国政法大学出版社 2003 年版，第 80～177 页。

〔5〕　异烟肼原料药垄断案中，新赛科公司和汉德威公司在中国异烟肼原料药销售市场的合计占比情况如下：2013～2014 年为 100%；2015 年为 90.75%；2016 年为 77.14%。执法机构认定的违法行为有不公平高价销售商品、拒绝交易。参见异烟肼原料药垄断案行政处罚决定书，国家发展和改革委员会行政处罚决定书〔2017〕1 号、2 号。

〔6〕　扑尔敏原料药垄断案中，河南九势制药公司与湖南尔康医药公司在中国扑尔敏原料药市场合计占比情况如下：2017 年为 96.38%；2018 年 1～7 月为 88.55%。执法机构认定的违法行为有拒绝交易、搭售。参见扑尔敏原料药垄断案行政处罚决定书，国市监处〔2018〕21 号、22 号。

原料供应短缺、生产成本大幅飙升,其后果间接传导至患者。有报道称,扑尔敏原料药价格在一个月之内从 400 元/千克涨到 23 300 元/千克,涨幅高达 58 倍。[1]苯酚更是从 230 元/千克涨到 23 000 元/千克,涨幅高达 99 倍。[2]通过以上案件可以看到,寡头市场的垄断问题是客观存在的,且对民生领域的市场竞争、消费者福利产生了极大影响。

正是由于认识到寡头市场容易发生垄断行为——无论是垄断协议行为还是滥用市场支配地位行为——且难以证明,各法域将这一制度从事后的调查、矫正、处罚提前到事前预防,即经营者集中审查领域,审慎考察可能发生协同效应的风险。美国 2000 年的 H. J. Heinz Company 案中,[3]婴儿食品市场市场份额排名第二的亨氏公司与排名第三的比起纳特发起合并,联邦贸易委员会以该合并可能限制竞争为由提请法院颁布初步禁止令并最终得到了上诉法院的认可。我国附加限制性条件通过的经营者集中案件里,诺华收购爱尔康案、[4]西部数据收购日立存储案[5]等在审查中运用了协同效应的原理。

(三) 防御优先于补救的二重逻辑与不同的路径选择

通过上述分析可知,经营者集中会加强市场经济力量,市场结构的变化更容易引发垄断协议行为、滥用市场支配地位行为。而认定这两种违法行为各有难点,并且通过罚款作为补救措施无法弥补市场损害,对此进行预防是有必要的。

1. 防御与补救的二重逻辑

所谓防御与补救,在时间顺序上和逻辑上是事前与事后的关系。在反垄断法上有两个层次,即反垄断法宏观视角的防御与补救、经营者集中微观视角下,这种预防性措施内部的防御与补救。

---

[1] 参见陶凤、常蕾:"原料药扑尔敏一个月涨价 58 倍? 谁制造了原料药涨价?",载 https://www.163.com/money/article/DP24OFJ6002580S6,最后访问日期:2021 年 12 月 31 日。

[2] 参见詹丽华:"暴涨 99 倍的原料药,背后谁在炒",载 https://baijiahao.baidu.com/s? id=1608091376778654900&wfr=spider&for=pc,最后访问日期:2021 年 12 月 31 日。

[3] See Federal Trade Commission v. H. J. Heinz Co., 246 F. 3d 708, (D. C. Circ. 2001).

[4] 关于附条件批准诺华股份公司收购爱尔康公司反垄断审查决定的公告,商务部 2010 年第 53 号公告。

[5] 关于附加限制性条件批准西部数据收购日立存储经营者集中反垄断审查决定的公告,商务部 2012 年第 9 号公告。

在微观视角下，经营者集中审查的制度有其内在机理。之所以建立预防性措施，是希望通过事前的申报—审查机制，确保经营者集中后不会导致竞争秩序的失衡；事前预防一旦失败，就需要通过事后措施予以补救，包括责令停止实施集中、限期转让股份或资产、限期转让营业以及采取其他必要措施恢复原状（集中之前的状态），甚至是强制拆分、罚款等措施。[1]失败可能有以下原因：第一，经营者应申报而未申报；第二，经营者提交的申报材料不完整、不真实，导致执法机构据此做出的行政决定错误；第三，经营者做了申报，但执法机关的行政决定不当，比如应当附加限制性条件的却无条件通过；第四，经营者并未遵守执法机关作出的行政决定。对于上述种种失败原因，都需要纠正。相较于事前申报审查而言，事后补救措施在具体运作上将面临更大的挑战。例如执法机关虽然可以依据我国 2007 年《反垄断法》第 48 条的规定强制经营者将已经收购的资产或股权恢复原状，然而由于事后补救措施的滞后性，双方之间的资源整合、信息交换或共享以及人员、技术的混同已然发生，并非单纯执行财产就能够恢复原状。在企业拆分过程中，除了复杂的计算与执行之外，往往会对该企业，甚至是市场造成冲击，其成本和耗时要远远大于集中，如美国 AT&T 拆分案、[2]微软与美国司法部的和解[3]都证明强制拆分会对企业产生致命性影响。

前文已经论述，在宏观视野下，经营者集中审查是一种过滤机制，通过规则预先判断集中后市场的结构，尽可能防范不利于竞争的情况发生。如果防御失败，已经造成损害竞争的事实和效果，就要进入第二道防线，即启动禁止垄断协议或者禁止滥用市场支配地位的反垄断调查。此时，对于维护市场竞争秩序的目的而言，经营者集中审查是预防性手段，反垄断调查是补救手段。

〔1〕 参见我国 2007 年《反垄断法》第 48 条的规定。

〔2〕 See United States v. AT&T, 552 F. Supp. 131 (D. D. C. 1982). Robert W. Crandall, "The Remedy for the 'Bottleneck Monopoly' in Telecom: Isolate It, Share It, or Ignore It?", *The University of Chicago Law Review*, Vol. 72, 2005, pp. 3-25.

〔3〕 See United States v. Microsoft Corp., 253 F. 3d 34 (D. C. Cir. 2001). Stan J. Liebowitz, "A Fool's Paradise the Windows World after a Forced Breakup of Microsoft", *Working Papers—Yale School of Management's Economics Research Network*, 2000, pp. 1-26. 1998 年微软被美国司法部指控垄断，2000 年地方法院作出拆分微软的判决，2001 年美国哥伦比亚特区法院驳回地方法院的判决。本书是基于假设微软被拆分造成的不利后果作出的分析。

反观事前审查机制，尽管严厉的集中审查政策将会导致交易进程减缓、活跃度降低、商业风险提高，但相较于事后补救措施而言，事前审查机制不论是在执行成本、社会总成本，还是在最终效益上都优于事后补救措施。纵观国际执法经验，大多数国家或地区均以事前审查为主要机制。根据我国2007年《反垄断法》的体系规则，实行强制申报而非自愿申报，也是着重于事前申报审查的规制，足见事前审查机制对于维护市场秩序、避免经营者过度集中的重要性。在经营者集中的制度设计中，确保经营者遵守事前审查制度应当比事后救济措施更加重要。因此，有效、合理的法律责任规则不可或缺。罚款的损害小于强制拆分，在行政强制规则内部也有由轻及重的渐次效果。故而，在措施选择、执法尺度的把握上客观审慎，以实现执法目的成为关键要素。

虽然经营者集中审查是反垄断法中一个非常重要的组成部分，且发挥着重要的制度价值，但从反垄断法的历史演进来看，经营者集中审查规则却是相对晚近的制度。从全球反垄断法规则和实践比较完备法域的情况进行分析，可以得出上述结论。

2. 经营者集中审查混同或者独立的路径选择：结合标准与控制标准

在反垄断法领域，美国、欧盟、中国并称为"三大司法辖区"。在反垄断法的价值追求上，即以维护公平竞争的市场秩序为根本目标，这一点是相同的，在制度的核心内容上也比较接近；但是，由于各自的市场结构、产业发展情况不同，社会经济矛盾、立法背景存在差异，落实到具体制度上所选择的路径和规则也有不同。聚焦于经营者集中审查，美国法下对经营者集中的理解采用的是以"结合"（Combination）为核心的模式，即并不关注拟议交易是否引发控制权变化，只要形式上符合法律规定的申报要求、[1]达到申报标准且不具有豁免的情形即应当申报。[2]从形式上看有其合理性：无论控制权是否发生变化，均视为联合，就会成为反垄断法所关注的对象。欧盟采用的是"控制"（Control）标准，即只有拟议交易发生"控制权"变化时才触发申报义务。我国采用的是欧盟模式。这两种划分标准并非纯粹的理论问题，

---

〔1〕 参见《克莱顿法》（Clayton Antitrust Act）、《塞勒—科佛沃修正案》（Celler-Kefauver Act）、《哈特—斯科特—罗迪诺反托拉斯改进法》（Hart-Scott-Rodino Antitrust Improvement Act）。

〔2〕 参见叶军："经营者集中法律界定模式研究"，载《中国法学》2015年第5期。

有关路径的讨论对于合营型的集中有非常重要的现实意义。

美国最早的反垄断法是 1890 年的《谢尔曼法》，这是一部成文法。鉴于当时的历史背景和立法技术，这一条以成文法的表达形式阐释了一个原理，"任何契约，以托拉斯形式或其他形式的联合、共谋，用来限制州际间与外国之间的贸易或商业，是非法的。任何人签订上述契约或从事上述联合或共谋，是严重犯罪。如果参与人是公司，将处以不超过 100 万美元的罚款，或三年以下监禁。或由法院酌情并用两种处罚"，这里的"任何契约，以托拉斯形式或其他形式的联合、共谋"表达的是形式并不重要，其实质是联合、共谋以限制竞争。《谢尔曼法》是美国反垄断法的基本法，以此为基础，1914 年《克莱顿法》通过，其中的第 7 条被认为是合并控制最重要、最实用的法律依据，其基本内容是，从事商业或者从事影响商业活动的任何人，不得直接或者间接占有其他从事商业或影响商业活动的其他人的股份或财产，如果这个取得会导致国内某个商业部门或者某个影响商业的活动严重减少竞争或者旨在形成垄断。[1] 因为这个条款的目的是消除处于早期阶段的垄断势力，这一立法原则也被称为"早期原则"。而《谢尔曼法》第 1 条有关"任何以托拉斯或者其他形式的联合"的措辞能够一般性地适用于经营者集中控制。自此，《谢尔曼法》第 1 条和《克莱顿法》第 7 条并行。基于《谢尔曼法》的包容性和适用范围的广泛性，在实践中该法第 1 条是禁止联合行为——包括横向、纵向或者混合型联合行为——的法律渊源；第 2 条是禁止滥用市场支配地位的规则基础。

回到问题的缘起，企业合营如何判断。所谓企业合营，是指由原本独立的两个或多个企业为了实现特定的经济目的而进行资源的整合，最为常见的形式是设立一个由合营各方共同控制的合营企业。[2] 欧盟区分事前的集中审查和垄断协议、滥用市场支配地位违法的事后调查，在经营者集中规则中将设立合营企业作为一种单独的类型。根据 1998 年欧盟委员会公布的《关于全功能合营企业概念的通知》，提出了三个条件来判断这种合营企业的设立是经营者集中抑或属于垄断协议的范畴。这三个条件是：第一，企业由各合营方共同控制；第二，该合营企业必须履行同类企业所履行的所有功能；第三，

---

[1]　参见尚明主编：《主要国家（地区）反垄断法律汇编》，法律出版社 2004 年版，第 194~199 页。

[2]　参见谭袁："企业合营的反垄断分析及其规制"，载《上海政法学院学报》2015 年第 3 期。

该合营企业必须进行持续性的经营。[1]在美国的反垄断法律体系下，采用企业结合的观点，从申报方的角度不需要分析是否有控制权的变化，均视为经营者之间的市场进行了联合，而无须过多纠结于属于横向协议方式的联合还是属于经营者集中，不用受限于反垄断法规则内部的分工。至于适用《谢尔曼法》还是《克莱顿法》，则由执法机构来判断，并进行内部运转。从前述反垄断法的体系安排来看，垄断协议、滥用市场支配地位、经营者集中这三者是相互关联的，并非泾渭分明。随着不断深入研究案件事实，对案件的定性也可能发生变化。此外，既然预防优于救济，那么任何有助于经营者主动申报的规则都是应当被鼓励的。另外需要强调的是，通过经营者集中审查之后，经营者的行为依然要遵守反垄断法的规定，比如设立合营企业的集中申请通过后，如果通过该合营企业实施垄断协议，执法机关有权认定该行为违法，并对参与的经营者进行处罚。2000 年美国司法部和联邦贸易委员会联合发布了《竞争者间合作行为的反托拉斯指南》，其中指出，企业间合作在满足一定条件的情况下也可以被视为竞争者之间的横向合并，并应适用《横向并购指南》[2]对其进行分析：（1）参与者是相关市场上的竞争者；（2）合作方式涉及相关市场上对经济活动进行的提升效率的整合；（3）该整合行为排除了参与者之间在相关市场上的所有竞争；（4）依照具体而明确的条款，在足够的期限内合作不会终止。[3]

二、经营者集中审查制度的机理

（一）美欧经营者集中审查制度的演进

虽然防御优于补救是一般原则，但从反垄断制度的历史发展来看，经营者集中规则是晚近才逐步建立的。对具有代表性司法辖区的立法情况进行梳理，可以明晰经营者集中审查制度的演进过程，也从另一个角度说明对并购

---

〔1〕 Commission notice on the concept of full function joint ventures under Council Regulation（EEC）No 4064 /89 on the control of concentrations between undertakings, Published in the Official Journal OJ C 66 of 02. 03. 1998.

〔2〕 Horizontal Merger Guidelines 2010, U. S. Department of Justice and the Federal Trade Commission, issued August 19, 2010.

〔3〕 Antitrust Guidelines for Collaborations Among Competitors, Issued by the Federal Trade Commission and the U. S. Department of Justice, April 2000.

控制的认识过程。

1. 美国

美国有关合并控制的法律规则相对完备也非常复杂。美国的反垄断法既包括成文法也包括判例法。1890 年的《谢尔曼法》是美国反垄断法律的开端，其后随着挑战市场经济秩序的问题层出不穷，判例法日益扮演着重要的角色，法院也在司法实践中通过个案创设规则，譬如本身违法原则、合理原则等。与之相应的是，一方面有新的成文法出台，在判例法之外构建了一个反垄断制度框架，并根据需要不断完善，成文法的优势在于体系化和规则透明化；另一方面，行政执法、法院也发挥着重要作用，美国司法部、联邦贸易委员会都是非常核心的行政执法机关。

在经营者集中领域，《谢尔曼法》（1890 年）第 1 条、《联邦贸易委员会法》（1914 年）第 5 条和《克莱顿法》（1914 年）第 7 条都是法律依据。美国司法部和联邦贸易委员会联合颁布的《横向合并指南》中明确指出，"这些指南概述司法部和联邦贸易委员会有关适用《克莱顿法》第 7 条、《谢尔曼法》第 1 条和《联邦贸易委员会法》第 5 条的横向并购的现行执法政策"。[1]前文已经论述，由于《谢尔曼法》是从根本上反对任何形式的联合，并且其表述是开放式的，有很好的包容性，具有兜底适用的性质；基于同样的原因，《谢尔曼法》在合并控制方面没有明确的规则。《克莱顿法》第 7 条是有关美国企业合并控制的最为重要的法律。根据该法提出的"早期原则"，当某一违法行为尚未实际造成损害，但是可以合理预见它在将来能够造成损害时，即可依法干预。《联邦贸易委员会法》第 5 条授权联邦贸易委员会对任何违反《谢尔曼法》或《克莱顿法》的行为执法，据此可以对合并案件提出异议。[2]

由于三部法律的出发点不同、立法目标不同、手段不同，反垄断执法的机制体制也不相同。在反垄断执法机构上，《谢尔曼法》由司法部实施，《联邦贸易委员会法》由联邦贸易委员会实施，而《克莱顿法》则由这两个机构共同实施。此外，与《谢尔曼法》不同的是，《克莱顿法》规定了民事责任而

---

〔1〕 Horizontal Merger Guidelines 2010, U. S. Department of Justice and the Federal Trade Commission, issued August 19, 2010.

〔2〕 参见美国律师协会反垄断分会编：《合并与收购：理解反垄断问题》，黄晋译，北京大学出版社 2012 年版，第 9 页。

非刑事责任。

从美国的合并控制规则的发展脉络来看，《谢尔曼法》为反垄断基本法，《克莱顿法》第 7 条为并购控制的具体法律规范，其后不断有法案补充、完善这一条款，使得《克莱顿法》第 7 条不断更新，更具时代性和适应性。此外，执法机构还根据实践需要陆续发布"指南"，总体构建了成文法与判例法两条脉络，《谢尔曼法》《克莱顿法》及其补充规则、指南三个层次的法律体系。以时间轴观察，1890 年的《谢尔曼法》是反垄断规则的基础，可以涵摄包括垄断协议、滥用市场支配地位、合并控制的所有垄断行为，但由于规范抽象且原则，1914 年的《克莱顿法》第 7 条就通过股票买卖所实现的集中作了规定。该条规范的类型限于股票交易形式的并购，于是 1950 年的《塞勒—科佛沃修正案》增加了并购的类型，那些通过资产收购所进行的合并也被纳入规范之列。1976 年生效的《哈特—斯科特—罗迪诺反托拉斯改进法》（以下简称 HSR 法案）进一步对《克莱顿法》第 7 条做了补充，也就是《克莱顿法》7A 条款，2000 年美国国会再度对 7A 条款进行了实质性修改。至此，要求大企业在实施合并前应当向联邦贸易委员会或者司法部反垄断局进行申报，在法定期限内无异议的情况下才可以实施集中。[1]这一规则成为美国反垄断执法机构对合并进行实质性审查和干预的法律基础。上述法律规则确立了申报义务，继而进一步完善了实体规则。

1980 年通过的《反托拉斯程序改进法》[2]扩大了合并的管辖权范畴，将《克莱顿法》7A 条款中的适格主体由"公司"修改为"人"（Person），也即包含公司、自然人、合伙企业、社团（Association）及其他非公司的经济实体。[3]此外，扩大了适用的场景，由原来的"在任何商业部门"扩展为"在任何商业部门和/或在任何影响商业的活动中"。也就是说，修改后的《克莱顿法》第 7 条所涉及的商业标准十分宽泛，只要收购方或被收购方中的任一实体从事商业或影响商业的活动，即可被认定为满足第 7 条 A（a）（1）的商

---

〔1〕 See 15 U. S. C. § 18a (2012). 参见王先林：《竞争法学》，法律出版社 2018 年版，第 268~269 页。

〔2〕 Antitrust Procedural Improvements Act of 1980, 15 U. S. Code 1311 note.

〔3〕 See Beth Beucher, The Antitrust Procedural Improvements Act of 1980: Jurisdictional Uniformity in Antitrust Merger Law, 12 Loy. U. Chi. L. J. 439 (1981).

业标准。[1]此外，美国司法部单独或联合联邦贸易委员会先后发布了《企业合并指南》《横向并购指南》，作为对《克莱顿法》第 7 条的有效补充。[2]

美国是判例法发达的国家。在反垄断法体系中，判例发挥着非常重要的作用，相对于上述成文法的抽象特征，判例更加具体生动，通过案件事实的描述、分析，更加清晰、细致地阐释合并控制的思路和核心考量要素。特别是能够发挥判例法的优势，结合案件发生时的社会背景、经济政策来解释法官理解的经营者集中审查规则应当具有的正当性。一百余年间产生了很多具有代表性的、经典的案例，为反垄断法的发展提供了宝贵的经验。比如 1962 年的布朗鞋业案，[3]建立了界定相关市场的分析框架。更重要的是，最高法院通过这一案件提出了司法标准，相关产品市场的外部范围由产品本身以及其替代品之间的合理适用替代性或者需求交叉弹性确定。[4]至今，这一标准依然是界定相关市场最为常用的方法。

如前所述，美国联邦贸易委员会和美国司法部反托拉斯局通过执行 HSR 法案、《联邦贸易委员会法》以及《克莱顿法》等法律，对可能具有反竞争效果的企业合并进行事前审查，并对具有反竞争效果的合并提供初步救济。根据美国联邦贸易委员会和司法部公布的《哈特—斯科特—罗蒂诺法案 2020 财政年度实施报告》（*Hart-Scott-Rodino Annual Report Fiscal Year* 2020）统计数据，2008 年金融危机爆发后，企业合并数量骤减，2009 年是一个明显的低谷。此后至 2018 年，申报的企业合并案件从 716 件逐年稳定增长至 2111 件；2019 年基本稳定在高位，2020 年案件数量有所下降，如图 1-2 所示。[5]

---

[1]　16 C. F. R. Parts 801-803（HSR rules）.

[2]　美国司法部分别于 1968 年、1982 年、1984 年发布了《企业合并指南》；1992 年与联邦贸易委员会联合发布了《横向并购指南》，该指南在 1997 年、2010 年进行了两次修订。

[3]　Brown Shoe Co. v. United States, 370 U. S. 294, 325（1962）.

[4]　参见美国律师协会反垄断分会编：《合并与收购：理解反垄断问题》，黄晋译，北京大学出版社 2012 年版，第 39 页。

[5]　HART-SCOTT-RODINO ANNUAL REPORT FISCAL YEAR 2020（Dec. 31, 2021），available at https://www. ftc. gov/system/files/documents/reports/hart-scott-rodino-annual-report-fiscal-year-2020/fy2020_-_hsr_annual_report_-_final. pdf.

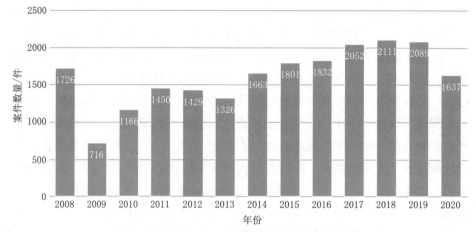

图 1-2　美国 2008~2020 年合并交易案件申报数

2. 欧盟

欧盟竞争法起源于 1951 年由法国、西德、比利时、荷兰、卢森堡和意大利六国签署的《巴黎公约》（全称是《建立欧洲煤钢共同体条约》，*The European Coal and Steel Community*，ECSC），其中第 66 条规定了有关合并以及滥用经济力量的规则，提出无论是通过合并、取得企业股份或者任何其他手段，只要直接或者间接导致企业经济力量集中且有关企业之一属于共同体成员企业的，均应事先向欧共体委员会申报，经批准方可完成合并。[1]这一规则受到美国《谢尔曼法》第 1 条、第 2 条和《克莱顿法》第 7 条的影响。[2]从《巴黎公约》的全称可以看出，其适用的行业范围、国家和企业范围是非常有限的，但相对于美国法下不断补充"合并"形式的立法进程，应当说就并购的类型而言，该公约的规定还是比较完善的。

1957 年，上述六个原始成员签署了《罗马条约》（*Treaty of Rome*），也就是对欧洲经济一体化非常重要的《欧洲经济共同体条约》，其中与反垄断有关

---

　　〔1〕　参见《欧洲共同体条约集》，戴炳然译，复旦大学出版社 1993 年版。转引自吴振国、刘新宇：《企业并购反垄断审查制度之理论与实践》，法律出版社 2012 年版，第 32 页。

　　〔2〕　See A. Weitbrecht, "From Freiburg to Chicago and Beyond—The First 50 Years of European Competition Law"，[2008] 29 (2)，ECLR，81-8. 转引自 [希] 扬尼斯·科克雷斯、[美] 霍华德·谢兰斯基：《欧盟并购控制——法律与经济学分析》，戴健民、邓志松译，法律出版社 2018 年版，第 16 页。

的规定是第 85 条、第 86 条，[1]分别规定禁止限制竞争协议、禁止滥用市场支配地位行为，并没有关于合并控制的内容，也就是说，没有设计预防制度以避免形成独立的或者易于协同的市场势力。这是因为，欧洲经济共同体是为了解决第二次世界大战后产生的经济、社会问题而建立的。在当时，最为重要的关切在于建立统一而强大的欧洲经济区，首要问题是有效应对占有主导地位的企业滥用其市场势力，或者通过协议损害竞争。与此同时，欧洲的企业做大做强与欧共体的战略目标是一致的，因此并购控制并不是当时的主要问题。[2]虽然如此，实践中的并购问题总是无法回避的，欧共体委员会只能适用第 86 条禁止滥用市场支配地位的逻辑和条款尝试进行并购控制，最为典型的是 1972 年的大陆制罐公司案。[3]法院指出，居于市场支配性地位的企业，通过并购手段加强这种支配地位，导致并购行为发生之前的市场竞争被消灭，是违反第 86 条的行为。[4]可见，由于成文法规则的限制，对于显著影响竞争的集中行为并没有据以干预的直接法律依据，只能转借"滥用市场支配地位"标准。从文义解释的角度来看，这是对第 86 条的扩张解释。可见，并购控制条款的缺失导致竞争法的体系不完整和存在功能障碍。为此，1989年欧共体第 4064/89 号条例[5]规定了经营者集中控制条款，"经营者集中"这一专业术语首次正式出现于欧盟竞争法的文本，该条例于 1990 年正式

---

　　[1]　欧共体、欧盟国家签署的条约有承继和发展的关系，故而各条款的内容和编号也有不同。现在有关反垄断规则中的禁止垄断协议、滥用市场支配地位见于《欧盟运行条约》第 101 条、第 102 条，文献中也经常出现第 85 条、第 86 条，第 81 条、第 82 条，其中的演进关系如下：《阿姆斯特丹条约》（Amsterdam Treaty）（全称《修正欧洲联盟条约、建立欧洲共同体的各项条约和若干有关文件的阿姆斯特丹条约》，Treaty of Amsterdam amending the Treaty of the European Union, the Treaties Establishing the European Communities and Certain Telated Acts）签署于 1997 年 10 月 2 日，并于 1999 年 5 月 1 日生效。这项条约主要对 1951 年签署的《巴黎条约》、1957 年签署的《罗马条约》和 1992 年签署的《马斯特里赫特条约》进行了修订。根据《阿姆斯特丹条约》，原《欧洲经济共同体条约》第 85 条、第 86 条的编号修改为第 81 条、第 82 条。所以，可以理解为《欧洲经济共同体条约》的第 85 条、第 86 条，在《阿姆斯特丹条约》下编号为第 81 条、第 82 条。此后，根据 2007 年的里斯本条约，又将与反垄断有关的两个条款写入《欧盟运行条约》第 101 条、第 102 条。

　　[2]　参见［希］扬尼斯·科克雷斯、［美］霍华德·谢兰斯基：《欧盟并购控制——法律与经济学分析》，戴健民、邓志松译，法律出版社 2018 年版，第 15~17 页。

　　[3]　Case 72/71 Re Continental Can Co. Inc.［1972］OJ L7/25.

　　[4]　大陆制罐公司案于 1973 年作出判决，彼时适用的是《罗马条约》，有关禁止滥用市场支配地位的规定是第 86 条。

　　[5]　Council Regulation（EEC）No. 4046/89 of 21 December 1989, on the control of concentrations between undertakings［1989］OJ L395/0001.

生效。

　　这一规则的出现在反垄断法的发展历程上有重要意义：一方面，欧共体委员会依据该条例取得了对"集中行为"进行干预的法律基础，禁止垄断协议、禁止滥用市场支配地位、集中控制这三大支柱形成，反垄断法的实体规则体系建立；另一方面，进一步明确了"集中"的含义，包括一切有决定性影响或者一方取得另一方的控制权的交易行为。根据这一表述，集中的形式是多样的，包括合并、取得控制权、设立联营、少数股份控制、知识产权控制、取得资产、合同控制等，可见其形式复杂多变，核心在于"控制"而非集中行为的外观表现。这与美国法上的"结合"模式有本质差别。2003 年，该条例被第 1/2003 号条例[1]修订，修订后的新规则于 2004 年生效。此后，编号为 139/2004 的《欧盟并购条例》问世。[2]进而，2004 年 5 月 1 日开始执行欧盟委员会的两个指南：《横向合并评估指南》与《合并调查最佳做法指南》。2007 年 11 月 28 日欧盟委员会又颁布了《非横向合并指南》。上述规则共同构成了欧盟经营者集中控制的成文法制度体系。纵观欧盟的竞争立法，其目的始终在于追求自由、竞争、开放、统一的欧洲市场，特别是《欧盟并购条例》的作用在于，为不同成员国的企业提供一个有共同标准的并购规则，确保法律的确定性。[3]

　　虽然欧盟并不以判例作为法律渊源，但不可否认的是，判例在竞争法的发展中起到了非常重要的作用。一方面，反垄断法的适用是建立在对市场的理解的基础上的，比如相关市场、市场结构和竞争效果等，案件的个性化特征十分鲜明。从这个角度来说，判例的针对性对于个体经营者的指导性就非常直接。另一方面，法院和欧盟委员会在一些关键问题的认识上并不相同，法院撤销委员会决定的案件并不罕见，二者的碰撞也从侧面诠释了立法，引发对于法律的讨论和深度认识，与此同时推动法律规则的完善和发展。

　　在欧共体、欧盟的立法过程中，有很多著名的案例。比如 Nestlé/Perrier

---

　　[1]　Council Regulation（EC）No. 1/2003 of 16 December 2002, on the implementation of the rules on competition laid down in Article 81 and 82［2003］OJ L1/1.

　　[2]　Council Regulation（EC）No. 139/2004 of 20 January 2004, on the control of competition between undertakings（the EC Merger Regulation）［2004］OJ L24/1.

　　[3]　Lui, Ortiz Blanco, Andrew Read, European Community competition procedure, Oxford University Press, 2006.

案,[1]是首个基于认定"共同市场支配地位"而对经营者集中附加集中救济措施的案件。又如在 Kali 案中,[2]法院推翻了欧盟委员会批准收购的决定,体现出司法机关与行政机关存在认识上的差异。1993 年的 Kali 案是欧盟钾肥生产企业的并购案,前三大钾肥生产企业合计拥有欧盟 80% 的市场份额,其中第一大生产企业 Kali 拟收购第二大企业 51% 的股权,针对交易可能产生的寡头垄断风险,Kali 提出了救济方案,以保证在欧盟市场中不存在共同市场支配地位,符合欧盟的共同市场竞争要求。欧盟委员会批准了此项交易。[3]但第三人 SCPA 也就是钾肥第三大生产企业不服欧盟委员会的决定,向欧洲法院提起诉讼,要求禁止此项收购。欧洲法院在诉讼中指出涉案交易行为将导致交易双方产生关联,同时 Kali 与 SCPA 本身存在卡特尔联系,交易将导致产生共同市场支配地位,最终禁止了 Kali 的合并。欧洲法院在 Kali 案中首次将是否可能导致共同市场支配地位作为寡头市场上经营者集中审查重要的考虑因素,认为参与集中的多个经营者可能因为彼此之间存在的"相关因素"(Correlative Factors)导致在相关市场中采取共同政策,并独立于其竞争者、交易相对人与消费者实施共同行为。[4]

Kali 案所确立的"相关因素"概念,较之此前的"经济联系"概念,扩大了经营者之间相互关联的范围,涵盖了更多的联结因素,强调通过这些因素使得多个经营者发生紧密联系而在相关市场上表现为一个单独实体,有能力独立于其他竞争者、消费者实施共同行为。本案是将"共同市场支配地位"与经营者集中控制相结合的典型案例,从反垄断法的角度来看,这一案件有着重要的价值。

欧盟委员会官方数据显示,就每年申报案件数量情况来看,有几个阶段

---

〔1〕 *See* Commission Decision of 22 July 1992 relating to a proceeding under Council Regulation (EEC) No 4064/89 (Case No IV/M. 190-Nestlé/Perrier), 92/553/EEC. 参见张晨颖:"共同市场支配地位的理论基础与规则构造",载《中国法学》2020 年第 2 期。

〔2〕 See Cases C-68/94 and C-30/95, French Republic and Sociètè commerciale des potasses et de l'azote (SCPA) and Entrepriseminière et chimique (EMC) v. Commission of the European Communities, European Court of Justice, European Court reports 1998 I-01375.

〔3〕 See 94/449/EC: Commission Decision of 14 December 1993 relating to a proceeding pursuant to Council Regulation (EEC) No 4064/89 (Case No IV/M. 308-Kali- Salz/MdK/Treuhand).

〔4〕 See Cases C-68/94 and C-30/95, French Republic and Sociètè commerciale des potasses et de l'azote (SCPA) and Entrepriseminière et chimique (EMC) v. Commission of the European Communities, European Court of Justice, European Court reports 1998 I-01375.

性高点，其中在 2001 年案件申报量达到峰值 335 件，之后在 2007 年案件申报量达到第二个峰值 402 件，2018 年申报量达到了 414 件，见图 1-3。就总体而言，欧盟经营者集中案件的申报数量呈现出波动中上升的趋势。[1]

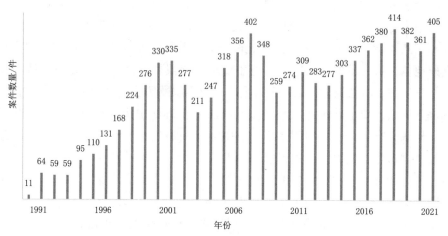

图 1-3　欧盟 1990 年至 2021 年合并交易案件申报数

（二）我国经营者集中审查制度的演进

1. 立法演进

2007 年《反垄断法》就法律体系结构来说，在实体制度上分为垄断协议，滥用市场支配地位，经营者集中，滥用行政权力排除、限制竞争四个部分，是经营者集中审查制度的上位法，其中第 3 条规定，"本法规定的垄断行为包括：……（三）具有或者可能具有排除、限制竞争效果的经营者集中"。据此，2007 年《反垄断法》第四章专门规定经营者集中申报审查制度。

我国反垄断法在体系结构上更接近于欧盟模式，聚焦于经营者集中规则可以看到，制度名称上与欧盟是一致的，用的是"集中"（Concentration）一词。此外，在申报规则上也与欧盟相似，首先是以强制申报为原则，即经营者对于达到标准的集中有申报义务；其次在申报要素上也是相同的二元要素判断：一是集中发生了"控制权"变化；二是拟议集中的金额达到申报门槛。

---

〔1〕　Available at https://ec. europa. eu/competition-policy/mergers/statistics_en. Accessed 31 Dec. 2021. 其中 1990 年数据自 1990 年 9 月 21 日开始统计。

但中欧的申报标准有所不同，本书第三章讨论这一问题，此处不作赘述。当然，因为中国和欧盟在政治、经济背景上的差异，反垄断的价值目标并不完全相同，映射在经营者集中审查制度规则上也必然有所区别。

不同于美国和欧盟率先立法规制垄断协议和滥用市场支配地位行为，我国有关经营者集中申报和审查的实践是从 2003 年开始的，要早于 2007 年《反垄断法》出台的时间。2003 年 3 月 7 日，当时的对外贸易经济合作部等四个部门颁布了《外国投资者并购境内企业暂行规定》（以下简称《暂行规定》，已失效），该规定共计 26 条，其中第 1 条明确提出规制目标之一是"维护公平竞争和国家经济安全"，第 3 条指出"不得造成过度集中、排除或限制竞争，不得扰乱社会经济秩序和损害社会公共利益"，[1]第 2 条规定了并购的两种形式：股权并购和资产并购，并依此分别在第 12 条和第 15 条规定符合条件的股权并购、资产并购要向有权的审批机关报送文件申请。[2]《暂行规定》被认为是我国反垄断法的雏形。[3]《暂行规定》于 2006 年修订，由商务部等六个部门联合发布。修订后的部门规章扩充为六章合计 61 条，更名为《关于外国投资者并购境内企业的规定》（以下简称《外资并购境内企业的规定》），自当年 9 月 8 日开始施行。相较于《暂行规定》，《外资并购境内企业的规定》不仅结构更清晰、规定更详尽，而且其中第五章第 51 条至第 54 条专门设置"反垄断审查"，虽然只有 4 个条款，但涉及的内容丰富了很多，包括申报标准以及未达标准时审查机关的主动调查权、审查决定的程序和可能的决定、需要重点审查的情形、审查豁免的情形。据此，中国执法部门审查了法国 SEB 并购苏泊尔（2007 年）等众多典型性案件。[4]应当说，虽然这两部部门规章在适用主体方面范围有限，仅适用于外国投资者并购境内企业，

---

〔1〕《外国投资者并购境内企业暂行规定》（2003 年）第 3 条部分条款。

〔2〕《外国投资者并购境内企业暂行规定》（2003 年）第 12 条规定："外国投资者股权并购的，投资者应根据并购后所设外商投资企业的投资总额向具有相应审批权限的审批机关报送下列文件：……"第 15 条规定："外国投资者资产并购的，投资者应根据拟设立的外商投资企业的投资总额、企业类型及所从事的行业，依照设立外商投资企业的法律、行政法规和部门规章的规定，向具有相应审批权限的审批机关报送下列文件：……"

〔3〕参见漆彤："论外资并购中的反垄断立法——《外国投资者并购境内企业暂行规定》中反垄断规则评析"，载《求索》2004 年第 3 期。

〔4〕参见"法国 SEB 控股苏泊尔获得商务部批准"，载 http://finance.sina.com.cn/focus/sebsg/，最后访问日期：2021 年 12 月 31 日。

但是在集中审查的目标、程序和技术等方面进行了有益的理论探索，为我国反垄断法有关经营者集中规则的体系化和完善提供了重要的经验支撑。

2. 现行法律法规与文件体系

自 2007 年《反垄断法》施行以来，我国制定了数量众多的与经营者集中有关的规范性文件，由法律、行政法规和部门规章三类组成。截至目前，共有一部法律（2007 年《反垄断法》），一部行政法规（《国务院关于经营者集中申报标准的规定》）和十余部部门规章。我国的反垄断执法体制经历了三个重要阶段。第一阶段：2008 年 8 月 1 日《反垄断法》施行至 2018 年国务院机构改革。在这一时期由国家发展和改革委员会、国家工商行政管理总局、商务部三个部门分管反垄断执法，其中商务部反垄断局负责经营者集中审查。第二阶段：2018 年国务院机构改革到 2021 年 11 月 18 日国家反垄断局成立，由国家市场监督管理总局内设的反垄断局负责执法，其中有四个处负责经营者集中审查和执法监督。第三阶段：2021 年 11 月至今，国家反垄断局下设三个司局，其中反垄断执法二司负责经营者集中有关事项。自 2008 年以来，执法机关根据职责权限和工作实践出台了多部部门规章，是经营者集中审查制度的重要法律渊源，在操作层面对行政相对人、执法机构有很强的指引作用和效力。

现行经营者集中的规范性文件依照位阶和生效时间情况如表 1-1 所示。

表 1-1　中国现行经营者集中相关法律法规

类别	名称	生效时间
法律	2007 年《反垄断法》	2008.8
行政法规	《国务院关于经营者集中申报标准的规定》	2008.8.3
部门规章	《金融业经营者集中申报营业额计算办法》	2009.7
	《经营者集中审查暂行规定》	2020.12
	《关于经营者集中申报文件资料的指导意见》	2018.9
	《关于经营者集中申报的指导意见》	2018.9
	《关于经营者集中简易案件申报的指导意见》	2018.9
	《关于规范经营者集中案件申报名称的指导意见》	2018.9

类别	名称	生效时间
	《经营者集中反垄断审查办事指南》	2018. 9
	《关于施行〈经营者集中反垄断审查申报表〉的说明》	2018. 9
	《监督受托人委托协议示范文本》	2018. 9
	《未依法申报经营者集中调查处理暂行办法》	2011. 12

就经营者集中审查制度的逻辑而言，依次为：经营者申报——执法机构审查——做出审查决定——监督执行——法律责任。相关的法律法规及政策分为以下几个方面。

（1）经营者集中申报的有关规则。

我国的强制申报原则体现在 2007 年《反垄断法》第 21 条，"经营者集中达到国务院规定的申报标准的，经营者应当事先向国务院反垄断执法机构申报，未申报的不得实施集中"。当两个条件同时成立即满足申报条件时，经营者即应当履行申报义务。申报条件包括定性和定量两个方面，缺一不可。前者指何种行为属于经营者集中，后者指达到申报义务的标准。针对定性方面，2007 年《反垄断法》第 20 条规定，"经营者集中是指下列情形：（一）经营者合并；（二）经营者通过股权或者资产的方式取得对其他经营者的控制权；（三）经营者通过合同等方式取得对其他经营者的控制权或者能够对其他经营者施加决定性影响"。第 22 条规定，"经营者集中有下列情形之一的，可以不向国务院反垄断执法机构申报：（一）参与集中的一个经营者拥有其他每个经营者百分之五十以上有表决权的股份或者资产的；（二）参与集中的每个经营者百分之五十以上有表决权的股份或者资产被同一个未参与集中的经营者拥有的"。以上是正反两个方面的规定。

在定量方面，2007 年《反垄断法》第 21 条规定："经营者集中达到国务院规定的申报标准的，……"据此，《国务院关于经营者集中申报标准的规定》（以下简称《申报标准的规定》，2008 年 8 月 3 日生效）以行政法规的立法层级在第 3 条对此作出具体规定："经营者集中达到下列标准之一的，经营者应当事先向国务院反垄断执法机构申报，未申报的不得实施集中：（一）参与集中的所有经营者上一会计年度在全球范围内的营业额合计超过 100 亿元人民币，并且其中至少两个经营者上一会计年度在中国境内的营业额均超过 4

亿元人民币；（二）参与集中的所有经营者上一会计年度在中国境内的营业额合计超过 20 亿元人民币，并且其中至少两个经营者上一会计年度在中国境内的营业额均超过 4 亿元人民币。营业额的计算，应当考虑银行、保险、证券、期货等特殊行业、领域的实际情况，具体办法由国务院反垄断执法机构会同国务院有关部门制定。"

2009 年商务部、中国人民银行、银监会、证监会、保监会五机构根据 2007 年《反垄断法》共同颁布了《金融业经营者集中申报营业额计算办法》，细化这些特殊行业的营业额计算的思路，为具体实务工作提供具有可操作性的指标。

在经营者的申报义务之外，法律又赋予反垄断执法机构以主动调查的权力。《申报标准的规定》第 4 条规定，"经营者集中未达到本规定第三条规定的申报标准，但按照规定程序收集的事实和证据表明该经营者集中具有或者可能具有排除、限制竞争效果的，国务院反垄断执法机构应当依法进行调查"。2007 年《反垄断法》并没有依据职权审查的规定，目前正在讨论的《反垄断法（修正草案）》在相应部分增加了这一条款。[1]

2007 年《反垄断法》第 23 条规定了进行经营者集中申报所需文件，第 24 条规定了申报文件不符合要求时的补救措施和法律后果。

（2）经营者集中审查的有关规则。

审查流程：经营者集中审查的流程可分为初步审查和进一步审查。分别规定于 2007 年《反垄断法》第 25 条和第 26 条，包括审查期限、审查决定、审查期间经营者的禁止性义务。

审查方法与标准：2007 年《反垄断法》第 27 条规定了经营者集中审查方法，即应当考虑的各种因素，包括参与集中经营者在相关市场的份额及其对市场的控制力；相关市场的市场集中度；经营者集中对市场进入、技术进步的影响；经营者集中对消费者和其他有关经营者的影响；国务院反垄断执法机构认为应当考虑影响市场竞争的其他因素。

---

〔1〕 参见《反垄断法（修正草案）》第 26 条第 2 款规定："经营者集中未达到国务院规定的申报标准，但有证据证明该经营者集中具有或者可能具有排除、限制竞争效果的，国务院反垄断执法机构应当依法进行调查。此外，国家市场监督管理总局 2020 年发布的《反垄断法（征求意见稿）》第 24 条第 3 款规定："经营者集中达到申报标准，经营者未依法申报实施集中的，或者经营者集中未达到申报标准，但具有或者可能具有排除、限制竞争效果的，国务院反垄断执法机构应当依法进行调查。"

2007 年《反垄断法》第 28 条规定了具体的审查标准及其后果：具有或者可能具有排除、限制竞争效果的，反垄断执法机构应当作出禁止集中的决定；经营者集中对竞争有利影响明显大于不利影响的，或者符合社会公共利益的，反垄断执法机构可以作出不予禁止的决定。结合第 29 条的补充规定，还可以适用限制性措施。针对审查中可能涉及的国家安全问题，第 31 条规定与国家安全审查相衔接。

作为部门规章，《经营者集中审查暂行规定》第 24 条至第 30 条对上述内容予以细化，特别是详细阐释了评估竞争影响的维度。

综合以上规则，经营者集中审查可能有以下三种结果：禁止集中、不予禁止（无条件批准）、附加限制性条件批准。

（3）附加限制性条件的有关规则。

附加限制性条件又称为"救济措施"，从效果上看，是介于禁止集中和无条件批准这两种情形之间的一种情况，由经营者自行提出救济措施，经执法机关批准并监督施行。这种附加限制性条件的批准方式兼顾了经营者集中正反两方面的效果，有效平衡了经营者的经济动机和市场的竞争秩序。因其实体规则复杂多变，故而对经营者影响重大。在 2007 年《反垄断法》第 29 条的原则性规定之外，《经营者集中审查暂行规定》第 32 条至第 47 条对附加限制性条件规则做了详尽规定，其中第四章"限制性条件的监督和实施"的针对性更为突出，包括限制性条件方案的提出及其磋商、限制性条件的种类、备选方案与资产剥离、附加限制性条件失败的救济、限制性条件的履行与受托人（监督受托人、剥离受托人）、受托人的选任、剥离业务中的适格买方、受托人招标、剥离的程序、剥离义务人的义务、监督受托人和剥离受托人的职责、附加限制性条件的期限、附加限制性条件的变更或解除等。本书第四章讨论附加限制性条件中的几个重要和难点问题。

（4）经营者集中的法律责任。

2007 年《反垄断法》第 48 条规定了违反经营者集中审查制度的法律责任，"经营者违反本法规定实施集中的，由国务院反垄断执法机构责令停止实施集中、限期处分股份或者资产、限期转让营业以及采取其他必要措施恢复到集中前的状态，可以处五十万元以下罚款"。

3. 经营者集中审查执法情况

自 2007 年《反垄断法》2008 年 8 月 1 日实施至 2021 年 12 月底，国务院反垄断执法机构共审结经营者集中案件 4194 件，总结案率达到 99.3%，案件交易总金额超过 50 万亿元，其中禁止 3 件，附条件批准 52 件。

总体上，执法机构对禁止集中持审慎态度。这 3 件被禁止集中的案件分别是可口可乐并购中国汇源案，马士基、地中海航运、达飞设立网络中心案，以及虎牙斗鱼合并案。

2009 年商务部对可口可乐并购中国汇源一案作出禁止集中的决定。[1]本案中，商务部认为可能存在三项排除限制竞争的影响：第一，集中完成后，可口可乐公司有能力将其在碳酸软饮料市场上的支配地位传导到果汁饮料市场，对现有果汁饮料企业产生排除限制竞争效果，进而损害饮料消费者的合法利益；第二，集中完成后，可口可乐公司通过控制"美汁源"和"汇源"两个知名果汁品牌，对果汁市场控制力明显加强，与可口可乐公司碳酸饮料市场的支配地位与传导效应，将使得新竞争对手进入果汁饮料市场的困难度增加；第三，集中限制了国内中小果汁企业的生存空间，抑制国内企业在果汁软饮料市场参与竞争和自主创新的能力，负面影响国内果汁市场的竞争，不利于行业健康发展。

2014 年，商务部作出禁止马士基、地中海航运、达飞设立网络中心的决定。[2]本案中商务部界定的相关商品市场为国际集装箱班轮运输服务市场，相关地域市场为亚洲—欧洲航线、跨太平洋航线和跨大西洋航线。本案中，商务部主要考察前两者的竞争影响，认为集中构成了紧密型的联营，增强了交易方市场控制力，提高市场集中度，进而将提高市场进入壁垒，挤压其他竞争者的生存发展空间；提高运输方议价能力，进而损害货主方的利益；提高对港口的议价能力，损害港口的长远发展。基于上述理由，商务部禁止了该经营者集中。

2021 年 7 月 10 日，国家市场监督管理总局对虎牙斗鱼合并一案作出禁止集中决定。[3]本案中，国家市场监督管理总局认为该项集中实施后，腾讯在

---

〔1〕 参见"中华人民共和国商务部公告 2009 年第 22 号"，载 http://fldj. mofcom. gov. cn/article/ztxx/200903/20090306108494. shtml，最后访问日期：2021 年 12 月 31 日。

〔2〕 参见"中华人民共和国商务部公告 2014 年第 46 号"，载 http://www. mofcom. gov. cn/article/zcfb/zcwg/201409/20140900732431. shtml，最后访问日期：2021 年 12 月 31 日。

〔3〕 参见"中华人民共和国商务部公告 2009 年第 22 号"，载 http://fldj. mofcom. gov. cn/article/ztxx/200903/20090306108494. shtml，最后访问日期：2021 年 12 月 31 日。

上下游均拥有较强的市场控制力，有能力和动机对下游游戏直播市场的竞争对手实施网络游戏著作权许可封锁，对上游网络游戏运营服务市场的竞争对手实施直播推广渠道封锁，在上下游市场形成闭环，排挤现有竞争对手、扼杀潜在竞争对手。申报方提交了多轮附加限制性条件承诺方案。经评估，国家市场监督管理总局认定，申报方提交的承诺方案不能有效减少集中对中国境内游戏直播市场和网络游戏运营服务市场竞争的不利影响，故作出禁止集中的决定。

综合来看，2007 年《反垄断法》搭建了我国经营者集中审查制度的基本框架、总体流程，以保证该制度顺利运行。但该法对这一制度的规定比较原则，以至于在操作层面存在多种解释的空间。具体而言：第一，申报条件不够清晰。从定性方面讲，"控制权"是经营者集中最为核心的概念，但 2007 年《反垄断法》第 20 条仅列举了三种获取控制权的方式，"控制权""决定性影响"等重要概念的内涵与外延并未明确化。从定量方面来看，2007 年《反垄断法》授权国务院制定申报门槛的具体标准，但由于规则不确定，在实践中暴露出一些问题，增加了经营者的商业风险，也使集中审查工作的行政成本大大提高。第二，附加限制性条件对经营者和市场均有重大影响。但在审查和监督过程中，具体适用情形并未明确，行为性救济与结构性救济如何适用才能够有效实现制度价值；对所附加的限制性条件之有效性需要进行评估从而改进救济规则。第三，对违法行为处罚的规定类型化不足、力度不够。一方面，实践中应申报而未申报的案件屡禁不止，从金额上看，50 万元的罚款上限过低，经营者的违法成本较低，无法对违法行为实现有效威慑，经营者集中审查制度的价值难以实现，不利于维护市场竞争秩序。另一方面，在反垄断制度的体现框架下，预防制度与救济制度是一个问题的两个方面、各有目标，两种规则下违法情形的法律责任也具有可比性。现行法下对实施垄断协议、滥用市场支配地位两种垄断行为的行政法律责任包括停止违法行为、没收违法期间的全部违法所得、处上一年度销售额 1% 以上、10% 以下的罚款，[1]与之相比，违法实施经营者集中的行政罚款过低，有关违法行为类型的规定有待完善。第四，随着数字经济、平台经济的蓬勃发展，他们对社会经济生活的影响日益重要，也表现出不同于传统经济的商业模式和经

---

〔1〕　参见我国 2007 年《反垄断法》第 46 条、第 47 条。

营行为的特征，引发新的竞争挑战。聚焦于数字平台领域的经营者集中，平台的相关市场界定、扼杀性收购、申报标准、附加限制性条件等问题都亟待回应。

（三）经营者集中审查的定性与比例原则之适用

经营者集中审查是保障市场竞争秩序的预防性制度，是涉案数最高的反垄断行政执法领域，其目的是对企图形成或者加强潜在的市场支配力的事前预防、控制，旨在维护合理的市场结构，防止市场力量过度集中。[1]为此，我国行政执法机构对于达到法定条件的经营者集中设置了前置审查规则。

1. 经营者集中事前审查之行政行为认识

根据行政职权的分类，对经营者集中进行实体审查的行政执法行为属于行政许可，[2]从政府规制视角出发，是反垄断执法机关的一种行政管理方式。2019 年《行政许可法》第 12 条列举了可以设定行政许可的事项；此外第 13 条规定，如果前述事项通过市场竞争机制能够有效调节，或者行政机关采用事后监督等其他行政管理方式能够解决的，可以不设行政许可。故而，行政许可的正当性基础有两种可能：一是市场失灵，二是保障社会公共利益。这与经营者集中审查制度的内在逻辑是自洽的。

首先，经营者集中可能导致市场失灵。企业的集中具有双重效应，一方面，规模经济可以产生规模效应、实现资源整合，正是出于市场机制的作用，经营者认为集中更有效率，所以原则上支持集中。但另一方面，由于集中导致竞争主体减少，可能诱发单方效应或协同效应以致损害市场竞争，亦即由于市场失灵从而造成非效率的可能性。由于达到审查标准的经营者在体量和市场影响力上举足轻重，经营者一旦引发限制竞争后果，将对市场造成显著负面影响，因此需要事先审查以有意识地甄别限制竞争的经营者集中并采取相应措施。这就要在市场主体之间的合意之外，由政府通过外力干预来改变交易主体、交易客体、交易条件或者竞争关系等来重构市场条件。[3]《反垄断法》施行以来，98% 以上的经营者集中案件被无条件批准实施；另有部分经营者集中具有或者可能具有排除、限制竞争效果，通过附加限制性条件消解

---

〔1〕 参见王先林：《竞争法学》，中国人民大学出版社 2018 年版，第 263 页。

〔2〕 参见"经营者集中反垄断审查"，载商务部网站行政权力运行公开栏目，http://www. mofcom. gov. cn/xzql/xzxk/00/detai12. shtml。

〔3〕 参见侯利阳："市场与政府关系的法学解构"，载《中国法学》2019 年第 1 期。

其负面效果后予以批准；只有极端特例下，当附加限制性条件也无法消除反竞争后果时才作出禁止集中的决定。目前，仅有 3 件被禁止的案件，即前述可口可乐并购中国汇源案、马士基集中案、虎牙斗鱼合并案。虽然从相对比例来看并不高，但对于拟集中交易的企业和市场的影响巨大。例如在商务部公告禁止可口可乐并购中国汇源当天，汇源股价开盘下跌 22.3%，并暂停交易。[1]

其次，经营者集中可能影响社会公共利益。根据《行政许可法》第 1 条的规定，其立法目的包括保护公民、法人和其他组织的合法权益。反垄断所体现的是实质理性，为了解决市场机制自我发展所带来的矛盾和困难。[2]具体到经营者集中审查，经营者的合法权益包括经营自主权、缔约自由权利。此处的经营者是一个广义的概念，指的是相关联市场上的所有经营者，既包括参与集中的经营者，也包括与该项集中有直接利害关系的主体，比如同行业的竞争者、与拟集中产业有上下游关系的相邻市场经营者等。所以，经营者集中审查制度，是对交易、对市场的干预行为，其价值着眼于"自由竞争""经济效率"和"社会公共利益"，体现了对秩序价值的追求。[3]干预的程度、用怎样的手段进行干预体现了执法理念。

2. 经营者集中事后救济之行政行为认识

不同于另外两种垄断行为——达成、实施垄断协议或者滥用市场支配地位行为，由于对经营者集中进行审查仅是预防性措施，而非针对业已发生的反竞争损害执法，故对于违法实施的集中很难通过民事诉讼的方式实现救济，只有通过反垄断执法机构的公共执法实现。[4]

对经营者集中进行审查的原因在于经营者利益最大化的行为具有外部性，有破坏市场竞争秩序的可能，因此出于公共利益的考量需要限制经营自主权。由于经营者利益与社会公共利益的不一致性，经营者有机会主义动机，对此，需要通过事后救济保障对违法行为予以处置，反向保证经营者履行如实申报

---

[1]　参见"可口可乐并购汇源果汁被禁止执行"，载 http://china. cnr. cn/xwkp/200903/t20090318_505275094. htl，最后访问日期：2021 年 12 月 31 日。

[2]　参见李剑："论反垄断法的实质理性"，载《学习与探索》2013 年第 12 期。

[3]　参见张守文："经济法的法治理论构建：维度与类型"，载《当代法学》2020 年第 3 期。

[4]　虽然 2007 年《反垄断法》《反垄断法（征求意见稿）》以及《反垄断法（修正草案）》都规定就违法实施经营者集中所造成的损害可以通过民事诉讼寻求救济，但迄今尚无案例。

义务。2007年《反垄断法》第48条规定，如果当事人违法实施集中，行政机关可以采取多种措施消除违法实施集中所产生的后果并从源头阻断其继续扩大竞争损害，即行政强制执行。此外，当事人还可能因违法性质、对市场造成的损害后果等被行政机关处以罚款，即行政处罚。

所以，在经营者集中审查执法中，对于拟定交易的审查决定，譬如是否批准集中、附加何种限制性条件、选择哪种补救措施等，属于一种行政许可；而对违法集中行为的处理，则可能涉及行政强制执行、行政处罚。行政执法机构要在合法、合理的原则下行使裁量权。

3. 比例原则适用于经营者集中审查的必要性

比例原则是制约行政裁量的基本原则，也是行政法的一项基本原则，[1]其适用范畴已然从行政处罚扩张到多个行政行为领域，[2]包括行政强制、行政许可等。比例原则的含义是"行政主体实施行政行为应当兼顾行政目标的实现和保护相对人的权益，如果行政目标的实现可能对相对人的权益造成不利影响，则这种不利影响应被限制在尽可能小的范围之内，二者应当有适当的比例"。[3]

具体到经营者集中审查中，执法机关的行政许可具有不确定性，譬如因附加条件的多样性、复杂性，[4]使拟定交易具有一定风险，此时，就要回归比例原则的本质，即调整手段与目的的协调统一关系。从目的上讲，经营者集中审查不是为了禁止企业合并，或对行政相对人科以义务，而是基于反垄断法的立法目的。经营者集中是交易方自由意志的体现，而交易能够提高各方的福利水平，这是执法机构对交易行为做出行政许可的基本前提。执法机构一方面要尽可能保护交易自由，另一方面要防止交易所可能产生的负面效

---

[1] 参见姜明安、余凌云主编：《行政法学》，科学出版社2010年版，第89~90页。

[2] 参见刘权："行政判决中比例原则的适用"，载《中国法学》2019年第3期。

[3] 中华人民共和国最高人民法院行政审判庭编：《中国行政审判指导案例第1卷》，中国法制出版社2010年版，第96页。

[4] 我国目前适用的附加限制性条件与国际接轨，分为结构性条件、行为性条件以及综合性条件，救济手段丰富。典型的结构性条件是剥离合并企业既存的独立业务单位，包括剥离知识产权、剥离合并企业持有的其他企业的股份或者放弃对其他企业的特定股东权益。行为性条件的形式具有开放性，以条件实现的直接目的为基础，可以划分为"促进横向竞争的行为性条件"与"控制合并交易结果的行为性条件"。比如，开放承诺、非歧视条款、购买承诺、防火墙条款、透明度条款、反报复条款，以及限制再雇用核心员工条款等。

果，即妨碍市场交易秩序，并最终损害消费者福利。所以，在执法中应当尽可能实现资源的优化配置，防止干预过度，与合同自由权、经营自由权实现平衡。

为了实现上述目的，经营者集中行政审查的手段包括实体审查、行政强制、违法处罚等多个环节。在每个环节做出何种具体行政行为又有多种选择，开放度大、灵活性高。行政行为具有相当大的的自由裁量权，在经营者集中审查中，一旦出现裁量偏差，非但不能预防市场失灵，反而会对行政相对人的合法权益和市场秩序造成损害。因此在审查中应当保证审查手段与最终目的具备合理的比例关系。比例原则的本质在于实现调整手段与目的的统一性，反垄断执法机构在实施行政行为时，必须同时兼顾行政目标以及行政相对人的权利，为了实现正当目的，具体行政行为要选择对相对人侵害最小的方式。

4. 多层次规制体系下比例原则的内涵

实现比例原则应当包括适当性、必要性、均衡性，[1]在不同的适用场景下其内涵具有特殊性。

反垄断法是一个"防御+补救"的多层次、立体化规制体系，经营者集中控制是事前防御，以避免集中带来企业急剧整合、扩张，从而导致发生协同行为、单边行为的风险大大提高，即因为特殊的市场结构"可能"发生违法行为，是为第一层防御。如果失败，经营者在市场交易中通过实施垄断协议、滥用市场支配地位等行为造成市场竞争损害，此时就要启动第二层即对市场的救济机制，执法机构启动反垄断调查，一旦认定违法即予以行政处罚。

在防御层面，经营者集中控制的适当性体现为无条件通过、附加限制性条件、禁止拟定集中的行政决定要符合执法目标，在认可交易会提高经济效率的前提下，通过反垄断规则限制排除竞争的负面效果。只有在该交易无法通过市场自发机制实现自治自愈，即市场失灵的情况下才进行行政干预。继而，这种干预必须采用最为温和的方式，也就是遵守最小侵害原则，具体体现在如果可以通过附加限制性条件批准集中，就不禁止；在确定限制性条件时，选择对相对人权利影响最小的手段，即必要性原则。由于每个交易所处

---

　　〔1〕 对于比例原则的内容有多种表述，如适应性（妥当性、适合性）原则、最小最轻原则（最小侵害原则、不可替代原则）、相称性原则（狭义比例原则）等，但由于本部分讨论比例原则在反垄断执法中的具体应用，其含义的些微差别可以忽略，此处采通说。

的行业、地域、市场结构各有不同，集中方的市场力量、诉求各异，就导致可能采用的附加条件灵活多变、可选择性繁多。不仅包括结构性条件，诸如股权限制、资产剥离、限定产能，还有极具开放性的行为性条件，比如限定交易、承诺供应等。不同的条件对经营者的限制不同、影响不同、执法成本不同，从必要性原则出发，应从当事方的立场考虑。在同样可以消除竞争影响的情况下，选择对当事方损害最小的限制条件；在损害程度相同的情况下，选择当事方最容易操作的限制条件；在操作成本相同的情况下，选择执法机构、受托人最容易监督、考量的限制条件。均衡性原则是一种权衡标准，[1]既要保证经营者集中审查这一行政管理目标的实现，又要兼顾保护相对人的权益，包括经营自主权、交易自由权。要权衡由于行政执法带来的公共利益增加与私人利益减损，只有合计为正数的情况下，这种干预才是有效的。至于合比例性，需要通过事后评估来反观评判。

在救济层面，既包括行政强制，如限期责令停止实施集中、限期处分股份或者资产、限期转让营业以及采取其他必要措施恢复到集中前的状态，也包括行政处罚。首先要强调的是，二者虽然都是救济措施，但是目标不同。在适应性上，要明确手段与目标之间的关系：如为了顺利通过审查，经营者提交虚假的申报材料，此时执法机关首先应当责令停止实施集中，要求当事方提交真实、完整的资料，重新作出可以集中、附加条件或者禁止集中的决定，再据此判断是否需要采取行政强制。在必要性考量上，在实现目标的前提下选择对当事人影响最小的措施。如违法实施集中的行为，属于已申报、但在尚未获得批准时实施集中，且经审查该交易并未造成市场竞争损害的，此时对于这种未取得行政许可的"抢跑"行为给予行政处罚即可，不需要作出诸如强行拆分、恢复原状的行政强制措施。在均衡性分析上，要进行结果上的衡量，在实现罚款的惩戒目标前提下，主要考察罚款所带来的不利影响。[2]如果罚款过高导致企业破产，则不符合经营者集中语境下的原则，[3]即处罚过当。

---

〔1〕 参见刘权："行政判决中比例原则的适用"，载《中国法学》2019年第3期。

〔2〕 参见焦海涛："我国反垄断法修订中比例原则的引入"，载《华东政法大学学报》2020年第2期。

〔3〕 笔者的观点是，对于垄断协议、滥用市场支配地位的行政执法或私人诉讼，是行为已然发生、造成市场损害的事后调查，故违法经营者因行政处罚、民事赔偿导致破产具有正当性。

为尊重经营者的自主权,同时最大限度避免市场经营者过度集中导致对有效市场竞争的破坏,本着最小干预、社会成本最低的原则,各法域执法机关通常会在集中发生前干预,即通过事前的申报审查机制,确保经营者集中后不会导致竞争秩序失衡。无条件批准、附加限制性条件、禁止集中三种行政决定均为行政许可的范畴。

三、平台经济下经营者集中审查制度的发展趋势

(一) 平台经济的特性与竞争问题

互联网平台(以下简称平台)是指通过网络信息技术,使相互依赖的双边或者多边主体在特定载体提供的规则下交互,以此共同创造价值的商业组织形态。[1]现代平台集"数据根基"和"互联互通"[2]于一体,二者不可或缺。换言之,数据使平台实现了前所未有的价值;而平台使数据的功能发挥极致。因此,在本书中数字经济、平台经济是相近似的含义,不做区分。互联网平台的兴起是数字革命的三大标志性事件之一。[3]随着信息技术的发展,平台经济从现实走向虚拟,应用场景向纵深和广域发展。今日的平台已经发生了质的变化,由信息交互的交易中介发展、壮大成为集信息汇集、要素生产、资源配置、规则制定为一体的新型经济中枢,平台重塑了整个社会的经济样态,已成为经济、政治、文化不可分割的一部分。

大量的经济学研究发现,平台经济区别于传统的企业运营形式具有以下显著的特征。

1. 交叉网络外部性

前文已经提及平台通常涉及多方交易主体,是一种打通交易各方之间关系的方式,因此其具有典型的"双(多)边市场"的特征。所谓双边市场,Rochet 和 Tirole 给出的定义为,当平台向需求双方索取的价格总水平:P = P

---

〔1〕 参见《关于平台经济领域的反垄断指南》(2021 年) 第 2 条。

〔2〕 See Herbert Hovenkamp, "Antitrust and Platform Monopoly", 130 *Yale Law Journal* 1952 (2021), *U of Penn*, *Inst for Law & Econ Research Paper* No. 20-43, *available at* https://papers. ssrn. com/sol3/pa-pers. cfm? abstract_id=3639142. Accessed 31 Dec. 2021.

〔3〕 See Andrew McAfee & Eric Brynjolfsson, *Machine*, *Platform*, *Crowd*: *Harnessing Our Digital Future*, W. W. Norton & Company Press, 2017, p. 14.

(b) +P (s) 不变时 [P (b) 为用户 B 的价格，P (s) 为用户 S 的价格]，任何用户方价格的变化都会对平台的总需求和交易量产生直接的影响，这样的平台市场称为双边市场。[1]

所谓的平台的交叉网络外部性包括网络外部性和交叉外部性。网络外部性是指一个产品的经济效益会随着用户的增加而提高，最典型的即电话市场，当有更多的人接入同一电话市场时，不管是电话公司的效益还是用户本身的效益都会得到更大化。

而双边市场的交叉外部性是指，一方用户的数量将影响另一方用户的数量和交易量，[2]换个角度说，即平台厂商一边用户数量的增加会带来另一边用户效用的提高。[3]也正是由于这种外部性的存在，在双边市场中，平台与双边用户之间、双边用户互相之间均存在相当程度的依赖性，只有双边用户同时对借助平台提供的产品（类型可能不同）产生需求时，平台提供的产品和服务才具有价值，其价值的提升同样也取决于另一边市场上用户规模的增长。譬如在银行卡的平台中，平台企业一面为广大消费者提供刷卡消费的服务，一面对使用刷卡机的商家收取服务费用，每家银行吸引的使用其 POS 机的商家数量取决于使用该种银行卡的消费者的数量。

2. 定价策略的特殊性

双边市场的定价策略与单边市场有很大的不同。具体而言，在双边市场条件下，某边用户的需求价格弹性和对产品的差异化的要求越高，间接网络外部性就越强。间接网络外部性是指"两组参与者需要通过中间平台进行交易，并且一方的收益取决于另一方参与者的数量"。换句话说，其对于另一边市场上的用户和产品的依赖越明显，平台就越倾向于对该边用户收取较低的价格。[4]因此，从总体上看，平台对某边用户所收取的价格并未遵照价格等于边际成本的原则，而是综合考虑了 P = P (b) +P (s)，在双边市场的

---

〔1〕 *See* Jean-Charles Rochet, Jean Tirole, "Defining Two-sided Markets", *IDEI University of Toulouse Working Paper*, 2004.

〔2〕 熊艳："产业组织的双边市场理论———一个文献综述"，载《中南财经政法大学学报》2010 年第 4 期。

〔3〕 See M. L. Katz and C. Shapiro, "Systems Competition and Network Effects", *The Journal of Economics Perspectives*, Vol. 8, No. 2, 1994, pp. 93-115.

〔4〕 熊艳："产业组织的双边市场理论———一个文献综述"，载《中南财经政法大学学报》2010 年第 4 期。

用户间进行合理分配，简而言之，即双边市场的定价策略需综合市场多边用户的需求。

同时，由于交叉外部性的存在，双边市场上的提价行为也会产生区别于单边市场的影响。在某一边市场上提高价格不仅可能降低该边用户对平台产品或服务的需求度，而且可能通过交叉网络效应导致另一边用户的需求度也随之降低。这种反馈机制，使得平台企业在运用市场势力提高用户价格时可能需要再三思量。[1]

3. 市场集中度

双边市场的特性决定了一个成功的产品非常容易聚集起一批用户，并因为网络效应、用户粘性等使得用户数量不断增多，另外，由于政策等原因，网络型平台往往具有较高的市场集中度。以互联网行业为例，到 2015 年 5 月，按照市值计算的全球 15 大互联网公司，无一例外均为平台型公司，我国的 BAT 就是最好的例子。[2]它们在平台差异化的领域着力，在各细分市场上抢占了绝对的市场份额。

具体而言，这种高集中度产生于高昂的转移成本。消费者的转移成本和供应商吸引消费者转移到自己产品上来的成本，共同构成转移成本。转移成本的存在，使得平台对消费者的控制力增强，用户被锁定在某一平台上，除非新平台具有足够强的吸引力，且这种吸引力可以抵得过转移成本对用户转移的阻碍，否则用户出于转移风险、转移成本的考虑，一般不会轻易从一个平台转向另一个同类平台。这种效应又称为用户锁定效应。此外，对于潜在竞争者而言，转移成本在无形中构筑起一道阻碍他们进入相关市场并参与竞争的壁垒。

对转移成本进行细化，可分为以下几种：第一，网络外部性成本。这种成本主要取决于某种平台所提供的产品的用户规模。如果 A 产品和 B 产品是两款功能类似的社交软件，但 A 的用户规模是 B 的几倍，在这种情况下，A 产品的用户放弃 A 转向 B 的网络外部性成本通常比 B 产品的用户转向 A 的成

---

　　〔1〕 参见程贵孙、李银秀："平台型产业反垄断规制的几个关键问题研究"，载《当代财经》2009 年第 7 期。

　　〔2〕 玛丽·米克尔：《2015 年全球互联网趋势报告》。转引自阿里研究院：《平台经济》，机械工业出版社 2016 年版。

本要高。第二，学习成本。目前越来越多的平台是以虚拟的方式存在的，平台的操作通常都需要用户投入或多或少的时间进行学习。用于学习操作平台的时间（甚至金钱），都是消费者投入的学习成本。第三，机会成本。某一平台的老用户转移到新平台之上，其作为老用户获得的积分反馈、折扣优惠等利益便不能继续享有，例如银行卡市场。第四，风险成本。新平台面世往往带有不确定性，平台质量、用户体验等都需经过一段时间的验证和用户反馈才能得出有效结论。因此，消费者面临着新平台质量差、不能满足原有期待等风险。

我国的平台经济起步较晚，但目前也已呈现出明显的高集中度的特征。以社交软件为例，由于用户在社交软件的使用当中表现出非常明显的多项使用（Multi-homing），因此仅从使用频率的统计无法准确看出各个软件的市场份额。

双（多）边市场高集中度的特性，使其成为竞争法关注的重点对象，[1] 在其发展过程中，也确实出现了一系列垄断或者至少试图垄断的行为。同时，也因为这种特性，在对双边市场进行竞争分析时，需要运用区别于传统市场的方法。

平台经济的迅猛崛起展现出新型竞争特点：在工业经济时代，受制于物理空间、原材料运输路径等因素限制，产业的发展速度、扩张规模是渐进式的；平台经济建立在虚拟空间、互联网技术和数据之上，代码编写和计算能力突破了这种桎梏。加之平台的网络效应，其价值与用户规模成正比，平台的理论规模可以无限大。这使得平台经济呈现"赢者通吃"的特点，形成"单寡头竞争性垄断"格局，[2] 呈现出比传统经济更强的侵略性。以经营者集中为例，2008~2018 年，谷歌、亚马逊、脸书并购公司总数达 299 起，[3] 数量之大远非其他行业所能企及，相对于历史上的几次并购浪潮更是势不可当。平台经济下反垄断的矛盾比工业经济时代更为尖锐和广泛。平台垄断不限于相关市场内的竞争问题，还包括本国的新旧产业、新产业内部竞争、本

---

〔1〕 以微信为例，2020 年年底月活跃账户数超过 12 亿人次，参见"腾讯控股：2020 年微信及 WeChat 合并月活户数达 12.25 亿户"，载 http://finance.sina.com.cn/stock/relnews/us/2021-03-24/doc-ikknscsk0724353.shtml，最后访问日期：2021 年 12 月 31 日。

〔2〕 参见傅瑜、隋广军、赵子乐："单寡头竞争性垄断：新型市场结构理论构建——基于互联网平台企业的考察"，载《中国工业经济》2014 年第 1 期。

〔3〕 See Elena Argentesi, "Merger Policy in Digital Markets: An Ex-Post Assessment", available at https://papers.ssrn.com/sol3/papers.cfm? abstract_id=3501501. Accessed 31 Dec. 2021.

国的总体经济框架、与国外的经济贸易的关系，甚至超越经济之外的政治、民主、消费者隐私权等系统性的问题。基于平台生态体现出的新经济与旧经济的裂痕已经产生，随着经济高速运转，离心力扩大了这种差距。国内产业链上的利润再分配、全球利益重塑的时代悄然而至。以 2020 年全球市值前十位的企业为例，[1]除排名第八的伯克希尔哈撒韦外，其余九家均为平台公司，并无石油、钢铁等传统资源企业。而 2021 年的这一数据并无明显变化，依然是数字平台企业居多，见表 1-2。[2]两年的时间虽然不长，但可以

表 1-2　2020 年、2021 年全球市值前十名企业排行榜　　（单位：亿元）

排名序号	2020 年 12 月 31 日		2021 年 6 月 16 日	
1	苹果	139 900	苹果	136 500
2	微软	108 200	沙特阿美	123 500
3	亚马逊	106 300	微软	117 000
4	Alphabet	80 500	亚马逊	104 000
5	Facebook	53 900	Alphabet	91 000
6	腾讯	47 200	Facebook	54 535
7	阿里巴巴	47 000	腾讯	48 945
8	伯克希尔哈撒韦	36 200	特斯拉	41 665
9	特斯拉	36 000	阿里巴巴	40 000
10	VISA	30 700	伯克希尔哈撒韦	38 200

从一个角度说明数字经济在近年的经济影响力。经济基础的改变必然引发竞争格局、社会关系的变革。平台采用涉嫌违反基本市场规则的手段野蛮生长的问题引起世界范围的热议，其表现诸如掠夺性定价、[3]自我优待、[4]"二

[1] 参见"全球市值 500 强企业排行榜，美国上榜企业最多，中国企业市值涨幅最大"，载 https://new.qq.com/omn/20210113/20210113A0AFZQ00.html，最后访问日期：2021 年 12 月 31 日。

[2] 参见"2021 年全球市值最大的十家公司"，载 https://new.qq.com/omn/20210616/20210616A00WAA00.html，最后访问日期：2021 年 12 月 31 日。

[3] 参见"京东掀价格战死磕苏宁国美：互攻对方大本营"，载 http://media.sohu.com/20120815/n350679825.shtml，最后访问日期：2021 年 12 月 31 日。

[4] See Case AT. 39740 — Google Search（Shopping）2018/C 9/08.

选一"、[1]拒绝开放平台入口和分享数据、[2]大数据"杀熟"等。[3]其中与
经营者集中最为密切的是扼杀性收购（Killer Acquisitions）。它是指大型企业
以防止未来竞争为目的，收购初创、有快速增长用户群和巨大增长潜力的企
业。[4]脸书自 2004 年成立以来进行了至少 63 起收购，其中不乏消灭竞争对
手以"抢地"和"巩固阵地"的动机。[5]另有数据表明，从 2015 年至 2017
年的两年时间内，谷歌、亚马逊、苹果、脸书、微软共收购了 175 家企业，
这些企业平均年龄为 4.05 岁，其中 105 家企业在收购一年内被关闭，约占总
数的 60%。[6]通过直接消灭竞争者，平台企业提高了竞争壁垒、损害了市场
创新。

各国执法机构多次启动反垄断执法，意图遏制大型平台公司的垄断行
为，[7]而结果不尽如人意。以欧盟、法国、美国对谷歌的处罚、诉讼为例，
多国执法机构对同一公司采取如此频繁的监管措施是罕见的，这一方面说
明，谷歌并未因认定违法而改变其在其他法域的经营策略，[8]反垄断处罚
的威慑性不足；另一方面也说明，在技术层面上反垄断规则适用于平台存在

---

〔1〕 参见国家市场监督管理总局行政处罚决定书，国市监处［2021］28 号。
〔2〕 参见北京知识产权法院民事案件受理通知书，（2021）京 73 民初 189 号。
〔3〕 参见"北京市消协发布大数据'杀熟'问题调查结果"，载 http://www.bj315.org/xxyw/xfxw/201907/t20190727_19494.shtml，最后访问日期：2021 年 12 月 31 日。
〔4〕 参见陈弘斐、胡东兰、李勇坚："平台经济领域的反垄断与平台企业的杀手并购"，载《东北财经大学学报》2021 年第 1 期。
〔5〕 See "Investigation of competition in digital markets", available at https://judiciary.house.gov/uploadedfiles/competition_in_digital_markets.pdf Accessed 31 Dec. 2021.
〔6〕 See Axel Gautier & Joe Lamesch, "Mergers in the Digital Economy", available at https://ssrn.com/abstract=3529012. Accessed 31 Dec. 2021.
〔7〕 譬如欧盟分别于 2017 年、2018 年、2019 年三次认定谷歌滥用市场支配地位，合计罚款逾 82 亿欧元。See AT 40099-Google Android, AT 39740-Google Search (Shopping), AT 40411-Google Search (AdSense). 2021 年 6 月 7 日，谷歌与法国监管机构达成和解，支付 2.2 亿欧元罚款。国家市场监督管理总局认定阿里巴巴集团滥用市场支配地位限定交易行为成立，罚款 182 亿元人民币。参见国家市场监督管理总局行政处罚决定书，国市监处［2021］28 号。2020 年 12 月，美国继 2011 年、2013 年，再次对谷歌提起反垄断诉讼，认为谷歌滥用在搜索引擎和搜索广告市场的支配地位，破坏了市场的竞争和创新。See U.S. District Court for the District of Columbia, *Justice Department Sues Monopolist Google For Violation Antitrust Laws：Google Complaint*, available at https://www.justice.gov/opa/press-release/file/1328941/download. Accessed 31 Dec. 2021. 2020 年 12 月，联邦贸易委员会及 48 个州和地区的总检察长联盟对脸书发起反垄断诉讼。
〔8〕 谷歌在欧盟、美国、法国受到的反垄断调查均与搜索引擎、搜索广告市场有关。

困境。

如果以"相关市场"作为判断依据，在互联网平台具有显著跨界性特点的前提下，如何准确、合理地界定互联网平台的相关市场？[1]平台经济业务类型复杂、竞争动态多变，相对于传统经济下支配地位认定既有的难题，各种参考因素的不确定性更强。[2]由于平台是多边市场，在反垄断分析时要分析到哪一层次市场的影响？在大型平台企业收购初创企业时，由于后者规模小、未达到申报标准，这种集中无须反垄断审查，如何避免由此带来的扼杀创新风险？从反垄断法的救济手段来看，对平台的违法行为进行干预是一种事后的矫正措施，而平台一旦发生垄断会造成生态意义上的市场损害，其范围广、危害大，远非传统意义上的"有限损害"，这种滞后性如何应对？沿用以往的"相关市场"的思路，将平台这一对象作碎片化认识，而没有将其作为一个整体，一个生态来看待，没有认清平台的本质，这种处罚对于平台是无效的。

（二）平台经济对经营者集中提出的挑战——相关市场界定难题与应对

1. 相关市场界定的传统方法

相关市场的界定是平台市场反垄断的难点，在一些案件中，法官甚至利用诉讼规则回避对相关市场的界定。[3]但是，市场范围的确定决定了经营者行为对市场竞争影响力的大小，因此其在反垄断案件中具有基础性、前提性的地位。例如，在垄断协议的认定过程中，相关市场的界定决定了该垄断协议是否具有排除限制行政的效果；在滥用市场支配地位的认定中，相关市场的界定决定了经营者是否具有支配地位，在许多案件中对最终的垄断行为的认定有决定性的作用；在经营者集中的案件中，同样需要界定相关市场来评估经营者集中对市场竞争的影响。实务中界定相关市场需要界定相关商品市

---

[1]　在相关市场问题上的分歧不限于技术上的复杂性，就是否应当界定也有不同观点。如2020年10月发布的《关于平台经济领域的反垄断指南（公开征求意见稿）》第4条"相关市场界定"中规定，"在特定个案中，如果直接事实证据充足，只有依赖市场支配地位才能实施的行为持续了相当长时间且损害效果明显，准确界定相关市场条件不足或非常困难，可以不界定相关市场，直接认定平台经济领域经营者实施了垄断行为"。但正式文本中删掉了这一款。

[2]　参见孙晋："数字平台垄断与数字竞争规则的建构"，载《法律科学（西北政法大学学报）》2021年第4期。

[3]　See Kinderstart.com LLC. v. Google Tech. Inc.

场和相关地域市场两个方面。

传统的界定相关市场的方法基于商品的特征、用途、价格等因素进行替代性分析、SSNIP（假定垄断者测试）和 CLA（临界损失分析）等。

（1）替代性分析方法。

替代性分析方法包括需求替代分析和供给替代分析。需求替代分析是指分析当产品的相对价格、质量、供求状态等要素发生变化时，需求方能够在替代产品中转换的难易程度。供给替代分析是指分析当产品的相对价格、需求等市场情况发生变化时，供应商能够转产将其生产设备和资源用于生产替代产品的难易程度。若转换难度低，则可替代性强，相应的厂商属于同一个相关市场。我国国务院反垄断委员会《关于相关市场界定的指南》采用了这一方法。在判断这些替代性时，应综合考虑商品的物理特性、价格等因素，考察商品之间的交叉价格弹性，即一种商品的需求对另一种商品价格变化的敏感性，从而得出合理结论。

（2）假定垄断者测试方法。

假定垄断者测试（Small but Significant and Non-transitory Increase in Price, SSNIP）是美国司法部于 1982 年制定的《横向并购指南》中提出的一种界定相关市场的方法，为我国国务院反垄断委员会《关于相关市场界定的指南》所借鉴。

根据 SSNIP 测试，在界定相关产品市场时，首先假定被审查的经营者是谋求自身利益最大化的垄断企业，从反垄断审查关注的经营者提供的商品开始，考察在其他商品销售量保持不变的情况下，该商品能否在较长的时间内（一般为一年）保持小幅度（一般为 5%~10%）涨价。如果涨价后，假定垄断者依然有利可图，即便其销量减少，目标商品仍构成相关市场。反之，如果涨价之后，假想垄断者的销量大幅减少，以至于其认为涨价是无利可图的，那么就需要把替代商品加入相关产品市场中。依次往复，直至将相关产品市场中所有的商品确定为止。

在界定相关地域市场时，需要假设该垄断者在一地点进行非短期（一般为一年）和不大明显（一般为 5%~10%）的涨价，如果涨价之后，垄断者依然有利可图，那么该地域就构成相关地域市场；如果涨价后，假想垄断者的销量大幅减少，以至于其认为涨价是无利可图的，那么就需要进一步扩大地域范围，直到找到合适的相关地域市场为止。

（3）临界损失分析方法。

临界损失分析（Critical Loss Analysis，CLA）是美国学者 Harris 和 Simons 首次提出的，[1]这种方法是对 SSNIP 的成功执行方法。垄断者价格的上升，意味着需求量的减少，当需求量减少到一定数额时，那么垄断者的涨价行为将不再有利可图。垄断者维持利润不变所能承受的最大损失称作临界损失，[2]企业涨价行为所带来的损失为实际损失，如果临界损失大于实际损失，那么企业就是有利可图的，那么当前范围的市场即为相关市场；如果涨价导致的实际损失大于临界损失，那么涨价将会无利可图，这种情况下相关市场需要进一步扩大。

临界损失分析方法最核心的两步为计算临界损失和计算实际损失。

在 Harris 和 Simons 的文章中，提到了一种计算临界损失的方法，[3]通过这一算法，可以得出临界损失与实际涨价幅度和价格成本边际的关系，从而求得临界损失的值。再将临界损失与实际损失进行对比，如果临界损失小于实际损失，则表明所假定的相关商品市场过窄，需要将更多的商品纳入其中。

在具体问题的处理中，临界损失的计算方法还会运用更多经济学和数学知识。通过估算出边际损失，和统计观测出的实际损失相比较，就可以判断相关市场范畴。

2. 传统界定方法的失灵

传统方法在平台相关市场界定失灵的一个原因在于：传统界定方法假定市场和市场之间不存在联系，经营者所处的市场是相互独立的，因此可以在单独的相关市场中分析经营者的行为，不用考虑其他市场中经营者的行为，在此前提下，传统的界定方法才可以得出有效结论。然而，双边市场下平台的两端市场具有相互依赖性，"相互依赖性和互补性"是指这些产品或服务在促成双边用户达成交易方面是相互依赖和相互补充的。[4]例如，淘宝平台，

---

[1]　参见黄坤、张昕竹："盲人摸象与相关市场界定——假定垄断者测试及其执行方法的一个框架"，载《财经问题研究》2013 年第 7 期。

[2]　参见黄坤："并购审查中相关市场界定的方法研究——临界损失分析的框架、拓展和新思路"，载《财经论丛》2014 年第 8 期。

[3]　Barry C. Harris & Joseph J. Simons, "Focusing Market Definition: How much Substitution is Necessary?", *Research in Law and Economics*, Vol. 12, 1989.

[4]　参见岳中刚："双边市场的定价策略及反垄断问题研究"，载《财经问题研究》2006 年第 8 期。

无论是缺少商家，还是缺少消费者，平台都将难以存续。在相互依赖性的前提下，一个市场价格的变化会相应引起另一个市场价格变化；另一个市场的供需变化会反作用于本市场中，使得价格测试等的结果偏离原本预期。再以搜索引擎平台为例，搜索引擎广告是具有负外部性的，假设某搜索引擎广告价格上升5%，短期内广告主可能转向其他搜索引擎；因为网民不喜欢广告，平台广告的减少，会使得网民数目增加。网民数目增加有正外部性——广告主倾向于让更多的网民了解到自己的广告，因此即便价格上升5%，广告主也会选择本平台，使得价格能够维持。

另一个原因在于，单边市场具有独立性，所以其价格结构和成本结构不会发生偏离。这在双边市场受到了挑战。对普通企业而言，当价格等于边际成本时，能够追求最大利润；然而在双边市场中，理性的企业是为了追求整体利益的最大化，而非任何平台两端市场的最大化。因此，反垄断机构对交易平台市场势力的衡量，不能只考察一边用户的价格加成，而不考虑另一边和两边之间的网络外部性，必须对双边用户的总价格加成予以衡量。[1]

正是由于上述原因的存在，传统相关市场界定的经典方法，例如替代性分析、SSNIP测试和CLA等主要针对单边市场界定而设计的方法，在适用于双边市场时都会出现结果上的偏差。

（1）替代性分析的不足之处。

供给替代分析和需求替代分析是各国较早形成的界定相关市场的方法，该方法在市场、产品功能和产品特征都比较简单的情况下，能够较为迅速地界定相关市场。在互联网平台相关市场界定中，替代性分析仍是法院最常用的界定方法。但替代性分析有其本身的不足之处。在杜邦玻璃纸案中，法官就错误地忽略了玻璃纸市场价格已经被操纵的事实，引发了玻璃纸谬误。在平台市场中，供给替代分析、需求替代分析方法的主观色彩更加浓重。一个重要的原因在于，从供给一侧考虑，平台之间转换成本远远低于传统行业。以互联网行业为例，互联网平台基本是由代码构成，理论上讲只要拥有技术人员，便可以复制或者重新创建相同或者相近的互联网平台，替代的可能性非常之大。但是，转产可能性的大小本身难以确定，很大程度上受到技术水

---

〔1〕 参见岳中刚："双边市场的定价策略及反垄断问题研究"，载《财经问题研究》2006年第8期。

平、知识产权以及用户的使用习惯等限制，哪些企业有转产能力并不清楚，[1]转产后能否形成有效的竞争压力也无法确定。对于平台市场来说，传统的供给替代分析和需求替代分析容易使得相关市场的边界不确定，因此很难作为直接的考量因素。

（2）SSNIP 测试存在的缺陷。

按照假定垄断者测试的思路，假定垄断者测试假设商品价格在一个较长时间段内上涨 5%～10%，进而观察垄断者能否维持价格的上涨，由少到多依次将可能的产品列入相关市场之中。

假定垄断者测试的一个问题在于假定垄断者测试难以衡量市场之间的反馈效用，当两个市场存在关联时，运用假定垄断者测试就会存在不足。不妨假定：某平台拥有 A、B 两边市场，当两个市场具备同向正外部性时，例如，电商和消费者，A 市场价格增加 5%～10%，将会使得 A 的需求减少，A 的需求减少将导致 B 需求也减少，由于 B 对 A 有正外部性，那么 B 的需求减少。此时 A 市场能否维持价格，除了取决于 A 市场的利润外，还取决于 B 市场的状况，如果 B 市场价格下降使得 B 市场的需求没有减少，由于 B 对 A 的正外部性，可能使得消费者自愿接受涨价；B 市场也可能因为价格没有变化，导致需求减少，由于网络效应，导致 A 市场需求进一步减少，形成恶性循环，最后使得价格不能维持。在"3Q 大战"[2]中，最高人民法院指出，当非价格竞争成为重要竞争形式的领域，采用 SSNIP 的方法则存在较大困难。最终，测试的结果取决于 B 市场的变化，而非取决于产品 A 是否构成独立的相关市场。

平台两边市场之间的相互依赖也常常导致测试结果存在偏差。理性的经营者不会追求每一个平台两端市场利益的最大化，而会致力于使整个平台利益实现最大化。其中一个市场的涨价导致这个市场利润上升，但完全可能造成另一个平台利润下降，进而可能导致整个平台利润下降。也有学者指出，因为交叉网络外部性、反馈效应的存在使得 5%～10% 的涨价幅度给双边市场带来的影响会被放大，测试的效果会大于单边市场。[3]

---

〔1〕　参见黄勇、蒋潇君："互联网产业中'相关市场'之界定"，载《法学》2014 年第 6 期。

〔2〕　奇虎公司与腾讯公司垄断纠纷上诉案，最高人民法院民事判决书（2013）民三终字第 4 号。

〔3〕　参见李剑："双边市场下的反垄断法相关市场界定——'百度案'中的法与经济学"，载《法商研究》2010 年第 5 期。

假定垄断者测试的另一个问题在于：单边市场价格单一，而多边市场存在多重价格。银行卡是典型的双边市场，卡组织作为平台，对应的两边市场分别为持卡人和商户。持卡人通过 POS 机向商户支付价款同时向发卡行请求支付，发卡行则要将收到的钱款转移到收款单位。在这一系列的钱款转移中，卡组织相当于起到了连接发卡行和收款单位的作用，因此会分别向二者收取一定比例的转换费，发卡行和收款单位又会将这部分成本转嫁给持卡人和商户，以通过向他们收取手续费的方式实现。因此在一个银行卡服务中就存在着非常复杂的多种多样的费用，换句话说，即卡组织对不同主体的定价不同。

在美国诉维萨卡案中，法院界定的相关市场有两个：其一为普通银行卡市场；其二为银行卡网络服务市场。这之中存在交换费、转换费的问题。选取不同的费用，其分析结果可能截然不同。[1]费用之间如何选择也使得相关市场难以界定。

（3）CLA 的缺陷。

临界损失分析在界定平台的相关商品市场时失灵的原因与 SSNIP 测试的失灵原因非常类似，因为临界损失分析本身就是由 SSNIP 测试进化而来的，是建立在 SSNIP 测试的基础上的，同时比 SSNIP 测试多了更多数量上的假设，因此在单边市场的情况下其结果更使人信服。

这就意味着 SSNIP 测试在双边市场下的缺陷 CLA 中也有，主要包括以下两个方面。

第一，过分依赖价格数据。但是，由于平台市场涉及多方价格，传统的 CLA 无法解答选取何种价格进行临界损失计算的问题。

第二，在一些比较特殊的情况下，例如在一些平台中，仅靠向平台一边市场的用户收取费用维持平台的盈利，而对另一边用户完全免费，此时就无法得出需求曲线中价格与数量之间的关系，自然无法计算临界损失的值，也就不可能与实际损失进行比较，进而得出界定结论。即使对平台双方均收取费用，由于其平台价格之间的联动关系，需求曲线显然也存在着联动关系，需求量的变化不再只受单边市场价格的影响，传统的计算公式将不再适用。

---

　　〔1〕　在 United States v. First Data Corp. and Concord EFS, Inc. 案中，政府选用了各种费用的加和进行 SSNIP 的计算。

3. 平台市场中相关商品市场界定方法的修正

界定双边市场的相关市场，应当考虑到双边市场的特性，并以此为出发点。两个或者多个平台两端市场之间的相互影响是单边市场和双边市场的重要区别。在双边市场中，将任何一个平台两端市场分别作为独立的相关市场进行认定是没有意义的。具体原因如下：其一，双边市场中任何平台两端市场的定价都不是按照本市场的需求和成本而定，价格结构和成本偏离，使得考察任何一方的利润和成本都没有意义；其二，平台两端市场之间彼此紧密联系，一方价格的变化都可能影响双方需求和价格的变化，不可能分割另一个市场而仅考虑单一市场的价格和需求变化；其三，平台的经营者旨在追求整个平台的效率最大化，为了这个目的，平台企业必须"两手一起抓"，通过人为调控两个市场的砝码实现平台天平的平衡。平台企业会选择不同的战略，导致两个平台两端的市场会有不同的发展方向和客户需求。企业利用平台实施垄断行为，天平两端势必要同时变化，否则就无法实现利益最大化。

平台经营者的相关市场应当是平台构成的有机整体：包括平台两端市场、平台市场整体。平台作为经济活动的参与者，既可能和其他经营者在平台两端市场中进行竞争，也可能由双边市场作为一个主体同其他市场进行竞争。正是因为平台的特殊性，平台所面临的竞争者、消费者各不相同，处于不同市场中，只界定任何一边相关市场，或者单独界定双边相关市场都难以判断平台经营者所实施的行为对市场秩序的影响，因此，在具体操作中，既需要界定平台两端市场，也需要界定平台市场。

（1）对替代性分析的修正。

由于替代性分析考虑了市场中各种影响因素，且不需要受到数据来源等的束缚，因此其在相关市场界定的各种方法中始终是适用最广泛、最灵活的一种类型，是界定相关市场最直接、最明确的方法。

由于双边市场比单边市场受到更多因素的影响，因此进行替代性分析时，应当考虑更多因素。

第一，对盈利模式的替代性分析。在平台企业的竞争中，首先应当明确的一点是，一边的免费不会对竞争对手的替代性构成妨碍。只有当其盈利模式具有本质区别时，换句话说，对于平台各方的收费方式整体有本质区别时，才会被认定为处于不同的相关商品市场。[1]

这种观念最初用于媒体业相关市场的分析。在 TPS 案中，欧盟委员会便运用了这种方法区分相关市场，欧盟委员会认为，鉴于免费电视的交易关系主要发生于节目播放商与广告商之间，收费电视的交易关系主要发生于节目播放商与电视观众之间，因此，免费电视与收费电视市场的竞争条件是不同的。基于同样的道理，在 Home Benelux 案中，欧盟委员会认为，居民和企业客户（拨号）因特网接入、因特网广告和付费内容提供是三个独立的市场，因为他们获得收入的方式并不相同：因特网接入服务由购买者向接入服务提供商付费，因特网广告由广告商向网址提供商付费，付费内容由购买者向内容提供商付费。[2]

第二，将用户列入替代性分析的考虑因素。针对传统方法在界定相关市场中存在的弊端，经济学学者、法学学者对现有的界定方法提出改良意见，其中，增加替代性因素是一种方案。增加替代性因素有利于减少相关市场界定中的误差项，提高界定结论的准确性和可预期性。其中一个替代因素是用户的数量，无论是直接从用户获取利益，还是基于正网络外部性，经营者因用户群体的庞大而获得更多的利益，故而，控制用户是平台的核心所在。欧盟在《关于在电信部门的接入协议中适用竞争规则的通知》中指出，接入的经济重要性取决于被连接的网络的覆盖面。考察被连接网络的覆盖面，不仅要衡量营业额，还要考察用户的数量。[3]容易想象的是，由于网络效应的存在，即便同是搜索引擎广告平台，拥有大量用户的搜索引擎和只拥有少量用户的搜索引擎之间的可替代性也存在疑问。用户数量的考虑，实际上是将网络效应考虑在内，使得替代性分析更加有效。

第三，传统方式的替代性分析依然有效。需要注意的是，传统的从供需角度考虑替代性的思路以及考察因素在平台市场下仍然有效。2004 年的美国诉维萨卡案便是典型案例。银行卡是典型的双边市场，这是因为在持卡人和商户定价总和一定的情况下，卡组织可以通过改变对持卡人和商户的收费结

———————

〔1〕 See David S. Evans, Richard Schmalensee, "The Antitrust Analysis of Multi-sided Platform Business", *NBER Working Paper*, No. 18783, 2013.

〔2〕 参见王健、朱宏文："论反垄断法对因特网的规制"，载《湖南大学学报（社会科学版）》2004 年第 6 期。

〔3〕 参见郑江梅："双边市场下反垄断法相关市场界定研究"，湖南大学 2014 年法学硕士学位论文。

构（如单笔交易费和商户扣率）来影响持卡交易量。[1]Visa 和 Mastercard 两家银行卡公司因涉嫌违反《谢尔曼法》在 1998 年被美国司法部起诉，他们被指控"双重控制"和"排他性竞争"，2004 年美国最高法院作出判决，认定排他性竞争行为成立。美国最高法院认为，在本案中存在两个相互关联但彼此独立的相关市场，[2]并对两个市场分别界定：分别为普通信用卡市场和信用卡网络服务市场。法院认为普通信用卡区别于其他支付方式，理由是通过政府的实证分析，当普通银行卡的适用金额上升，持卡人更倾向于承担费用的增加，而不是选择其他的方式。而在信用卡网络服务市场中，网络服务提供了交易的基础服务以及交易机制，包括授权、清分和结算等服务，这些服务是无法替代的。

欧盟对谷歌收购 Double Click 公司进行反垄断审查[3]时，将其中一个相关市场界定为在线广告市场。谷歌认为在线广告和线下广告应当是同一个相关市场，但欧盟委员会审查认为，线上广告可以更有针对性（Targeted），可以从时间、地点、兴趣等准确定位，这是线下广告所不能实现的；同时线上广告和线下广告定价机制不同。因此欧盟委员会认为线上广告市场是独立的相关市场。

（2）对 SSNIP/CLA 的修正。

如果特定市场领域的商品同质化特征比较明显，价格竞争是较为重要的竞争形式，则采用 SSNIP 的方法较为可行。[4]双边市场中市场之间存在相互影响、网络效应，因此价格不一定是影响竞争的主要因素，但这并不意味着传统的 SSNIP/CLA 方法将完全失去价值，因此仍然需要对其进行修正。

第一，Lapo Filistrucchi 的修正。Lapo Filistrucchi 等曾将双边市场分成交易型双边市场和非交易型双边市场。所谓交易型双边市场，是平台两端市场的客户进行交易，例如天猫平台；非交易型双边市场是平台两端市场的客户不进行交易，例如搜索引擎广告。他认为，界定相关市场均需要考虑平台两端的市场，以及它们之间的关系。在 SSNIP 的适用上，他认为在双边市场中，

---

[1]　参见董维刚、张昕竹："银行卡产业特征与反垄断难题"，载《数量经济技术经济研究》2007年第 6 期。

[2]　United States v. Visa USA Inc，344 F. 3d 229（2nd Cir. 2003）.

[3]　Case No COMP/M. 4731-Google/ Double Click.

[4]　湖南省永州市中级人民法院民事判决书（2013）民三终字第 4 号。

司法机关需要运用修正的 SSNIP 模型，充分考虑两个市场中的联系，在非交易市场中，SSNIP 可以测试两边平台两端市场价格同时进行微小但有意义的上涨，测试盈利情况；在交易型双边市场中，需要测试交易价格的上升和平台盈利的影响。他进一步指出，在非交易型的双边市场中，SSNIP 可以作为更小边界的相关市场的证明；而在双边市场中，假定垄断者不能调整价格结构以追求利益的最大化，这样进行的 SSNIP 可以确定相关市场的宽边界。[1] 在他的另一篇文章[2]中，给出了一个 SSNIP 的计算公式。

Lapo Filistrucchi 假定平台两边的市场分别为 A、B 市场，则 A 市场的定价为 p^A，B 市场的价格为 p^B，所假定的垄断企业的利润为 Π。

则有

$$\frac{\partial \Pi}{\partial p^B} = q^B(p^A, \ p^B) + p^B \frac{\partial q^B(p^A, \ p^B)}{\partial p^B} + p^A \frac{\partial q^A(p^A, \ p^B)}{\partial p^B} - \frac{\partial C(q^A, \ q^B)}{\partial q^A}$$

$$\frac{\partial q^A(p^A, \ p^B)}{\partial p^B} - \frac{\partial C(q^A, \ q^B)}{\partial q^B} \frac{\partial q^B(p^A, \ p^B)}{\partial p} = 0$$

可以得出 $f(p^A, \ ^*p^B) = 0$，即 $^*p^B = g(p^A)$。

那么，当 p^A 上升时，就会有 $\Delta \Pi = \Pi\{p^A(1 + \frac{\Delta p^A}{p^A}), \ g^B[p^A(1 + \frac{\Delta p^A}{p^A})]\} - \Pi(p^A, \ p^B)$。

代入现实的供需数据，就可以检验所涉企业的利润情况是否符合 SSNIP 测试中所要求的情况，从而判断涉案企业是否是垄断者。

对于 CLA，Lapo Filistrucchi 也在原计算公式的基础上进行了改进。

同样假设某平台具有 A、B 两边市场，则其临界损失分别为 $(p^A - \frac{\Delta C}{\Delta q^A}) \Delta q^A$ 和 $-(p^B - \frac{\Delta C}{\Delta q^B} \Delta q^B)$。从而可以与实际损失进行比较。

第二，David S. Evans 与 Michael D. Noel 的修正。

$$\sum_{s=A, \ B} \left[R^s(X^s + M^s) \left(\frac{\Delta Q^s}{Q^s} \right) + R^s X^s \right] = 0$$

---

〔1〕 See Lapo Filistrucchi, Damien Geradin, Eric. van Damme, Pauline Affeldt, "Market Definition in Two-sided Market: Theory and Practice", *Journal of Competition Law & Economics*; *Oxford*, Vol. 10, No. 2, 2014, pp. 293-339.

〔2〕 See Lapo Filistrucchi, "A SSNIP Test for Two-sided Markets: The Case of Media", *Working Paper*, No. 34, pp. 14-19.

David S. Evans 与 Michael D. Noel 通过定量的方法对 CLA 进行修正。他们基于单边市场的分析过程，推导出双边市场 CLA 的公式，其推导出在双边市场下的临界损失公式为

A 市场的临界值为 $\dfrac{\Delta Q^A}{Q^A}$；B 市场的临界值为 $\dfrac{\Delta Q^B}{Q^B}$。其中 $R^s = P^s Q^s$。但是也有学者指出，按照他们给出的公式计算将会太宽。[1]可以说，目前对于 SSNIP 测试和 CLA 的经济学上计算方法的改进基本上仍处于较为初步的阶段。

第三，平台两端市场均运用 SSNIP 的方法。司法实务在双边市场的界定中，对 SSNIP 也进行了一些创新。一种方法是在平台两端市场均运用 SSNIP 进行测试：两边都进行界定的方法首次出现在 United States v. First Data Corp. 一案中。美国司法部认为需要在两边平台两端市场同时进行假定垄断者测试，而且分别对商户和发卡银行所在的两边平台两端市场进行了假定垄断者测试。在对商户一边实施"小幅但显著的非暂时涨价"时，司法部同时考虑了来自发卡银行的反馈；对发卡银行一边进行假定垄断者测试时，又将商户的反馈纳入考虑范围。最终，美国司法部主要采纳了商户一边的测试结果，因为 First Data 和 Concord 公司的合并行为对商户一边影响最大，最有可能对该边平台两端市场产生排除或限制竞争的效果。

另一个案例是 FTC 查处 Realcomp 公司一案，[2]对平台两端市场均进行 SSNIP 测试。Realcomp 公司是房产中介商，处于典型的双边市场中。Realcomp 公司是房产中介公司，它所面临的市场是典型的双边市场。FTC 认定，本案中的相关市场为投入市场和产出市场。投入市场是指提供给需要买、卖房屋的人的市场；而产出市场是需要提供介绍、推广服务的人的市场。

第四，相对价格上涨的假定垄断者测试。当平台一边免费向用户开放时，传统 SSNIP 便不能适用，因为即便价格上涨 5%～10%，该产品的价格依然是 0。因此，有学者主张，将 SSNIP 的涨价 5%～10% 调整为更小幅度的上涨。

但这一方法存在弊端：从免费到收费是质的变化，可能随之带来需求量的巨大变化，可能失之妥当。在"3Q 大战"中，腾讯公司的 QQ 软件提供免

---

〔1〕　See Lapo Filistrucchi, A SSNIP Test for Two-sided Markets: Some Theoretical Considerations. *Net Institute Working Papers*, No. 34, 2008.

〔2〕　Available at https://www.ftc.gov/sites/default/files/documents/cases/2007/12/071213decision.pdf. Accessed 31 Dec. 2021.

费即时通讯服务，一审法院便采用了这种假定垄断者测试的方法。法院审理查明，如果免费的即时通讯服务开始收费，那么将会导致大量的用户流失，免费产品相较于机会成本而言，消费者更倾向于免费产品，免费与否是界定相关市场的关键。因此，法院认为，即时通讯产品是否能够构成一个相关市场，既可以考虑一个控制所有即时通讯产品的假定垄断者能否通过降低产品质量或者非暂时性的小幅度提高产品的隐含价格而获取利润，更应该考虑一旦某个假定垄断者开始小幅度的持续一段时间收费的话，是否会产生大量的需求替代。[1]然而，最高人民法院指出，如果在产品差异化非常明显，且质量、服务、创新、消费者体验等非价格竞争成为重要竞争形式的领域，采用 SSNIP 的方法则存在较大困难，互联网平台市场恰恰是这样的市场领域。因而既要考虑假定的垄断者通过降低产品质量，或者非暂时性的小幅提高隐含价格（如广告时间）获取利润，更应当考虑一旦假定垄断者开始小幅度的持续一段时间收费，是否会产生大量的需求替代。最高人民法院认为，即时通讯市场具有相当高的价格敏感性，而且一旦即时通讯由免费变成收费，就意味着盈利模式发生重大变化。如果采用 SSNIP，会使得界定的相关市场失之过宽。这也正是相对价格上涨的假定垄断者测试所面临的最大问题。

4. 平台市场中相关地域市场界定方法的修正

在相关地域市场的界定方面，平台市场具有以下几个特性。

第一，由于平台本身通常不提供实体性的产品，更多的是作为一个汇集供应者和消费者的中介，因此从平台来看，不会受到交通运输成本等问题造成的地域壁垒的影响，用户在任何地理位置都可以获得服务。

第二，由于前文提到的网络效应，基于语言、文化、社群习惯，不同地域的用户对不同的产品会有不同的偏好。

第三，前文也提到过由于双边市场中面向终端用户的产品具有免费的特点，用户可以不支付任何费用同时使用多个同类型产品，但一旦收取一定费用，会对用户的选择造成很大影响。而此时价格的调整不是影响用户选择的重要因素，这一特点使得 SSNIP 方法不再适用。

基于以上特点，在界定平台的相关地域市场时应当有特殊的考虑因素。

第一，政策因素。政策可能导致一些平台企业无法进入某些国家和地区

---

[1] 广东省高级人民法院民事判决书（2011）粤高法民三初字第 2 号。

的市场，在划分相关地域市场时应予以考虑。

第二，从需求替代的角度出发，应当考虑用户群体的特征。例如，如果一个平台的用户群从一开始就是中国人，随着网络效应发挥作用，中国用户的数量越多，每个用户所得到的效益就会越大，从而吸引更多的中国人加入这一用户网络当中。因此，平台如果任其用户自由发展，而不对产品进行额外的营销宣传，极有可能会因为其面向的主要用户的语言文化、使用习惯等因素，形成实质上的地域封闭性。典型的例如地方电视台。当然，随着技术的发展和平台经济的深入推广，这种现象也在逐渐被打破。

第三，对于一部分免费的产品来说，在界定相关地域市场时需要格外加以注意。一方面，网络效应削减了用户对产品价格的敏感度；另一方面，在免费和收费之间，用户的敏感度又显著增强。[1]这使得 SSNIP 测试仅在一定的条件下，对免费产品的相关市场界定适用，即对本区域唯一的该种类产品，将产品由免费改为收取一定的费用，如果用户有转向其他地域该种类产品，则说明其他地域也属于同一相关地域市场。但是，对于不符合该种条件的产品，不能直接运用 SSNIP 测试进行判断。

至此，关于平台的相关市场界定可以得出以下结论：首先，由于平台的网络外部性和特殊的定价策略，传统的界定方法，无论是替代性分析，还是 SSNIP/CLA 都存在一定的弊端。例如替代性分析的常见考虑因素无法完全涵盖平台市场中的变量，SSNIP/CLA 过于倚重价格数据，而价格在平台市场中恰恰是最多变且难以衡量的因素。

其次，在平台情境下，三种经典界定方法的直接使用存在不同程度的谬误，但笔者尝试为其提供改进的方式。对于替代性分析，有效的方法是增加其分析因素（最重要的如用户数量等），以减少误差。同时应当注意结合中国的实际情况进行分析，而不能机械地照搬国外的界定模式。例如，对于互联网企业来说，相关经营牌照、政策法规等就是其市场进入的重要门槛，也应当成为界定相关市场的重要考虑因素。而对于 SSNIP/CLA，则需要根据双边甚至多边市场中价格的联动关系，调整原有的公式，设计新的计算价格、利润或临界损失的方法。其中，经济学家 Lapo Filistrucchi 对 SSNIP/CLA 的改

---

〔1〕　参见胡丽："反垄断法视域下网络空间'相关地域市场'的界定——兼评'奇虎诉腾讯垄断案'中全球市场的认定"，载《河北法学》2014 年第 6 期。

进得到了美国和欧盟执法机构更多的认可。但是实际上，目前各学者提出的公式尚处于试验和调整阶段。另外，由于平台市场的特殊性，相关地域市场的界定也需要有所突破。例如根据个案的需要增加替代性分析中的考虑因素。

最后，需要注意的是，由于平台企业种类繁多，盈利模式日新月异，本部分所涵盖的诸如替代性分析、改良的 SSNIP/CLA 等方式都仅针对较为常见的平台企业类型，而在将来，如果出现新型的平台企业，则需要对现有方法和假说进行因时因地的灵活适用。

（三）平台经济下经营者集中审查的总体思路

对平台治理问题，有学者主张应当强化而非抑制市场的作用，[1]也有学者结合均衡模型，认为应当将互联网平台纳入反垄断适用除外制度，合理许可互联网巨头赢者通吃，[2]还有学者提出平台应当承担与其私权力相匹配的公共责任。[3]在监管理念上，学者观点包括应当坚持"包容审慎"，在执法中保持必要和适当的谦抑，[4]实现积极有效的包容审慎监管；[5]也有学者主张适度转向，构建新的反垄断监管原则，[6]转型为"积极、协同、审慎与依法"监管。[7]在监管模式上，有的学者认为要加强反垄断事前监管，[8]有的则提出应将大型平台作为公用事业予以管制，[9]还有学者提出基于平台的类

〔1〕 参见张穹等："数字经济创新——监管理念更新、公共政策优化与组织模式升级"，载《财经问题研究》2019 年第 3 期。

〔2〕 参见张枭："互联网经济对反垄断法的挑战及制度重构——基于互联网平台垄断法经济学模型"，载《浙江学刊》2021 年第 2 期。

〔3〕 参见刘权："网络平台的公共性及其实现——以电商平台的法律规制为视角"，载《法学研究》2020 年第 2 期。

〔4〕 参见孔祥俊："论互联网平台反垄断的宏观定位——基于政治、政策和法律的分析"，载《比较法研究》2021 年第 2 期。

〔5〕 参见孙晋："数字平台的反垄断监管"，载《中国社会科学》2021 年第 5 期。

〔6〕 参见刘继峰："我国互联网平台反垄断制度的立法模式选择"，载《价格理论与实践》2021 年第 1 期。

〔7〕 时建中教授观点，参见戴龙等："《平台经济领域反垄断问题学术研讨会》综述"，载《竞争政策研究》2021 年第 2 期。

〔8〕 参见王先林："论反垄断法对平台经济健康发展的保障"，载《江淮论坛》2021 年第 2 期。See Geoffrey Parker et al., available at *Digital Platforms and Antitrust*, https://papers.ssrn.com/sol3/papers.cfm? abstract_id=3608397. Accessed 31 Dec. 2021.

〔9〕 参见高薇："平台监管的新公用事业理论"，载《法学研究》2021 年第 3 期。

型，有针对性地分别进行行业管制、反垄断监管，甚至是公有化。[1]可见，对互联网平台的竞争性问题的争议不限于反垄断技术、理念、路径层面。

对此，笔者的观点是数字化平台之所以在诸多问题上对传统带来了挑战，是因为它与既有的反垄断规则遵循的以"市场"为分析基础的起点乃至底层逻辑不同。平台具有公共物品的属性，以规模为依托，大型平台逐渐拥有强大的渗透力和社会影响力、支配力，最终体现为公共性。而这种公共性被平台的私利性所异化，呈现数据要素、平台要素的反公共性，即公共性滥用。要矫正这种垄断行为，就需要为适格平台设定竞争性义务，构建竞争性义务的平台反垄断新规则。[2]落实到经营者集中审查制度，需要应对全方位的挑战，除上述关于界定相关市场的难点外，还包括申报标准的调适、营业额的计算、控制关系的认识、对横向纵向集中关系的分类、施加有效的救济措施等。

1. 主要法域有关平台反垄断的规制思路

在立法层面，各法域高度关注数字经济的竞争问题，并着手研究、修正立法。2020 年 12 月 15 日，欧盟委员会正式启动立法程序，向欧盟立法机构提交了《数字市场法案（草案）》和《数字服务法案（草案）》，并将其作为优先事项。2021 年 5 月，美国信息技术与创新基金会（ITIF）发布《〈数字市场法案〉：欧洲的预防性反垄断法》报告。该报告认为，《数字市场法案》代表了平台监管方式由事后监管向事前监管的转变，标志着预防式反垄断原则的兴起。但该法案的相关条例也带来了一定消极影响，降低了企业创新活力和效率，增加了数字市场的交易成本，不利于数字市场的持续发展和公平竞争，影响数字生态系统的商业模式和安全性。尽管有不同观点，但是2021 年 11 月 23 日，欧洲议会（European Parliament）的"内部市场暨消费者保护委员会"以 42 票赞成、2 票反对、1 票弃权通过该法案。12 月 15 日，欧洲议会宣布，以 642 票赞成、8 票反对和 46 票弃权审议通过《数字市场法案》。[3]当地时间 2022 年 1 月 20 日，欧洲议会以 530 票赞成、78 票反对、80

---

〔1〕 See Francesco Ducci, Natural Monopolies in Digital Platform Markets, Cambridge University Press, 2020, pp. 47-75, 126-156.

〔2〕 参见张晨颖："公共性视角下的互联网平台反垄断规制"，载《法学研究》2021 年第 4 期。

〔3〕 参见黄婉仪、卢美婷："《数字市场法》获欧洲议会通过，新增'杀手级收购'规定"，载 http://www.21jingji.com/article/20211217/herald/3bfa224797f8674cc28614b9aa415f5e.html，最后访问日期：2021 年 12 月 31 日。

票弃权的表决结果通过了《数字服务法案》。[1]这两部法案的通过，表明欧盟监管机构对超大型平台的竞争问题非常重视，并对监管效果寄予厚望，所提出的"守门人"的规制不再用界定相关市场——论证市场支配地位的思路，而是给定了"守门人"的标准[2]并赋予其义务，超越了现有的反垄断法框架，采用了一种新的逻辑。

2021 年 1 月通过的《德国反限制竞争法》第十次修订案，引入了"对跨市场竞争至关重要的企业滥用行为"制度，一旦认定经营者对跨市场竞争具有至关重要的意义，联邦卡特尔局有权禁止其实施特定行为。同时修改的还有滥用相对优势地位的认定规则，[3]相对于既有规则，大大降低了义务主体的认定难度。

2021 年 6 月 23 日，美国众议院对六项反垄断法案进行表决，全部通过，其中四项法案直指大型平台企业（Covered Platform）。[4]2021 年 2 月 7 日，我国国务院反垄断委员会发布《关于平台经济领域的反垄断指南》（以下简称《平台反垄断指南》），以回应平台经济领域的反垄断难题。世界各国针对互联网平台的立法尝试都说明，全球各国对数字市场规则制定权和话语权的竞争日益加剧，[5]在平台经济下反垄断法一直以来所践行的标准、原则和内在

---

〔1〕 The European Parliament, "EU Digital Markets Act and Digital Services Act explained", available at https://www. europarl. europa. eu/news/en/headlines/society/20211209STO19124/eu-digital-markets-act-and-digital-services-act-explained. Accessed 31 Dec. 2021.

〔2〕 参见《数字市场法案》第 2 章第 3 条。一般性判断规则为，守门人对欧盟内部市场有重大影响、其经营的核心业务平台服务是企业用户接触终端用户的重要通道、在业务中有稳固且持久的地位并可以预见地持续。推定标准为：（1）所属企业在欧盟区的三个财政年度的年营业额不低于 65 亿欧元，或过去一个财政年度平均市值或市场公允价值超过 650 亿欧元，且在至少三个成员国提供核心平台服务。（2）该企业所提供的核心平台服务在欧盟境内的终端月活用户超过 4500 万人，且上一财政年度活跃企业用户数超过 1 万人。

〔3〕 参见《德国反限制竞争法》第 18 条。

〔4〕 这四项法案分别是：《美国选择和创新在线法案》（American Choice and Innovation Online Act）、《终止平台垄断法案》（Ending Platform Monopolies Act）、《通过启用服务交换增强兼容性和竞争性法案》（Augmenting Compatibility and Competition by Enabling Service Switching Act）、《平台竞争和机会法案》（Platform Competition and Opportunity Act）。

〔5〕 华盛顿的智库机构战略与国际研究中心（CSIS）指出，欧盟政府此举是采取了一项"决意反美的监管攻击"。该报告称，欧盟这两个法案具有"变革性的影响"，将改变美国科技巨头在欧洲接触 5 亿用户的商业模式。参见江月："剑指美国科技巨头欧盟公布数字领域两大立法草案"，载 https://m. 21jingji. com/article/20201217/57209153b10b282942181b1c030a15ff. html，最后访问日期：2021 年 12 月 31 日。

逻辑正在发生改变。

2. "扼杀性收购"概念的非中立态度及其识别

根据前述对于"扼杀性收购"的界定，"大型企业以防止未来竞争为目的，收购初创、有快速增长用户群和巨大增长潜力的企业"。从定义来看，已经否定了扼杀性收购的正当性，以防止未来竞争为目的，无论如何都是不能为反垄断法理念所接受的。但这种从概念出发的逻辑推理，以及由此得出的结论在实践中是不可靠的。原因就在于，经营者集中审查制度的出发点就是防止通过集中阻碍竞争。当一个收购发生时，没有经营者会在向执法机构提交的材料中暗示其目的在于扼杀潜在竞争。那么，如何判断一个声明极具效率且无损于竞争的集中之真实目的，特别是考察集中后的效果呢？基于平台的动态竞争特质，事前审查机制如何发挥应有的作用，以防止出现假阳性、假阴性错误？

首先，通过动机进行识别。传统反垄断法反对以"意图"作为证据，[1]但也有学者认为这种排斥大大削弱了反垄断执法的有效性。[2]笔者并不赞同基于"意图"限制集中或者据此向经营者施加更高的证明义务，根据前述行政执法的比例原则，对于拟议集中可以采取更合乎比例的执法方式。这里的"动机"是指通过并购方既往的交易行为做出具有一定说服力的推断，比如在一定时期内，收购方曾有扼杀性并购行为；或者有可信的初步证据证明拟议集中的意图是反竞争的，比如高管人员的邮件或者会议记录中透露出该等信息；有胁迫被收购方的行为等。

其次，通过已收购企业的竞争状态识别。与上一标准的思路相近，一项在先的收购完成后，尽管被收购方依然存续，并未退出市场，但竞争力显著下降；与此同时，收购方所控制的与被收购方有直接竞争性企业的竞争力提高。这一标准相对于上一标准要更加审慎。

再次，给予行政相对人充分的抗辩权。在出示初步证据后，并购方有权进行抗辩，这种抗辩应当是与直接证据针锋相对的，此时不能采用综合判断的思路。虽然经营者集中有正反双重效果，但如果并购方不能够做出充分且

---

　　[1]　A. A. Poultry Farms, Inc. v. Rose Acre Farms, Inc., 881 F. 2d 1396, 1401 (7th Cir. 1989).

　　[2]　See Michael A. Carrier, "The Rule of Reason: An Empirical Update for the 21st Century", *George Mason Law Review*, Vol. 16, No. 4, 2009, p. 830.

有力的抗辩，否定并购就是合理的。有效的抗辩包括：在先的所谓"扼杀性收购"并不属实，其竞争力减弱甚至消亡是基于可以确信的正当事由。

最后，依照最小干预原则执法。经营者集中原本就是事前的预防性制度，对行业、市场发生潜在损害的预判是建立在假设基础上的。如果不能够认定拟议交易是"扼杀性收购"，选择附加限制性条件应当优先于禁止。

如果用相对中性的态度来讨论平台经济领域的集中行为，最重要的是"创新"价值，在平台经济领域这点尤为重要。"熊彼特—阿罗"争议是创新与竞争关系的经典论题。熊彼特认为，大型企业和垄断相比于小企业更有利于创新，因为大企业可以承担创新的成本与风险，且追求垄断利润是创新的商业动机；阿罗则主张竞争性市场比垄断市场更具创新能力，原因是竞争能够提供足够的创新激励，垄断企业已经占据大部分市场，因而创新并不会带来额外的收益。[1]后续有研究证明，创新和市场结构之间存在"倒 U 形"的关系，即绝对的垄断和绝对的创新均不是促进竞争的最佳方式。在学理上争论不决的情况下，维护竞争是一个不会导致错误的选择。

3. 平台"竞争性义务"在经营者集中审查制度中的实现路径

竞争性义务属于消极义务，对平台经营者的禁止性要求是明确的、有限的。竞争性义务是对经营者的商业或管理行为的纠偏，而非代替平台经营者做决策，在积极义务和消极义务均能实现矫正功能的前提下，消极义务对平台的干涉程度更小、义务更明确，执法成本更低。

2021 年 10 月，国家市场监督管理总局发布《互联网平台分类分级指南（征求意见稿）》（以下简称《分类分级指南》）和《互联网平台落实主体责任指南（征求意见稿）》（以下简称《主体责任指南》）。其中在《分类分级指南》3.1 中明确提出，综合考虑用户规模（平台在中国的年活跃用户数量）、业务种类（平台分类涉及的平台业务）以及限制能力（平台具有的限制或者阻碍商户接触消费者的能力），依据具体的量化标准将平台分为超级平台、大型平台、中小平台三级。《主体责任指南》共列举了 34 项平台义务，根据其中第 35 条的规定，不同级别的平台所承担的义务有所不同，其中超大型平台承担全部 34 项义务。这 34 项义务当中包括第 16 条有关反垄断的规则：

---

〔1〕 See Jonathan B. Baker, "Beyond Schumpeter vs. Arrows: Antitrust Fosters Innovation", *Antitrust Law Journal*, Vol. 74, No. 3, 2007, pp. 578-579.

"互联网平台经营者应当遵守反垄断领域的法律、法规、规章等规定，不得从事垄断协议、滥用市场支配地位等垄断行为。互联网平台经营者在实施经营者集中前，应根据有关法律法规履行申报义务，在获得有关部门批准之前，不得实施集中。"这与欧盟的"守门人"规则相类似。

落实到经营者集中制度，实现路径如下：

在宏观层面，充分认识数字经济的动态性，每隔一定合理期间重新确定标准。比如根据平台经济现状，对平台的分级指标进行实证分析，通过经济量化模型制定确定的、简明的客观标准，如年营业额、活跃用户数等。这种动态性的实践场景是多样的，比如采用动态的申报标准、多类型的判断维度。

在微观层面，建立适用于平台经济的制度规则，比如调试申报标准。结合本章前段论述，经营者集中的申报标准分为定性和定量两个视角。在定性方面，由于平台在商业链条中所处的重要地位和跨界性特征，传统市场分析中的并购分类——横向集中、纵向集中、控制关系的认定及其竞争分析思路需要做出重大修正。在定量方面，基于平台集中的控制关系非常复杂，营业额的认定有困难。此外，出于对"扼杀性收购"的警觉和防范，由于某些初创企业可能未达到申报标准而拟议集中无须申报，现行规则需要做出有针对性的调整。根据欧盟的《数字市场法案》，"守门人"有义务向委员会报告任何有意愿的收购。

第二章
控制权认定问题与完善

我国 2007 年《反垄断法》第 20 条至第 23 条是有关经营者集中申报义务的规定。其中第 20 条规定了"经营者集中"的几种情形，第 21 条规定了事前强制申报的机制以及申报标准，第 22 条规定了可以不申报的情形，第 23 条规定了申报文件和资料。

从经营者集中审查的基础法理来看，控制权的变化是核心问题，但也是最为复杂的问题。以法律应当具有的规范性、确定性、可预见性要求来衡量，需要对控制权规则化、具体化，本章就此展开讨论。

一、我国法律关于控制权的认定规则与问题

控制权是一个中性的法律概念，本身并无价值判断的意味，拥有控制权或者取得控制权并不违法。对控制权问题的研究可以有很多角度，横跨多个部门，比如政治学、社会学、管理学。限定在法学领域，从法理学的角度着眼，涉及法经济学、法社会学、宪法学、行政法学等问题。站在反垄断法的视域下，控制权是一个核心问题。

首先，控制权与集中审查的关系。并购审查的重点是分析交易对被收购的目标公司的竞争行为之影响程度，即要引发申报义务必须达到一定的控制权标准。如果一项收购并不能够对另一经营者实现一定程度的行为影响，则无法认定该项收购将导致收购方和目标公司改变其竞争行为，从而影响竞争。因此，从公共政策的角度看，相关经营者在交易后更应当继续被视作单独、独立的竞争者，而其在经营活动中的任何协同行为，应当按照禁止反竞争协议的规定予以评估。

其次，在反垄断法中，经营者的主体身份并不是以民事、商事主体的认定规则来判断的，而是以"控制关系"为标准。比如两个在市场管理部门独立登记注册的有限责任公司，甲是乙的唯一股东，它们之间是股权上的控制

与被控制关系，一般情况下在反垄断法上被认定为一个主体，二者之间的横向协议行为并不认定为违法，他们之间的集中也不需要履行申报义务。[1]可见，对控制权的认定是经营者集中申报以及审查中的一个核心要素。在实践过程中，有关控制权尚有以下问题待解决。

（一）我国经营者集中实践中控制权相关的实证问题

依据商务部及国家市场监督管理总局发布的公开信息，因未依法申报而被处罚的案例中，设立合营企业的案件占比为 32.5%（参见表 5-3 所示 2014 年 5 月 1 日至 2021 年 12 月 31 日中国经营者集中违法案件处罚情况），合营企业所引发的共同控制的认定是常见的问题。根据 2018 年《关于经营者集中申报的指导意见》第 4 条的规定，"对于新设合营企业，如果至少有两个经营者共同控制该合营企业，则构成经营者集中；如果仅有一个经营者单独控制该合营企业，其他的经营者没有控制权，则不构成经营者集中"。

在这些被处罚案件中，有的共同设立合营企业的经营者双方所持股权比例相差较大，仅从持股情况很难认定共同控制。如在天津海光与超威半导体设立合营企业案[2]中，合营方天津海光和超威半导体对新设的合营企业成都海光集成电路设计有限公司分别持股 70% 和 30%；在林德香港与上海华谊设立合营企业案[3]中，合营方林德香港与上海华谊在新设的合营企业林德芜湖中分别持股 60.1% 和 39.9%。从股权比例来看，各有一方实现了 50% 的相对控股，甚至在海光—超威案中，一方持股超过了绝对控股比例。但这两个案件均被认定为共同控制，从公开的处罚决定书来看，无法确定执法机关是结合哪些因素认定合营方形成了共同控制。

执法实践表明，尽管 50% 的持股比例通常被认为对目标公司具有控制权，但在新设合营企业案件中，仍有一方持有不到 10% 的股权而被认定为共同控

---

〔1〕　2007 年《反垄断法》第 22 条规定，"经营者集中有下列情形之一的，可以不向国务院反垄断执法机构申报：（一）参与集中的一个经营者拥有其他每个经营者百分之五十以上有表决权的股份或者资产的；……"

〔2〕　"市场监管总局发布对天津海光与超威半导体设立合营企业未依法申报案的行政处罚决定书"，载 https://www.sohu.com/a/245394885_733746，最后访问日期：2021 年 12 月 31 日。

〔3〕　"对林德香港与上海华谊设立合营企业未依法申报案的行政处罚决定书"，载 http://www.cqn.com.cn/zj/content/2018-09/29/content_6307409.htm，最后访问日期：2021 年 12 月 31 日。

制人的情形，如魁北克集团与通用电气新设合营企业案。[1]因此，在新设合营企业案件中，经营者对什么情况下构成共同控制具有极大困惑，现有规则无法为其提供有效指引。

北京北车投资有限责任公司、株式会社日立制作所及其子公司日立（中国）设立合营企业案[2]和芜湖市建设投资有限公司、奇瑞新能源汽车技术有限公司和株式会社安川电机设立合营企业案[3]这两起案例中，均为三方合营，且三方中有两方的经营者是母公司与控股子公司的关系，在这种间接控制的情形下，如何判断合营方的共同控制关系也是一个值得关注的问题。

此外，从上海复星医药产业发展有限公司收购苏州二叶制药有限公司案，[4]韩国奥瑟亚株式会社收购德山马来西亚公司案，[5]美年大健康产业（集团）有限公司、上海天亿资产管理有限公司、上海维途投资中心收购慈铭健康体检管理集团有限公司案，[6]PEBV 收购 Eldorado 案[7]等案件的处罚决定书来看，收购方与被收购方签订了分步骤收购协议，完成全部收购后收购方取得被收购方的控制权。这种情况下，第一次收购就应当被视为取得控制权的经营者集中，因而应当申报。由此产生的问题是，申报的时点即义务发生从何时计算。

另一个值得注意的问题是，转让少数股权但是同时放弃了表决权、解除

---

〔1〕"本交易完成后，CDPQ 拟将持有工具公司 90.5% 股权，其余 9.5% 股权拟将由 GECAS 持有。CDPQ 和 GECAS 拟将对工具公司实现共同控制。""魁北克储蓄投资集团与通用电气公司新设合营企业案"，载 http://fldj.mofcom.gov.cn/article/jyzjzjyajgs/201709/20170902638155.shtml，最后访问日期：2021 年 12 月 31 日。

〔2〕"商务部行政处罚决定书（商法函［2016］175 号）"，载 http://tfs.mofcom.gov.cn/article/xzcf/201605/20160501309810.shtml，最后访问日期：2021 年 12 月 31 日。

〔3〕"商务部行政处罚决定书（商法函［2017］408 号）"，载 http://www.mofcom.gov.cn/article/xzcf/201707/20170702612502.shtml，最后访问日期：2021 年 12 月 31 日。

〔4〕"商务部行政处罚决定书（商法函［2015］669 号）"，载 http://tfs.mofcom.gov.cn/article/xzcf/201509/20150901124675.shtml，最后访问日期：2021 年 12 月 31 日。

〔5〕"商务部行政处罚决定书（商法函［2017］171 号）"，载 http://www.mofcom.gov.cn/article/xzcf/201705/20170502568349.shtml，最后访问日期：2021 年 12 月 31 日。

〔6〕"商务部行政处罚决定书（商法函［2017］206 号）"，载 http://www.mofcom.gov.cn/article/xzcf/201705/20170502573393.shtml，最后访问日期：2021 年 12 月 31 日。

〔7〕"市场监管总局发布对 PEBV 收购 Eldorado 股权未依法申报案的行政处罚决定书"，载 https://www.cqn.com.cn/ms/content/2018-08/10/content_6146095.htm，最后访问日期：2021 年 12 月 31 日。

一致行动关系等安排而导致的公司实际控制人变化的情形，在实践中被视为经营者集中。如在中国交通信息中心有限公司收购北京恒华伟业科技股份有限公司股权案中，[1]江春华等四人拟将合计所持有的北京恒华伟业科技股份有限公司13.50%的股份通过协议转让给中国交通信息中心有限公司。在实施上述转让的同时，四人放弃合计所持北京恒华伟业科技股份有限公司33.16%的股份对应的表决权。这样的安排使得中国交通信息中心有限公司成为北京恒华伟业科技股份有限公司的实际控制人，国家市场监督管理总局批准了这一简易案件申报。对照《经营者集中审查暂行规定》第17条、第18条有关认定简易案件和不能视为简易案件的情形，本案如何定性？

以上案例所指向的是实务中如何理解"控制权"、控制权的变化、控制权的类型以及变化的时间。究其根本，是因为现行法律法规对控制权的定义并未作出明确规定。

（二）控制权有关规则不确定的问题

1. "控制权"的含义、标准模糊

首先，现行反垄断法律法规缺乏明确的控制权概念和认定标准。从我国经营者集中的立法路径角度观察，更偏向于采取认定模式，因而"控制权"概念的界定对经营者集中审查制度十分重要。目前，关于控制权问题的规定主要见于2007年《反垄断法》第20条、《经营者集中申报办法》第3条、《申报标准的规定》[2]第2条、《经营者集中审查暂行规定》第3条[3]及《关于经营者集中申报的指导意见》[4]第3条。根据上述法律规定，经营者集中主要包括经营者合并、经营者通过取得股权或者资产的方式取得对其他经营者的控制权、经营者通过合同等方式取得对其他经营者的控制权或者能够对其他经营者施加决定性影响三类情形。《关于经营者集中申报的指导意见》进一步将控制权划分为单独控制权与共同控制权，并规定了经营者是否取得

---

〔1〕　"中国交通信息中心有限公司收购北京恒华伟业科技股份有限公司股权案"，载http://www. samr. gov. cn/fldj/ajgs/jzjyajgs/201911/t20191106_308212. html，最后访问日期：2021年12月31日。

〔2〕　2008年8月3日国务院令第529号公布，根据2018年9月18日《国务院关于修改部分行政法规的决定》修订。

〔3〕　2020年10月23日国家市场监督管理总局令第30号公布。

〔4〕　2018年9月29日国家市场监督管理总局修订。

控制权的判断因素。

上述法律法规使用"控制权"一词是用于列举经营者集中的具体情形，除合并外，经营者集中还包括"经营者通过取得股权或者资产的方式取得对其他经营者的控制权"和"经营者通过合同等方式取得对其他经营者的控制权或者能够对其他经营者施加决定性影响"这两种情形。从现行规则来看，控制权的含义是模糊的，特别是结合 2007 年《反垄断法》第 20 条第（3）项的表述，在立法技术上属于弹性条款，一方面对"控制权""决定性影响"等重要概念具体标准的界定留有余地，有待解释；另一方面它可以把除合并、取得股权和资产等行为之外的，能够引起控制权和影响力移转的集中行为，根据现实情况囊括进来予以规制。但正因此，控制权的定义过于宽泛，缺少判断控制权的明确标准和法律依据，一方面，致使实践当中经营者对于拟议交易是否需要申报产生诸多困惑；另一方面，也使得执法部门无法有效筛选重要的集中案件，无形中增加很多成本。特别是实行强制申报义务的情况下，应申报而未申报必然给义务人带来负面性后果，[1]既加大了反垄断执法机构认定经营者未依法实施集中的不确定性，又增加了企业的商业风险并且使交易处于一种不稳定的状态。所以法律上应对"施加决定性影响"提出一个明确的判断标准，以提高法律的透明度，使企业能够对法律行为及其后果有可预见性。此外，我国 2007 年《反垄断法》也未明确"控制权"及"决定性影响"概念的区别与联系，对"控制权"的认定造成一定混乱。

2. "控制"的类型不全面

控制的方法是多样的，从形式上来看，有股权控制、资产控制、合同控制等不一而足；从最终行使控制权主体的角度，又可以分为单独控制和共同控制；还有积极控制、消极控制等分类标准。而不同的控制所反应的是不同的交易安排下对市场结构以及竞争性的影响；与之相应，在规制层面的具体措施必须有的放矢才能实现制度价值。比如在经营者集中申报规则中，是否达到申报标准就涉及营业额的计算问题。根据《经营者集中审查暂行规定》

---

[1]　负面后果不仅限于 2007 年《反垄断法》第 48 条有关法律责任的规定，"经营者违反本法规定实施集中的，由国务院反垄断执法机构责令停止实施集中、限期处分股份或者资产、限期转让营业以及采取其他必要措施恢复到集中前的状态，可以处五十万元以下的罚款"。这种行政处罚对于公众性公司来说，还有信息公开披露的义务；此外，对企业信用也有影响。

第 8 条第 1 款，"参与集中的经营者的营业额，应当为该经营者以及申报时与该经营者存在直接或者间接控制关系的所有经营者的营业额总和，……"这里就需要判断什么情形下"直接或者间接的控制关系"成立；再如该条第 2 款："经营者取得其他经营者的组成部分时，出让方不再对该组成部分拥有控制权或者不能施加决定性影响的，目标经营者的营业额仅包括该组成部分的营业额。"此处如何认定"控制权或者决定性影响"是一个核心问题。但目前现行规则中对控制权的类型化规定并不全面。

《关于经营者集中申报的指导意见》第 3 条第 1 款规定，"经营者集中所指的控制权，包括单独控制权和共同控制权"。本条还进一步规定了判断经营者是否已然取得控制权或能够实施决定性影响，应取决于大量法律和事实因素，在认定经营者的控制权或决定性影响时，通常考虑包括但不限于下列因素："（1）交易的目的和未来的计划；（2）交易前后其他经营者的股权结构及其变化；（3）其他经营者股东大会的表决事项及其表决机制，以及其历史出席率和表决情况；（4）其他经营者董事会或监事会的组成及其表决机制；（5）其他经营者高级管理人员的任免等；（6）其他经营者股东、董事之间的关系，是否存在委托行使投票权、一致行动人等；（7）该经营者与其他经营者是否存在重大商业关系、合作协议等"。《关于经营者集中申报的指导意见》进一步指出，控制权可由经营者直接取得，也可通过其已控制的经营者间接取得。其中根据"大量法律和事实因素"进行判断的标准也比较模糊，而公开发布的行政决定书因为涉及保密原因，能够给予经营者的指引也十分有限。由此可以看出，我国反垄断法律法规虽然反复提及了"控制权"一词，但并未给出明确定义，也未完全明确控制权的判断标准，更主要的是由反垄断执法机构根据个案情况进行判断。控制权的概念界定与判断标准，是我国反垄断法相关法律法规修订中的重点、难点之一。

3. 对控制权豁免的具体情形规定不足

我国 2007 年《反垄断法》仅在第 22 条规定了经营者无须进行集中申报的两种情形：（1）参与集中的一个经营者拥有其他每个经营者 50%以上有表决权的股份或者资产的；（2）参与集中的每个经营者 50%以上有表决权的股份或者资产被同一个未参与集中的经营者拥有的。这一条规定所谓的无须申报，更接近于明确了两种单一经济体的形式，而非真正的豁免事项。

但纵观欧美国家，大多具备较详细且具有可操作性的豁免规定。对豁免情形进行细致分析，明确排除不构成"控制"的情形，有利于提高申报审查效率、节约执法资源，使经营者集中审查制度更加符合反垄断法的立法目的。

二、多维视角下的控制权及其在反垄断语境下的内涵

从经济意义上讲，经营者集中的效果具有两面性。从经营者的立场来看，希望通过集中取得控制以获得规模效应或者竞争优势，是市场经济下经营者自主决定的行为。取得控制权就意味着扩大了经营管理决策的权力和对市场的影响力，企业集中将通过长期改变市场结构以影响市场竞争格局。根据控制权的定义不同，会产生不同的经营者集中审查结果。因而明确界定"控制权"概念及认定因素，对经营者集中审查制度的实施具有重要意义。

从文义解释的角度来看，"控制"的判定标准着重于一方对他人的实质的"支配力影响力"和"重大影响力"，而不是某种形式意义上的标准。"控制权"的概念最早由美国学者伯利（Adolf A. Berle, Jr.）和米恩斯（Gardiner C. Means）提出。在他们的著作《现代公司与私有财产》中，讨论了"所有权与控制权相分离"（Separation of Ownership and Control）这一命题。[1]在公司法意义上，一般认为控制权是指通过拥有或者控制一定比例的股权或者其他方式而获得的对公司重大事务的决定权。因此，控制权反映的是现代企业经营管理和决策活动上的自主权，是企业作出独立市场行为、开展市场竞争的关键。

反垄断法上对"控制权"的界定与公司法的侧重不同，经营者集中审查制度重在考察经营者之间通过"控制"改变市场竞争和经济结构，损害市场竞争秩序的行为。为达到反垄断法维护市场有效竞争的立法目的，世界各国纷纷强调应将经营者"控制"其他经营者的情形纳入反垄断法调整范畴，以弥补原有经营者集中控制制度的不足与缺陷，避免执法漏洞。[2]本书第一章对美国、欧盟并购控制有关的立法流变的梳理，也证明了这一论点。

但由于各国的实际情况及反垄断立法、执法立场不同，对"控制权"的界定及其在经营者集中审查制度当中的地位和作用也有着不同理解。以此为基础，

---

〔1〕 参见钟瑞庆："论公司控制权概念的法理基础"，载《社会科学》2010年第6期。

〔2〕 参见曾晶："以'控制'弥补'经营者合并'的缺陷——兼论以'控制'为标准构建反垄断法'经营者集中'的审查制度"，载《政治与法律》2014年第3期。

控制的方式、控制的分类、豁免情况等也有差异。目前主要有以欧盟为代表的"认定"模式、以美国为代表的"推定"模式以及以德国为代表的混合模式三类。

（一）以欧盟为代表的"认定"模式

1. 对"控制权"的界定

"控制权"是经营者集中的核心概念。《欧盟并购条例》中对控制权作出了明确界定，[1]该条例第3条围绕控制权的概念展开。2008年《经营者集中控制管辖权汇总的通告》（以下简称"管辖权通告"）[2]第II.2部分进一步对控制权的定义及取得方式做了详尽的解析。[3]

首先，根据《欧盟并购条例》第3条第1款，主要有两类经营者集中行为，"（a）两家或更多以前独立的企业或企业的一部分进行了合并；（b）已经控制了至少一家企业的一个人或多人，或者一个或多个企业，通过购买证券或资产、通过合同或其他方式，直接或间接地获得了一家或多家企业全部或部分控制权"，[4]即有企业合并和控制权取得两类经营者集中的方式。

其次，由于并购控制是一种事先的预防性制度，所以在界定控制权时，特别强调这种控制是对"一家企业实施决定性影响的可能性"，因此，只要"可能"行使控制权即成就这一要件，而不需要证明收购方事实上行使了控制权。[5]为此，欧盟采用了"控制权测试"的方法，重点关注对目标公司商业活动的影响程度、买方是否能够否决与目标公司商业战略直接相关的特定类别的决策，例如任命高级管理人员、批准目标公司预算和业务计划等。

再次，欧盟竞争法将"决定性影响"作为"控制权"的下位概念。因

---

〔1〕 Council Regulation（EC）No 139/2004 of 20 January 2004 on the control of concentrations between undertakings（the EC Merger Regulation），OJ L 24/1，29 January 2004.

〔2〕 Commission Consolidated Jurisdictional Notice under Council Regulation（EC）No 139/2004 on the control of concentrations between undertakings，OJ C 95，16 April 2008.

〔3〕 如本书第一章论述，在欧盟法下，对于新设合营企业是否构成集中需要做进一步判断：如果形成一个"全功能"合营则认为是集中，需要申报；否则纳入垄断协议的范畴。

〔4〕 参见中华人民共和国商务部反垄断局编：《世界主要国家和地区反垄断法律汇编》，中国商务出版社2013年版，第516页。

〔5〕 Consolidated Jurisdictional Notice，para. 13. See，e. g.，Cementbouw Handel & Industrie BV v. Commission（"Cementbouw"），Case T-282/02，2006 E. C. R. II-319，para. 58（"while decisive influence…need not necessarily be exercised in order to exist，the existence of control…requires that the possibility of exercising that influence be effective"）.

此，控制权与"决定性影响"并非完全等同，只有对企业控制权产生持久变化的"决定性影响"才构成欧盟竞争法中"控制"的情形。[1]只在很短的时间内对其他企业的重大经营决策施加"决定性影响"，或施加这种"决定性影响"不会损害到市场竞争的，不构成反垄断法意义上的"控制"。[2]此外，虽然取得控制的权利，但当收购人不能行使这些权利时，控制将不能发挥实际作用，也就不能成立。[3]

最后，《欧盟并购条例》第 3 条第 2 款对控制权做了更详细的解释，"控制权包括权利、合同或任何其他方式，考虑相关事实或法律因素，这些方式单独或者相互结合赋予对某一经营者施加决定性影响的可能性，尤其通过下列途径：(i) 对某一经营者全部或部分资产的所有权或使用权；(ii) 赋予对某一经营者管理机构的组成、表决或决策具有决定性影响的权利或合同"。"管辖权通告"进一步指出，控制既包括法律上的控制 (de jure)，也包括事实控制 (de facto)。譬如纯粹的经济关系对于控制权的取得也可能具有决定意义。"因此，在例外情形下，经济上相互依赖的情况也可能导致实际控制，例如非常重要的长期供应协议或者供应商或客户提供的信用"，[4]这种经济上的依赖关系无论是单向的还是双向的，都可以产生决定性影响。

但是，下列三种行为不构成"控制"，不被视为集中：第一，信贷机构或其他金融保险机构的暂时性的证券持有行为，且不以决定企业竞争行为为目的。但必须满足以下要求：一是主体必须是从事上述正常活动的信用或其他金融机构或保险公司；二是获取证券必须以转售为目的；三是获取证券的企

---

[1] Council Regulation (EC) No 139/2004 of 20 January 2004 on the control of concentrations between undertakings (the EC Merger Regulation)，OJ L 24/1，29 January 2004.

[2] 参见曾晶："以'控制'弥补'经营者合并'的缺陷——兼论以'控制'为标准构建反垄断法'经营者集中'的审查制度"，载《政治与法律》2014 年第 3 期。

[3] See, e. g., France Telecom/Orange, Case COMP/M. 2016, Commission decision of August 11, 2000, para. 6, where, as part of the divestiture of Orange to France Telecom, Mannesmann (which had in turn been acquired by Vodafone Airtouch) received 10% of France Telecom's capital. Through a voting trust agreement, Mannesmann transferred the title and all of the related voting rights and interests in France Telecom to a voting trustee. As a result, the equity stake did not give Vodafone Airtouch/Mannesmann any influence over or access to confidential information about the France Telecom group. Accordingly, the question of Mannesmann's having acquired control or decisive influence over France Telecom did not arise.

[4] 参见中华人民共和国商务部反垄断局编：《世界主要国家和地区反垄断法律汇编》，中国商务出版社 2013 年版，第 682 页。

业不得以决定目标公司的战略性商业行为为目的行使投票权，或者必须仅以准备处置该企业资产或证券的全部或部分为目的行使该等权利；四是获取证券的企业必须在获取之日起一年内处置其控制性权益，也即其必须在一年内将其持股减少到不再赋予其控制权的水平。第二，根据成员国有关清算、破产、停止支付、和解协议或类似程序的法律规定获得的控制权，不存在控制权变更的情况。第三，金融控股公司虽然获得控制权，但"仅以获取其他企业的证券而不直接或间接参与企业的管理为目的"，并不以其他方式直接或间接决定受控企业的战略性商业行为的，则不构成集中。[1]

2. 实现控制的形式

欧盟委员会根据《欧盟并购条例》对"取得控制"具有行政上的管辖权。[2]欧盟委员会对"决定性影响"做了宽泛性的解释，包括积极权利，也包括消极性权利。

具体来说，实现控制的形式如下：

（1）股份或者资产。取得股份或者资产是实现控制最常见的形式。[3]此处需要特别说明的是，在有些情况下，即使取得 50% 以下的股权也有可能被认为是取得了控制权。

（2）合同。并购双方可以通过签订协议实现控制与被控制。在这种情况下，为了实现经济目的，就可能发生市场结构的变化，这种控制必须是具有持久性影响的，[4]故而，该类协议要授予一方"足够长期"的控制权。这种"足够长期"并不要求是永久性的，甚至也没有统一的标准，比如在 Deutsche Bahn/ECT International/United Depots/JV 案[5]中，8 年的时间被认为足以构成

---

[1] 参见曾晶："以'控制'弥补'经营者合并'的缺陷——兼论以'控制'为标准构建反垄断法'经营者集中'的审查制度"，载《政治与法律》2014 年第 3 期。

[2] Aer Lingus Group plc v. Commission（"Aer Lingus"），Case T-411/07 R, para. 100（Court confirmed that even if the acquisition of a non-controlling minority shareholding raised competition concerns, the Commission would not be entitled to investigate or challenge such a shareholding under the Merger Regulation）.

[3] Consolidated Jurisdictional Notice, para. 17. 与股权转让密切相关的情况是，一般情况下股东协议也会明确约定控制权的变动及其权利行使条款。

[4] Consolidated Jurisdictional Notice, para. 7 & 10; Council Regulation（EC）No 139/2004 of 20 January 2004 on the control of concentrations between undertakings, Article 3（4）&（5）.

[5] Deutsche Bahn/ECT International/United Depots/JV, Case IV/M2632, Commission decision（2002 O. J. C81/18）.

持久性变更，而在 British Gas Trading Ltd/Group Utility Services Ltd 案〔1〕中，仅 5 年时间也被认可。

（3）专利使用权转让和特许权协议。这也是通过合同实现控制的一种方式，之所以另外列举，是因为无形资产的授权不同于一般的有形物类的资产协议，基于可复制性，通过专利使用权或者特许权能否认定为控制要相对复杂，需要考虑这种无形资产的稀缺性、授权的方式、使用范围、时间、实效等，也就是说欧盟委员会的核心考量是这种授权本身是否足以实现控制。根据"管辖权通告"，一般情况下，专利使用权转让或者特许权协议并不能构成控制，因此它本身通常不能构成集中。〔2〕只有在特殊情形下，才认可控制权发生变化，从而认定该协议构成应当申报的集中。〔3〕

（4）经济联系。如前所述，根据《欧盟并购条例》的规定，控制也可以

---

〔1〕 British Gas Trading Ltd/Group Utility Services Ltd Services, Case IV/M. 791, Commission decision (1996 O. J. C374/8).

〔2〕 Consolidated Jurisdictional Notice, para. 19. See, e. g. , Carrefour/Hyparlo, Case COMP/M. 4096, Commission decision of May 4, 2006, paras. 11 and 15, where the Commission found that the Hyparlo supermarkets, which were operated under a Carrefour franchise, depended on Carrefour for their supplies and for their advertising or promotional campaigns. Hyparlo, therefore, was viewed as being part of the Carrefour group since the beginning of the franchise in 2000. However, the Commission considered that Carrefour did not acquire sole control of Hyparlo until 2006, when it acquired a majority of its shares. The franchise agreement was taken into account for the substantive appraisal of the merger.

〔3〕 See, e. g. , Blokker/Toys "R" Us (Ⅱ), Case IV/M. 890, Commission decision of June 26, 1997 (1998 O. J. L316/1), paras. 12–15 (Commission determined that the acquisition of leases, fixtures and inventory, personnel, and trademarks, together with the assignment of rights contained in a franchise agreement, conferred control over Toys "R" Us's Dutch operations and thereby effected a "lasting change in the structure of the undertakings concerned". The Commission rejected the contention that Toys "R" Us retained control over its Dutch business, which it had franchised to Blokker, and that the relevant contracts with Blokker therefore had to be analyzed under Article 81 rather than the Merger Regulation. The Commission found instead that Toys "R" Us had "cede [d] its influence" over its Dutch business on a lasting basis by transferring rights and assets that together gave Blokker effective control of the business). See also Bosch/Rexroth, Case COMP/M. 2060, Commission decision of December 4, 2000 (2004 O. J. L43/1), paras. 9–17, where Bosch was found to have acquired sole control over Rexroth. Bosch and Rexroth entered into a lease and control agreement ("Beherrschungsvertrag") whereby Bosch acquired entrepreneurial control over Rexroth. The agreement provided that Bosch would exercise Rexroth's day-to-day management exclusively and carry out the business under its own name and on its own account with the right to use all of the business-related assets. Bosch would have the possibility to issue instructions to Rexroth's management board. In return, Bosch paid a one-off fixed sum to Rexroth, independent from the business development. 转引自吴振国、刘新宇：《企业并购反垄断审查制度之理论与实践》，法律出版社 2012 年版，第 289~290 页。

通过"任何其他方式"取得,[1]比如通过"纯粹的经济联系"[2]。"管辖权通告"对此进行了解释,并指出"经济依赖的情况"可能引起事实控制,比如签订长期供货协议。这类协议的内容虽然并不涉及合同相对方之间的股权或者资产控制,甚至也没有通过协议行使表决权或者人事控制,但毫无疑问,买卖合同拉近了双方的经济联系,在一定的市场条件下,比如双方的交易依赖性较强,这种"控制"就是在事实层面客观存在的。特别要指出的是,欧盟在执法和司法过程中,在这种仅有"经济联系"的状态下认定控制关系是非常审慎。换言之,如果缺乏其他结构性联系,只有经济联系则不足以认定构成控制。[3]

(5) 控制的"消极"取得。在某些情况下,虽然取得控制并不是当事人的意图,但由于第三方当事人的行为有可能使得一方非主动地、消极地取得控制权。例如一个股东的退出,导致其他股东消极地取得企业的控制权。[4]

3. 单独控制与共同控制

根据控制主体的数量,"控制"又分为单独控制和共同控制。

---

〔1〕　Council Regulation (EC) No 139/2004 of 20 January 2004 on the control of concentrations between undertakings, Article 3 (1) (b).

〔2〕　Consolidated Jurisdictional Notice, para. 20.

〔3〕　在欧盟的反垄断实践中,"经济联系"与"结构性联系"常常是伴生的。"经济联系"一词最早出现于1988年的意大利平板玻璃案。在本案中,三家涉案企业作为主要的平板玻璃生产商,通过协议享有相同的经销网络,共同实施固定价格、分配产量指标、划分消费者等协调一致行为,欧盟委员会认为涉案行为既构成《罗马条约》第85条规定的垄断协议行为,也因协议具有共同市场支配地位而构成第86条规定的共同滥用行为。在法院诉讼中,欧盟普通法院首次提出"经济联系" (Economic Links) 的概念:多个经营者通过紧密的结构性联系,从而在相关市场上的市场行为趋同,如同单个实体一般实施市场行为;但这种联系又不能紧密到足以排除相关经营者的独立性。See, 89/93/EEC: Commission Decision of 7 December 1988 relating to a proceeding under Articles 85 and 86 of the EEC Treaty (IV/31.906, flat glass), point 78. 此后,有关"经济联系"的经典案例还有:Kali案, see, 94/449/EC: Commission Decision of 14 December 1993 relating to a proceeding pursuant to Council Regulation (EEC) No 4064/89 (Case No IV/M. 308-Kali-Salz/MdK/Treuhand);共同班轮协会案, see, Cases C-395/96 P and C-396/96 P, Compagnie maritime belge transports SA (C-395/96 P), Compagnie maritime belge SA (C-395/96 P) and Dafra-Lines A/S (C-396/96 P) v. Commission of the European Communities, European Court of Justice, European Court Reports 2000 I-01365;国际足联成员案, see, Case T-193/02, Laurent Piau v. Commission of the European Communities, the Court of First Instance (Fourth Chamber), European Court Reports 2005 II-00209。

〔4〕　参见吴振国、刘新宇:《企业并购反垄断审查制度之理论与实践》,法律出版社2012年版,第290页。

（1）单独控制。

单独控制是指一个经营者能够单独决定其他经营者的经营决策活动的情形，即获得其他经营者绝大部分资产，或50%以上的股权。[1]单独控制可以是依法定取得，也可以是依事实取得。"管辖权通告"规定，一般情况下，当一家企业取得一家公司的多数表决权时会依法取得控制。[2]当然，在有些情况下股权并非唯一的指标，是否形成有效"控制"还要综合其他因素。例如根据该国的公司法或者公司章程的规定，作出重大决策所必须持有的股权比例等。如果对战略性问题进行决策时要求有绝对多数[3]表决权比例，仅取得简单多数表决权股（51%）并不足以取得单独控制。

另一方面，即使拥有绝对多数股权，也可能不足以形成单独控制。如前述我国的两个案例——天津海光与超威半导体设立合营企业案和林德香港与上海华谊设立合营企业案，两家企业对合营企业持股的比例分别达到了70%和60.1%，依然被认为是共同控制。鉴于处罚决定书没有披露其他信息，经合理推断，可能的原因包括：从反垄断法角度来看，设立合营企业是竞争法上具有复杂性和特殊性的问题，特别是在我国将垄断协议与经营者集中审查分离的执法安排下，对于合营企业控制权的认定规则较为特殊；此外，在股权这一显性指标之外，合营协议可能有其他影响"控制权"的条款，比如对股权的表决权作出特别规定。根据我国《公司法》第42条有关有限责任公司股东表决权的规定，"股东会会议由股东按照出资比例行使表决权；但是，公司章程另有规定的除外"。又或者虽然股权占比高，但在合营企业中董事会的人数并不占优势等。

在特殊情况下，如果可以获得多数投票权的优先股或其他使少数股东能决定目标公司的商业战略行为等特定权利附随于少数股权时，"少数股权"也可获得单独控制权。[4]例如公司持股分散，而且根据以往的情况很多股东并

---

〔1〕 参见曾晶："以'控制'弥补'经营者合并'的缺陷——兼论以'控制'为标准构建反垄断法'经营者集中'的审查制度"，载《政治与法律》2014年第3期。

〔2〕 参见曾晶："以'控制'弥补'经营者合并'的缺陷——兼论以'控制'为标准构建反垄断法'经营者集中'的审查制度"，载《政治与法律》2014年第3期。

〔3〕 例如，我国《公司法》第103条第2款规定："股东大会作出决议，必须经出席会议的股东所持表决权过半数通过。但是，股东大会作出修改公司章程、增加或者减少注册资本的决议，以及公司合并、分立、解散或者变更公司形式的决议，必须经出席会议的股东所持表决权的三分之二以上通过。"

〔4〕 参见中华人民共和国商务部反垄断局编：《世界主要国家和地区反垄断法律汇编》，中国商务出版社2013年版，第683页。

不出席股东大会（比如上市公司的自然人股东），致使某一股东的持股比例虽然不足 50%，但很可能在股东大会上达到多数，[1]从而形成少数股权的单独控制，这也是一种事实控制。

一般而言，行使单独控制权是积极性的；除肯定性的表决权外，否决权有时也可以对企业施加决定性影响。[2]例如公司章程约定就某类战略性事项需要取得股东一致同意或者某一特别股东的同意，这种情况下，否决权即形成控制。当然，这种情况下并不必然是单独控制，也可能结合其他规则被认定为共同控制。

（2）共同控制。

共同控制是指两个或两个以上经营者或个人共同对其他经营者的决策施加决定性影响的情形。[3]与单独控制相同，共同控制可以依法定取得，也可以依事实取得。与单独控制不同的是，在共同控制的情况下，共同控制方无法根据个人意志行事，所以需要就重大问题相互理解、合作，或者是相互妥协；如果不能形成一致，可能由于拒绝拟议战略决策而导致企业陷入僵局。[4]共同控制既有积极性的，也有消极性的，也就是通过行使否决权实现权利，虽然不能从正面单独地推进某一事项成功，但可以从另一面反对某一事项通过。

共同控制主要有以下几种情形：

第一，共同拥有表决权或人事任免权。比如股东拥有同等的股权、表决权，有权任命相同数量的董事会成员。[5]

第二，行使否决权。对战略性事项行使否决权也是实现权力制衡的一种方式，尤其对于小股东而言。取得共同控制并不要求收购人有权对企业的日常运营行使决定性影响，[6]但必须有权否决涉及"战略性商业行为"的决定。[7]可能取得共同控制的否决权通常包括批准预算、商业计划、重要的对

---

[1]　Consolidated Jurisdictional Notice, para. 59.

[2]　Consolidated Jurisdictional Notice, para. 58.

[3]　Consolidated Jurisdictional Notice, para. 62.

[4]　参见刘和平：《欧盟并购控制法律制度研究》，北京大学出版社 2006 年版，第 54 页。转引自曾晶："以'控制'弥补'经营者合并'的缺陷——兼论以'控制'为标准构建反垄断法'经营者集中'的审查制度"，载《政治与法律》2014 年第 3 期。

[5]　Consolidated Jurisdictional Notice, para. 64.

[6]　Consolidated Jurisdictional Notice, para. 67.

[7]　Consolidated Jurisdictional Notice, para. 66.

外投资以及高级管理人员的任命。[1]欧盟委员会认为只有重要的否决权才被认为可能具有"共同控制"的能力，比如有权共同决定高级管理人员的选任，例如董事会成员，通常被认为有权对企业的商业政策行使决定性影响。[2]换个角度来说，如果否决权只能适用于非重要问题的表决，则不能认定为具有控制能力。当存在多项否决权时，需要对这些否决事项进行重要性评估，以判断是否构成共同控制。[3]

第三，共同行使表决权。在单一小股东持股不能实现单独控制的情况下，两个或两个以上的股东所合计持有的股权拥有多数表决权，并且这些股东可以作为一致行动人时，就形成了共同控制。通过以上论述可以发现，共同行使表决权的控制，以小股东之间坚定的共同利益为前提。如果小股东之间的利益格局是非稳定性的、容易改变的，将排除共同控制的可能。所以，在公司的实际运行中，如果决策程序中没有稳定的多数、很容易出现不同的小股东的多种联合，就难以认定小股东之间可以形成共同控制。

第四，特殊情形下的共同控制。在企业的生产经营者中，如果大股东"高度依赖"小股东，就可能出现共同行使表决权的共同控制。最典型的就是技术与资本合作的模式，小股东拥有企业发展不可或缺的技术，大股东出资，在这种情况下，理性的做法是大股东尊重小股东在研发、生产甚至是市场方面的专业性，小股东在战略性问题上有决定的权利，就会形成事实上的共同控制。

从控制权测试的角度来判断，如果一方至少取得了否决战略商业决策的能力（无论因其持股比例、股东协议或其他形式的公司治理结构），则认为其取得控制权。进而，如果仅有一方能够行使该等否决权，则其为单独控制；如果一方以上能够行使该等否决权，则为共同控制。

4. 单独控制与共同控制的转化

单独控制与共同控制之间的转变，可能影响企业内部的权利结构，从而

----

〔1〕 Consolidated Jurisdictional Notice, para. 67.

〔2〕 Consolidated Jurisdictional Notice, para. 69. See, e. g. , Mederic/URRPIMMEC/CRI/Munich RE, Case IV/M. 949, Commission decision of July 2, 1997, para. 7; Recoletos/Unedisa, Case IV/M. 1401, Commission decision of February 1, 1999, para. 13; and CVC/WMO-Wavin, Case IV/M. 1437, Commission decision of February 26, 1999, para. 8.

〔3〕 Consolidated Jurisdictional Notice, para. 73. See, e. g. , SITA-RPC/SCORI, Case COMP/M. 295, Commission decision of March 19, 1993, para. 10.

决定企业的经营行为，导致市场竞争关系的变化。最为典型的就是共同控制转变为单独控制时，企业内原有的制衡力量消失了，原来的共同控制股东不需要再考虑其他当事人的不同利益诉求，独立的意志会改变原来的企业行为。特别是当买受方具有市场支配地位时，这种竞争担忧会更为强烈，调查也会更严格。[1]在这种情形外，更为常见的情况是，从共同控制向单独控制的改变没有引起任何竞争担忧。[2]

当单独控制转变为共同控制时，对于新加入的共同控制人而言是一个新的取得；此外，这一交易不仅改变了被控制企业的战略行为，更导致原单独控制的股东在未来必须考虑新股东的利益，权衡利弊。"管辖权通告"认为这种控制权的变化必须申报。[3]

当加入新的共同控制股东（如在原共同控制股东甲、乙之外又加入了丙，形成甲、乙、丙共同控制），或者新的股东替代原股东形成新的共同控制（如丙替代了原共同控制股东甲，形成乙和丙共同控制）时，因为新股东加入，原股东以及公司都要修正原来的经营战略，应当被认为是一个新的集中。[4]

当消极性单独控制向积极性单独控制转变时，也就意味着由否定性的单

---

〔1〕　Coca-Cola Enterprises/Amalgamated Beverages GB, Case IV/M. 794, Commission decision of January 22, 1997 (1997 O. J. L218/15) (Commission subjected a transition from joint to sole control to phase II investigation, but ultimately concluded that the structural change effected by the transaction could not with sufficient certainty be expected to strengthen a pre-existing dominant position); and KLM/Martinair (II), Case IV/M. 1328, Commission Press Release IP/99/421 of June 24, 1999 (Commission opened a phase II investigation after reaching a preliminary conclusion that KLM's acquisition of sole control of Martinair in circumstances where it had previously exercised joint control could create or reinforce dominant positions on those routes operated by both KLM and Martinair. The parties ultimately decided to abandon the transaction and withdrew the notification).

〔2〕　CVRD/Caemi, Case COMP/M. 3161, Commission decision of July 18, 2003, paras. 34-38.

〔3〕　Consolidated Jurisdictional Notice, para. 86. See, e. g., Nordic Capital/Molnlycke Clinical/Kolmi, Case IV/M. 1075, Commission decision of January 20, 1998, para. 6; Drum Holdings/Natwest Equity/CVC European Equity, Case IV/M. 1206, Commission decision of June 19, 1998, para. 9; Bertelsmann/Kooperativa Forbundet (KF) /BOL Nordic, Case COMP/JV. 45, Commission decision of May 12, 2000, paras. 9-13; and Danapak/Teich/JV, Case IV/M. 2840, Commission decision of August 30, 2002, para. 8.

〔4〕　Consolidated Jurisdictional Notice, paras. 85, 87. See, e. g., ENI/EDP/GDP, Case COMP/M. 3440, Commission decision of December 9, 2004 (2005 O. J. L302/69), paras. 9 - 11 (Commission examined a transaction involving the acquisition of joint control of Gas de Portugal ("GDP") by Energias de Portugal ("EDP") and ENI in circumstances where GDP had previously been jointly controlled by ENI and the Portuguese State).

独控制转变为施加战略性决定的推动性质的单独控制，此时是否需要作申报？在 2005 年，《经营者集中控制管辖权汇总的通告（草案）》提出战略性决定与否定战略决定相比有不同的性质，应当进行申报。[1]但欧盟委员会认为这种由消极控制向积极控制的改变，并没有影响控制股东的动机及其影响力，也没有影响公司的控制结构，故目前仍然不需要申报。[2]

5. 期权

所谓期权（Option），是指在未来一定时期可以买或卖的权利，期权是一种非对称性的权利，双方（或多方）在即期约定一个远期以及权利人行使权利的条件，当条件成就时，权利人可以行使权利也有权放弃；当条件不成就时，权利人无权行使权利。在对一项集中进行实体评估时，期权是一个重要的考虑因素。[3]

一般情况下，尚未确定获得股份的期权本身不足以认定控制的存在，除非根据协议，这种期权将在很短的时间内得以行使。[4]这里要指出的是，相对于前面讨论的股权，期权的特殊之处在于对拟议交易进行评估时，该权利的归属处于不确定的状态，即权利人有行使或者放弃行使权利两种可能性，因此无法准确评估该等期权及其项下对公司的控制权。如果名义上为"期权"，但事实上在"控制权"方面具有确定性，那么，此时的判断规则并没有特殊性。比如根据一项协议，无论一方是否行使期权，都有权依据协议对目标公司拥有决策权、管理权、控制权。因此，可以看到在欧盟的实践中既有像 Kali & Salz/Solvay/JV 案[5]这样，否定期权作为确定性权利的案例；也有

---

〔1〕 Draft Consolidated Jurisdictional Notice, para. 81.

〔2〕 参见吴振国、刘新宇：《企业并购反垄断审查制度之理论与实践》，法律出版社 2012 年版，第 299 页。

〔3〕 Consolidated Jurisdictional Notice, para. 60. See, e. g. , E. ON/MOL, Case COMP/M. 3696, Commission decision of December 21, 2005（2006 O. J. L253/20）, paras. 9–11, 480, 762 et seq.

〔4〕 Air France v. Commission（"TAT"）, Case T–2/93, 1994 E. C. R. Ⅱ–323, paras. 67–72, confirming British Airways/TAT, Case Ⅳ/M. 259, Commission decision of November 27, 1992, para. 5. Consolidated Jurisdictional Notice, para. 60. See, e. g. , Kali & Salz/Solvay/JV, Case COMP/M. 2176, Commission decision of January 10, 2002, para. 8. 转引自吴振国、刘新宇：《企业并购反垄断审查制度之理论与实践》，法律出版社 2012 年版，第 296~297 页。

〔5〕 See, e. g. , Kali & Salz/Solvay/JV, Case COMP/M. 2176, Commission decision of January 10, 2002, para. 8.

像在 Ford/Hertz 案中认可期权确定性的案例。[1]

总之，根据欧盟法律规定，控制权的识别和判断标准为是否能够对其他经营者的行为施加"决定性影响"。在此，"决定性影响"是指"能够阻止经营者作出战略性经营行为的力量"。[2]在实践中，由于个案情况不同，认定一项集中是否具有"决定性影响"，进而达到"控制"的效果通常应当考虑法律上和事实上的因素。其中，法律上的因素主要考察股东是否具有特殊权利，如拥有多数表决权的优先股或提名、任命半数董事、监事等决定经营者决策的权利，或公司章程规定的对经营者决策的否决权。事实上的因素则主要考察经营者的决策程序，如股东构成和股东大会投票情况。[3]其中，股权是一个重要的指标，但并不是唯一的，甚至不是最为重要的因素，而是要综合其他因素进行判断。

(二) 以美国为代表的"推定"模式

如本书第一章所述，在经营者集中问题上，美国选择了与欧洲不同的路径，采用的是以"结合"为核心的模式，即并不关注拟议交易是否引发控制权变化，只要形式上符合法律规定申报的情形、达到申报标准且不具有豁免的情形就应当申报，因此采用了与欧盟不同的立法和执法思路。从这个意义上来讲，符合上述情况的结合都被推定为一种联合，从而引发竞争关注，笔者将这种路径称为"推定"模式。

1. 以交易额推定申报的模式

美国也采用事前强制申报的原则。根据 HSR 法案，当一个拟议合并的交

---

〔1〕　在 Ford/Hertz 案中，欧盟委员会认为虽然福特公司拥有 49%的股权以及有权任命赫兹 9 名董事会成员中的 4 名成员，但并未对赫兹公司行使单独控制权。福特公司在很短时间内就能够行使无条件转换股票的期权，并在此后不费任何代价就能够实现事实上的单独控制，能够任命 2 名新的董事以控制董事会。See, e. g. , Ford/Hertz, Case IV/M. 397, Commission decision of March 7, 1994, paras. 5-7 (Commission found that Ford's acquisition of de jure sole control of Hertz was not reportable in circumstances where Ford had in the past exercised de facto sole control, because the operation "did not imply a change in the quality and degree of decisive influence already exercised by Ford on the conduct of the business of Hertz").

〔2〕　Commission Consolidated Jurisdictional Notice under Council Regulation (EC) No 139 /2004 on the control of concentrations between undertakings, OJ C 95, 16 April 2008, D. 1.

〔3〕　曾晶："以'控制'弥补'经营者合并'的缺陷——兼论以'控制'为标准构建反垄断法'经营者集中'的审查制度"，载《政治与法律》2014 年第 3 期。

易额达到一定门槛时，〔1〕应当向执法机关进行申报，申报时义务人并不需要判断是否构成控制。之后有长达三十个日历日的等待期，绝大部分案件止步于此。据统计，近98%的案件在这一阶段通过；〔2〕还有一部分案件，因为交易复杂、可能对竞争造成重要影响，会引起执法机关的重点关注，在这三十个日历日的等待期内，并购方会收到进一步审查的通知。所以，对于绝大多数申报人而言，这三十个日历日相当于一个不得实施并购的禁令期。

2. 对"控制"的理解

虽然美国反垄断法也规定了"控制"的概念，但其目的仅在于计算申报标准中销售额和资产额的范围，而非确定一项交易是否构成经营者集中。换言之，"控制"本身并不是认定集中的要素。HSR法案认为以下两种情形构成"控制"：（1）持有发行人50%或以上的发行在外的表决权证券，或在非公司实体中有权获得该实体50%及以上的利润，或在该实体被解散时对其50%及以上的资产享有权利；（2）具有在非营利或营利公司中指定50%及以上的董事，或在不可撤销的信托或受托人未保留归复权益的信托中指定50%及以上的受托人的合同权利。〔3〕由于HSR Rules将"人"定义为最终母体实体及其直接或间接控制的全部实体，控制的定义必然还与哪些应当被纳入并购方和被并购方的总资产和净销售额的计算有关。〔4〕此外，控制权还直接决定了能否适用内部并购（Intra-person Transaction）豁免。〔5〕

换言之，美国在企业合并申报门槛上不考虑交易是否引起控制权的变化，而是推定符合申报标准的且不在豁免范围内的交易应当进行申报，并在审查环节将交易所导致的控制权变化及其变化程度作为考量因素之一。〔6〕

从HSR法案可以看出，美国对控制权的取得也规定了多种方式：有表决权的证券、取得资产、通过合同或人事任免实现控制。进而分为单独控制与

---

〔1〕 HSR法案设定了申报的交易额门槛，2001年从1500万美元提高到5000万美元。从2005年开始根据通货膨胀水平定期更新。下一章专门讨论申报门槛，此处不作赘述。

〔2〕 Aldo Gonzalez, Daniel Benitez, Pre-merger Notification Mechanisms: Incentive and Efficiency of Mandatory and Voluntary Schemes, Law Professors Blogs Network (Dec. 31, 2021), available at https://lawprofessors. typepad. com/antitrustprof_blog/files/merger_notification_oct22. pdf.

〔3〕 16 C. F. R. § 801. 1 (b).

〔4〕 16 C. F. R. § 801. 1 (a) (1).

〔5〕 16 C. F. R. § 802. 30.

〔6〕 参见叶军："经营者集中法律界定模式研究"，载《中国法学》2015年第5期。

共同控制，因为这些概念在内涵上与欧盟规则并无重大差异，在此不作赘述。

3. 豁免

为了避免将不具有竞争影响的合并行为纳入申报的范围内，美国 HSR 法案 18a（a）明确列举了可以豁免的交易，同时在 18a（d）中赋予联邦贸易委员会以执法权，并授权其据此作出具体规定。故联邦贸易委员会在 HSR Rules Part 802 中对合并豁免的规则做了专门的细化。

HSR 法案及 HSR Rules 中许多与豁免相关的规定都是十分技术性的，受制于详细的定义和各种限制性条件。概括来说，主要的豁免情形包括：（1）依照正常的商业程序所购买的商品和转让的不动产；（2）收购包括新设施、二手设施、非生产性不动产、办公和住宅不动产、旅馆和汽车旅馆等在内的某些类型的不动产；（3）仅为了投资目的而收购的有表决权的证券，且收购结束后，收购方所收购的或持有的证券不超过发行人已发行的有表决权证券数量的 10%；（4）转让至联邦机关、其州分部或行政分部的交易，或是从联邦机关、其州分布或行政分部转让出来的交易；（5）外国政府实体的收购或从外国政府实体处的收购；（6）满足某些标准的美国之外的收购；（7）收购某发行者的表决权证券，但收购者在购买之前，就已经拥有此表决权证券的 50% 以上；（8）购买债券、抵押品、信托契约或其他非表决权证券的证券；（9）银行、金融机构、信托公司、投资公司或保险公司，单纯为了投资而根据重组或解散计划而收购表决权证券或依一般商业程序收购资产；（10）收购有表决权的证券，且收购结束后，所收购的表决权证券不会直接或间接地增加收购方在发行人已发行的附投票权证券之中的百分比等。[1]

判断豁免是否成立的核心考量要素是有无限制竞争的可能性。根据《克莱顿法》的规定，豁免那些"仅为投资目的"而实施的收购，[2]但需要证明股权不能用于"通过投票或者其他方式引起或者企图引起实质上的竞争弱化"。[3]在 United States v. Tracinda Investment Corp. 案中，被告通过收购合同说明其并无控制公司的意图：一是合同中明示取得股票的唯一目的是投资；

---

〔1〕　Clayton Act 7A, 15 U. S. C. § 18a; 16 C. F. R. § 802.

〔2〕　15 U. S. C. § 18.

〔3〕　15 U. S. C. § 18.

二是合同约定了被告的投票权、股东权利的限制。[1]这种证据是需要综合判断的。在美国法上，控制只是手段，而有效竞争才是目的；换言之，即使不能实现控制但有可能实施限制，也不能得到豁免。在 Unites States v. Dairy Farmers of American, Inc. 案[2]中，上诉法院驳回了初审法院的判决，认为虽然被告取得的是无表决权股份，也不会由此取得对目标公司的控制，但被告可以以融资人的身份对目标公司产生显著的杠杆效应；此外，共同的所有者权益也可能减弱企业之间的竞争。

简而言之，美国的合并制度通过明确的申报标准加豁免情形的方式，"依靠法律规定的拟议交易的外在形式要件，简单、迅速地判定拟议交易是否需要申报"，[3]而不关注交易是否发生了控制权的变化、是否应当被认定为经营者集中。当然，这种模式以大量投入行政执法资源为前提。

（三）以德国为代表的混合模式

《德国反限制竞争法》第 37 条规定了有关"集中"的条款。[4]在"控制权"的规则方面与欧盟相对近似，但也有显著区别：一是提出了"重大竞争影响"的新标准；二是增加了显性申报指标，但这不同于美国的营业额指标，而是采用了股权比例标准。所以，从申报制度的内在逻辑上看，其还是强调对竞争的影响。

1. "控制"加股权比例的混合模式

《德国反限制竞争法》第 37 条第 1 项至第 4 项列举了四种"集中"的形式：

（1）取得另一个企业的全部或者主要资产。

（2）一个或者若干企业取得其他一个或者若干企业的全部或者部分的直接或者间接的控制，这种控制因权利、合同或者其他方式而发生，不管采取其中一种方式还是多种方式，不管是事实上的控制还是法律上的控制，这些权利、合同或其他方式，或单独或共同地，可确保对另一个企业的活动施加

---

[1] 477 F. Supp. 1098–1099（C. D. Cal. 1979）.

[2] 426 F. 3d. 850, 862（6th Cir. 2005）.

[3] 参见叶军："经营者集中法律界定模式研究"，载《中国法学》2015 年第 5 期。

[4] 参见吴振国、刘新宇：《企业并购反垄断审查制度之理论与实践》，法律出版社 2012 年版，第 302~305 页。

决定性影响。本法进一步规定了以下取得控制的情形：①对该企业的全部或者部分资产享有所有权或用益权；②享有可确保对该企业各机关的组成、投票或决议施加决定性影响的权利，或者订立此类合同。

（3）取得另一个企业的股份，致使收购方及其关联企业的合计股份达到或者超过被收购方权益所对应的股本、表决权的 50% 或者 25%，则该交易构成集中。

（4）通过交易可以使一个或者若干企业直接或者间接对其他企业施加竞争上的重大影响。[1]

德国法有关集中的四项规定其特点非常鲜明：第一，可以被视为有列举、有兜底的多层次认定模式。第一项、第三项明确列举了资产收购、股权收购的方式，而第二项依照欧盟模式提出了"控制"的概念，这可以看作是一个兜底，即在前述两种形式以外，其他形式下的控制也被纳入申报范围。此外，第四项的兜底，是在第二项的基础上，明确提出了一个新的判断标准——"施加竞争上的重大影响"。第二，在认定集中的标准上采用混合模式，既有定量的规则，又有定性的规则，其目标是最大限度地将可能影响竞争的集中纳入审查范围，体现出了立法的审慎性。再如第三项，明确规定了 25%、50% 的持股和表决权比例。从形式上看，25% 的股权比例并不高，但 25%、50% 两个层次的设计也证明了前述结论。这种混合模式的好处是，定量的部分清晰、明确、可预测，与此同时还可以适用定性的弹性规则。第三，就第三项的股权标准，可能引发两次申报，即收购达到 25% 时要申报；股权或表决权比例达到 50% 时要第二次申报。

2. 对"重大竞争影响"的理解

即使从字面上，"重大影响"和"决定性影响"在程度上也是不同的，这意味着在欧盟规定的以"控制"为规则的申报标准上再度做了放松的处理。此外，"重大竞争影响"是一个独立的标准，不受股权比例约束。换言之，即使收购的股权不足第三项所规定的 25%，一旦被认定为可以施加重大竞争影响，即引发申报义务。也就是说，第三项和第四项标准之间是定量、列举和定性、兜底的关系，而不是说股权收购超过 25% 但不足 50% 且能够施加重大竞争影响时才需要申报。例如在 A-TEC Industries AG/Norddeutsche Affinerie

---

〔1〕　参见徐孟洲、孟雁北：《竞争法》，中国人民大学出版社 2018 年版，第 174 页。

AG 案[1]中，收购目标公司的股权比例只有 13.75%，但由于出席目标公司年度股东大会的股东可行使的表决权持续偏低，该项收购完成后达到了"相当于"25%的关键少数股权，因此事实上的否决权是成立的。此外，收购方有权任命目标公司 12 名监事中的 3 名；并且收购方一直活跃在目标公司的所有关键业务领域，在目标公司的市场竞争中有切实的战略利益。故而，德国竞争监管机关认定这种情况属于可以施加重大竞争影响。

申报模式与"控制权"密切相关。从经营者是否有申报义务的角度，可以将集中申报区分为强制申报与自愿申报两种模式。从全球的规则来看，实行强制申报的法域要远远多于实行自愿申报的，[2]英国、澳大利亚、新西兰是实行自愿申报的国家。如本书之前的讨论，强制申报是指对于符合申报条件的拟议集中，经营者承担申报义务，否则要承担相应的法律后果。申报本身即义务。换言之，如果一项集中应当申报而未申报即实施，执法机构在发现后对其有审查集中事项和处罚的权力。经审查，如果发现没有竞争问题，也有权就未依法申报行为本身处以行政罚款；[3]如果同时存在竞争问题，则必须采取相应的救济措施，比如腾讯并购中国音乐集团案。[4]本案中，经双方协商签订协议，腾讯获得中国音乐集团 61.64%股权，并于 2017 年 12 月 6 日完成股权变更登记。该交易完成后，目标公司由自然人共同控制变为由腾讯单独控制，属于我国 2007 年《反垄断法》第 20 条规定的经营者集中。此外，并购双方符合申报条件，该交易属于应申报而未申报，就这一违法行为处以 50 万元罚款。执法机构在对本案进行审查时发现，集中具有或者可能具有排除、限制竞争效果，因而责令腾讯及其关联公司采取措施以恢复相关市场的竞争状态。这是目前我国唯一一起在处罚应申报未申报的同时附加限制性条件的案例。

自愿申报，是指对于拟议交易，参与的企业可以自主选择是否申报，无

---

[1] 德国执法机关于 2008 年 2 月 27 日作出决定（B5-198/07），经上诉法院杜塞尔多夫高等地区法院 2008 年 11 月 12 日裁定确认。

[2] 参见吴振国、刘新宇：《企业并购反垄断审查制度之理论与实践》，法律出版社 2012 年版，第 282 页。

[3] 我国反垄断行政执法处罚了大量未依法申报案件。本书第五章专门讨论经营者集中的法律责任问题，此处不作赘述。

[4] 国市监处〔2012〕67 号行政处罚决定书。

论是否申报都不构成违法。当然，如果选择申报，但提交的资料造假或者不完整则是违法行为。与自愿申报相呼应的关联制度是执法机构的主动调查权，无论经营者是否申报，执法机构都有权对该交易进行调查，进而评估其对竞争的影响，如果发现有严重限制竞争的影响，就有权终止该交易并要求恢复原状，消除反竞争后果，甚至进行制裁。[1]需要特别注意的是，自愿申报模式下，制裁的原因并非未申报而实施集中，而是该项集中造成了竞争妨碍。也就是说，即使在自愿申报制度下，还是会有经营者主动申报，其主要原因在于事先寻求反垄断主管机构的认可，以避免后续的商业风险。

本书前文已述，申报与审查是一个问题的两个方面，自愿申报制度免除了经营者的申报义务，但并不能确定地消除并购所带来的竞争问题，此时执法机构就需要对重点交易进行评估。这种评估的思路和标准必然是为经营者所重视的。

在这个问题上，英国的模式与德国相近，采取定性与定量相结合的方式判断是否构成"控制"。其基本原则就是并购完成后参与的一家或者多家公司是否"不再有区分度"。具体来说，如果一项集中符合以下三个条件中的任何一项，就有可能被认为达到了"控制"标准：（1）法定控制：取得一家公司超过50%的表决权；（2）能够对目标公司的商业战略等重大问题施加决定性影响，具体判断标准大抵与欧盟规则相同；（3）对目标公司有能力施加重大影响。

此处的三个标准是相互独立的，虽然"重大影响"相较于"决定性影响"要弱化很多，但彼此不能替代。比如一项拟议交易构成决定性影响，经营者主动申报被批准，该项交易实施；其后发生的进一步交易——哪怕这次只构成重大影响——无论是否自愿申报都存在被终止的风险。正因为决定性影响标准不明确，欧盟在成文法和判例中都尝试说明其内涵和外延。相较而言，"重大影响"标准本身就是模糊不清的，在实际执法中，英国的反垄断机构需要通过对事实进行非常详细的调查、评估才能做出结论。这种规则的复杂性、不确定性与自愿申报的机制是有密切关系的。毕竟在规则不确定的情况下，要给予行政相对人以申报义务是不公正的，也不具有可行性；同理，

---

〔1〕　参见吴振国、刘新宇：《企业并购反垄断审查制度之理论与实践》，法律出版社2012年版，第283页。

既然是自愿申报，与之相平衡的制度就是执法机关要有足够充分的法定事由才能启动案件调查。

三、我国有关"控制"认定规则的完善

如果说经济法是研究市场与政府资源配置之法，那么反垄断法就是一部经济宪法，目标是实现自由与秩序之间的价值平衡。聚焦于经营者集中审查制度，这种价值就是（经营者的）自由与（政府的）控制，交易的自由与干预。

经营者集中审查制度是体系化的，规则服从于理念。根据我国《反垄断法》的规则体系，经营者集中申报采用强制、事前申报的规则，其直接目标是通过预先干预来降低市场的竞争风险。在经营者有申报义务的情况下，申报标准务必是清晰、明确、可预见的，否则会给企业带来巨大的商业风险从而弱化了并购的意愿。同时，这也有利于执法机构的行政执法，不仅可以降低执法成本，更重要的是能够实现法律目标。在申报标准方面，我国现行营业额门槛与控制二元规则，二者缺一不可，其核心是判断集中之后经营者是否有能力对市场造成竞争影响，"控制"的概念至关重要。通过前述分析可以发现，我国现行经营者集中规则中，强调"控制权"或者施加决定性影响，但其含义并不清晰，只在部门规章——《经营者集中审查暂行规定》第 4 条、《关于经营者集中申报的指导意见》第 3 条[1]列举了七项具体应当考虑的因素和一个兜底条款。

"判断经营者是否通过交易取得其他经营者的控制权，通常考虑包括但不限于下列因素：

（一）交易的目的和未来的计划；

（二）交易前后其他经营者的股权结构及其变化；

（三）其他经营者股东大会的表决事项及其表决机制，以及其历史出席率和表决情况；

（四）其他经营者董事会或监事会的组成及其表决机制；

（五）其他经营者高级管理人员的任免等；

（六）其他经营者股东、董事之间的关系，是否存在委托行使投票权、一

---

〔1〕《关于经营者集中申报的指导意见》第 3 条第 2 款说明，集中协议和章程是判断控制权的重要依据但并非唯一的依据，所列举的考虑因素与《经营者集中审查暂行规定》第 4 条的规定相同。

致行动人等;

（七）该经营者与其他经营者是否存在重大商业关系、合作协议等。

（八）其他应当考虑的因素。"

这些因素是描述性的，没有定量指标，判断经营者是否通过交易取得对其他经营者的控制权，取决于大量法律因素和事实因素，甚至前七项列举的这些因素还是不够详尽，以至于设置了第（八）项兜底条款。我国的立法思路与欧盟非常接近，与主要国家和地区的立法、执法经验相比较，在规则的确定性、可预见性以及详尽程度上都有改进空间。

（一）有关"控制权"含义的完善

1. 中国与主要法域有关反垄断法上的"控制权"含义比较分析

通过与欧盟、美国、德国和英国有关控制权的规则进行比较分析，不难发现以下共同之处。

首先，各法域在竞争法上都重视"控制权"问题，虽然"控制权"的功能不尽相同。英国实行自愿申报制度，所以"控制权"并非申报的判断标准而是审查标准；美国实行强制申报制度，但实行交易额、资产额标准，故而"控制权"虽然不是申报要件，但是因为与交易额认定密切关联，直接关系到是否需要申报。欧盟和德国重视"控制权"，并且作为申报的二元要素中的一个必要指标。其次，有关实现"控制"的方式规定相似，明确了通过资产收购、股份收购以及通过合同等方式均可以实现控制，形式多样、不一而足，重视实质轻视形式，既包括法定控制也包括事实控制。最后，反垄断法上的"控制"在分类上并无显著差异，同样认可法定控制和事实控制；单独控制和共同控制；直接控制和间接控制。

通过比较不难发现，这些规则也有区别：

第一，对"控制权"的内涵理解存在层次差别。欧盟法、中国法在规定中区分控制权和施加决定性影响，但除措辞不同以外，在实践中的认定标准并没有做出明确的区分。第二，德国法、英国法在有关"控制权"的界定中增加了一个低于"决定性影响"的层次——"重大影响"，作为与之并列且独立的一种情形。美国法、德国法、英国法在定性表述以外明确列举了认定"控制权"的事项及其显性指标，比如超出一定比例的表决权。但我国没有成文法层面的规定。欧盟、美国、德国、英国都有申报的豁免规则，我国 2007

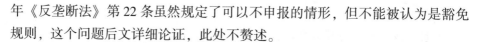

年《反垄断法》第 22 条虽然规定了可以不申报的情形，但不能被认为是豁免规则，这个问题后文详细论证，此处不赘述。

2. 公司法、证券法与反垄断法上的"控制"比较分析

经营者集中是市场中的常见行为，其中以股权收购、资产收购为多。因此与公司法、证券法规则关系密切，不妨加以考察以为借鉴。我国 2018 年修正的《公司法》没有明确"控制权"的定义，与之比较相关的是第 216 条有关控股股东、实际控制人的界定，"（二）控股股东，是指其出资额占有限责任公司资本总额百分之五十以上或者其持有的股份占股份有限公司股本总额百分之五十以上的股东；出资额或者持有股份的比例虽然不足百分之五十，但依其出资额或者持有的股份所享有的表决权已足以对股东会、股东大会的决议产生重大影响的股东。（三）实际控制人，是指虽不是公司的股东，但通过投资关系、协议或者其他安排，能够实际支配公司行为的人"。2022 年修订的《上市公司章程指引》第 193 条的规定与之相同。此外，2020 年修正的《上市公司收购管理办法》第 84 条规定，收购公司具备下列情况之一均被视为拥有上市公司的控制权：（1）投资者为上市公司持股 50% 以上的控股股东；（2）投资者可以实际支配上市公司股份表决权超过 30%；（3）投资者通过实际支配上市公司股份表决权能够决定公司董事会半数以上成员选任；（4）投资者依其可实际支配的上市公司股份表决权足以对公司股东大会的决议产生重大影响；（5）中国证监会认定的其他情形。

从以上规则可以看出，从《公司法》《证券法》的视角，在以下情形之下可以被认定为"控制"：第一，50% 以上股权控制；第二，股权虽然不足 50%，但所享有的表决权对决议有重大影响；第三，通过协议等其他安排能够实际支配公司行为，包括不限于经营行为或者决定董事会成员。因此，控制权是指对其他经营者行使决定性影响之可能性的权能，换句话说，其是指经营者对另一经营者的决策发挥主导性影响力的法律地位或者资格。在我国的企业法律制度中，经营者对企业加以控制与经营者对企业施加决定性影响联系紧密，不可分割。

结合我国企业法律制度的立法与执法实践可以发现，2007 年《反垄断法》中的控制权与我国企业法律制度中的控制权和施加决定性影响是一致的，控制权就是经营者对其他经营者的决策施加决定性影响（或者发挥主导性影

响力）的权力或者权能（抑或是法律地位或者资格）。

关于控制，着眼于实质要件而非形式要件，区分了股权控制和非股权控制两种情形。使用了"产生重大影响""能够实际支配公司行为"等用语。所谓"重大影响"除定性以外，明确了据以推定的客观指标，比如"实际支配上市公司股份表决权超过30%"，"通过实际支配上市公司股份表决权能够决定公司董事会半数以上成员选任"，规则相对精细。

（二）关于"控制权"规则改进的建议

第一，简化表述，删除"决定性影响"标准。

成文法规则的要旨在于清晰、明了，同义反复不仅不能够起到明确界定概念的作用，还可能造成误解，甚至再度创造一个模糊的概念。如前所述，欧盟法上的"施加决定性影响"是"控制权"的一个下位概念；德国法、英国法的"重大影响"标准是独立于"控制权"的。在我国，"控制权"和"施加决定性影响"并无显著区别，特别是从本章第一部分讨论的实践案例中不难看出，在我国非法定控制的事实控制也是被认可的。执法机关也意识到了这个问题，在《关于经营者集中申报的指导意见》第3条第2款规定，"判断经营者是否通过交易取得对其他经营者的控制权或者能够对其他经营者施加决定性影响（控制权和决定性影响以下统称为'控制权'），……"虽然从立法法的角度，"指导意见"不具有法律效力，而且此处的"统称"有可能只是为了表述上更简洁，不足以说明问题。但是，如果基于"简洁"的理由就可以被吸收，也从一个角度说明这两个概念不具有显著的、不可替代的辨识度。如果说因为"指导意见"的效力对此有所质疑，那么反垄断执法机构——国家市场监督管理总局在2020年发布的第一版《〈反垄断法〉修订草案（征求意见稿）》[1]可以说明对这一问题的认识。该征求意见稿对2007年《反垄断法》第20条做了修改，删除了第2款"能够对其他经营者施加决定性影响的表述"，并增加了控制权的定义，"前款所称控制权，是指经营者直接或间接，单独或者共同对其他经营者的生产经营活动或者其他重大决策具有或者可能具有决定性影响的权利或实际状态"，也就是只用"控制权"一词做内涵统领。虽然最终的公布稿与2007年《反垄断法》一致，并没有修改，但还

---

〔1〕　这个版本早于前文和后文多次提及的《反垄断法（征求意见稿）》。

是可以理解为执法机构基于实践总结认为这样的表述和逻辑层次具有合理性。

第二，细化"控制权"的认定因素及其分类。

前文已经提到，由于概念过于原则使得"控制权"标准在实践应用中有一定的不确定性，因而需要执法机关根据经验，抽象出认定控制权所需要考虑的主要因素以及具有控制权的典型情形。通过对相关法律的研究发现，以美国和欧盟为代表的两种经营者集中认定模式各有其利弊。美国反垄断法上不以控制权变化作为经营者集中申报的要件，而是将达到指标的所有并购都纳入审查范围，其中包括那些不具有妨碍竞争影响的合并，会占用很多的执法资源。此外，美国也有"足够的资源和经验支撑其快速初步筛选的做法，能够最大程度地避免'错放'"，[1]在制度设计上也确保了被错误判断的案件完成交易后，执法机关仍有权对其进行调查和起诉。而以欧盟为代表的认定模式下，由于控制权概念的内涵与外延比较模糊，所以需要执法机关就控制权认定要素、能够和不能够认定为控制权变化的情形作出更为详细的解释。如欧盟"管辖权通告"就用近 10 页的篇幅，结合判例，对控制权的概念作出了详尽说明，以尽可能提高《欧盟并购条例》在执行层面的确定性和可预见性。

我国 2006 年《外资并购境内企业的规定》第 53 条明确要求，并购方在对外公布方案之前向商务部（当时的并购审查部门）和国家工商行政管理总局报送并购方案，两机关应当审查"是否存在造成境内市场过度集中，妨害境内正当竞争、损害境内消费者利益的情形，并作出是否同意的决定"。应当报送申请的情形包括：（1）境外并购一方当事人在我国境内拥有资产 30 亿元人民币以上；（2）境外并购一方当事人当年在中国市场上的营业额 15 亿元人民币以上；（3）境外并购一方当事人及与其有关联关系的企业在中国市场占有率已经达到 20%；（4）由于境外并购，境外并购一方当事人及与其有关联关系的企业在中国的市场占有率达到 25%；（5）由于境外并购，境外并购一方当事人直接或间接参股境内相关行业的外商投资企业将超过 15 家。可以看到，这些标准是客观清晰的，而且视角多样、类型丰富，包括资产额、营业额、市场占有率、参股的企业数量，既有绝对指标，又有相对指标。

反观我国现行的集中规则却语焉不详，其负面效果自不待言。现提出以

---

〔1〕 参见叶军："经营者集中法律界定模式研究"，载《中国法学》2015 年第 5 期。

下改进建议。

借鉴德国的混合模式，采用"客观标准推定"加"原则性界定"的模式认定控制权。借鉴德国法的规定，结合两种认定模式，一方面将持有25%或50%的资本或表决权作为推定构成经营者集中的门槛，另一方面通过对控制权的解释来认定经营者集中。形成多方式、多层次的认定体系，以解决控制权概念不确定问题。具体来说，以下两种情形被认为实现控制：（1）推定标准的两种情况：一是"经营者及其关联人对目标公司所持有的股权累计超过50%"；二是借鉴证券法上的规则，规定"经营者及其关联人对目标公司所持其他经营者股份所对应的表决权累计超过30%的情况下"，推定对该经营者享有控制权。（2）实质标准，"虽然未达到上述推定标准，但通过资产收购、合同、经济联系等方式可以对目标公司的决策产生重大影响或者能够实际支配公司行为等情况的"。根据现实中的执法经验和统计数据的积累，上述用以推定的客观标准可以根据实际情况有所调整。

第三，明确"控制权"的类别。

《关于经营者集中申报的指导意见》第3条明确了"控制权"的类型，除单独控制、共同控制之外，还包括直接控制、间接控制；法定控制、事实控制；积极控制、消极控制。特别要明确以下两点：（1）若经营者的一个股东可以单独否定该经营者的重大决策，一般认为该股东对经营者有控制权。（2）基于事实因素的综合考虑，少数股东有可能被认定为具有控制权。经营者取得控制是为了获取经济利益，包括为了增加经济利益、维持经济利益、保护经济利益，或者降低所分担的损失等。

共同控制是经营者集中申报中常见的一种情况，但在现有法律中并无规定。有必要明确界定"共同控制"的含义，将同等表决权和高级管理人员任免权、否决权、协调行使表决权纳入认定共同控制应重点考虑的因素。具体条款如下：共同控制指两个或两个以上经营者共同对其他经营者的决策产生重大影响或者能够实际支配公司行为的情形。

判断经营者是否取得对其他经营者的共同控制地位，应重点考虑以下因素：（1）经营者是否对其他经营者具有同等的表决权和高级管理人员的任免权；（2）存在两个以上经营者时，拥有少数表决权的经营者在事实上是否具有对其他经营者的商业战略决策的否决权，例如对经营、投资计划、预算、高级管理人员任命的否决权；（3）存在两个以上经营者时，拥有少数表决权的经营者基于协议或其他事实协调一致行使表决权的可能性。

第四，增加申报的豁免情形。

首先要说明的是，在经营者集中申报制度中"豁免"有两种适用情景：一是申报的豁免；二是审查的豁免。前者是指当某种法定情形成就时，虽然构成集中，但经营者不承担申报义务；后者是指根据法律规定，经营者有申报义务，并且经审查因反竞争上的可能不应当被无条件批准，但由于法定的豁免事由而批准该集中，比如破产抗辩、[1]对特殊行业的监管豁免[2]等。我国2006年《外资并购境内企业的规定》第54条所列举的豁免的情形[3]就是审查中的豁免而非申报时的豁免。此处讨论的是申报时的豁免。

根据经营者集中审查制度"预防可能产生限制竞争的行为"的立法目的，控制经营者集中所关注的是那些可能对市场结构和市场竞争造成影响的集中行为，因此进一步细化规定，排除那些不会对市场结构和竞争造成影响的、不构成"控制"的情形，有利于降低企业申报负担，同时节约执法成本、提高审查效率。

我国2007年《反垄断法》第22条规定了经营者无须申报的两种例外情形，此外没有其他豁免规则。这两种例外，一是参与集中的一个经营者拥有其他每个经营者50%以上有表决权的股份或者资产的；二是参与集中的每个经营者50%以上有表决权的股份或者资产被同一个未参与集中的经营者拥有的。本条所规定的无须申报可以理解为原本的控制关系没有发生变化，所以不需要申报。从本质上看，更接近于单一经济体[4]的情况，而非真正的豁免

---

〔1〕 1989年的《欧盟并购条例》（第4064/89号条例）并没有关于破产企业抗辩的规定，但实践中已有交易方提出这一抗辩，并且欧盟委员会也在个案中对此做了回应。譬如Aerospatiale-Alenia/De Havilland, Case No. IV/M. 053, Commission Decision（1991 O. J. L334/42）等；美国最高法院在1930年的International Shoe Co. v. FTC 280 U. S. 291（1930）案判决中明确了这一原则。

〔2〕 如美国的铁路案的法定抗辩。参见49 U. S. C. §§ 11323-11325。转引自美国律师协会反垄断分会编：《合并与收购：理解反垄断问题》，黄晋译，北京大学出版社2012年版，第202页。

〔3〕 2006年《外资并购境内企业的规定》第54条规定，"有下列情况之一的并购，并购一方当事人可以向商务部和国家工商行政管理总局申请审查豁免：（一）可以改善市场公平竞争条件的；（二）重组亏损企业并保障就业的；（三）引进先进技术和管理人才并能提高企业国际竞争力的；（四）可以改善环境的"。

〔4〕 单一经济体是指两个或两个以上的法律实体之间（Legal Entity）因为具有决定性影响（Decisive Influence）而构成同一个经营者（Undertaking）。Guidelines on the applicability of Article 101 of the Treaty on the Functioning of the European Union to horizontal co-operation agreements.

事项。

就经营者集中审查的现实情况，设置豁免事由应当审慎，范围不宜过大。我国 2007 年《反垄断法》第 50 条规定了民事诉权，"经营者实施垄断行为，给他人造成损失的，依法承担民事责任"。根据民事诉讼规则，原告需要证明被告的违法行为、原告受到的损害以及该行为与损害之间的因果关系。但对于一个未依法申报而实施的集中，上述三个要件当中的任何一个都是难以证明的。[1]因此，经营者集中的反垄断事实上只有通过行政执法来实现，这与美国和欧盟的体制架构存在根本差异。在没有第二道防线的情况下，设置宽泛的豁免情形并不适宜。

从执法实践情况来看，作为全球最具吸引力的市场，财务投资十分常见，由于纯粹的财务协议并不改变管理模式和资源控制，因此，它们通常并不构成集中。[2]所以，应当将财务投资作为法定豁免事项：当"信贷机构、金融机构或保险机构以转售为目的的取得另一个经营者的股份的，并且不行使这些股份所产生的表决权"，可以豁免申报。

第五，补充未达申报标准但依职权主动审查的法律依据。

如前所述，"控制"是一个抽象的概念，虽然有推定标准，但更多的情况是尚未达到推定标准仍然构成控制。在完成审查之前，即使是申报方和执法机关都不能确信"控制"是否成立。因此就需要有一个法律机制，允许将更多的可能造成竞争损害的集中纳入审查范围——即使外观上看并不确信是否符合申报标准。此外，从立法目的来看，申报标准只是发挥"过滤器"的作用，符合标准的引发竞争问题的可能性更大，但并不确认不达标的集中就没有竞争问题，这在逻辑上是成立的。根据这一思路，《反垄断法（修正草案）》第 26 条第 2 款增加了相关规定作为法律依据："经营者集中未达到国务院规定的申报标准，但有证据证明该经营者集中具有或者可能具有排除、限制竞争效果的，国务院反垄断执法机构应当依法进行调查。"这种方案可以尽可能平衡经营自由和政府干预，但要注意以下三点：首先，鉴于我国采用

---

〔1〕 根据 2018 年《关于经营者集中申报文件资料的指导意见》的规定，经营者需要提交的资料包括集中各方的基本情况，比如最近一个会计年度的营业额、集中交易的协议，等等，以供执法机构判断是否达到申报标准。而这些材料是交易之外的第三方无法获得的。证明其他两个要件同样非常困难。

〔2〕 Consolidated Jurisdictional Notice, para. 19.

的是强制申报制度，虽然执法机构有依职权调查的必要性和正当性，但不能因此认定那些"未达标准而实施的经营者集中"违法。换言之，未达标准自行集中与主动调查的权力互不干扰、并行不悖。其次，即使经营者并不违法，但执法机关的调查势必给企业带来成本。此处对于"可能具有排除、限制竞争效果"要做严格解释，也就是说，应当提高证据的可信度。最后，从原理上看，"具有或者可能具有排除、限制竞争效果"的集中案件是不可知的，加之前述对执法机构提出较高的证明要求，此处的调查权更适宜作为执法的权力来源而非义务，所以建议将第 26 条中的"应当"依法进行调查改为"有权"依法进行调查。

第六，制定适用于特殊行业的"控制"的认定规则。

在申报规则上，不乏对于特殊行业的特别规定，比如前述美国的铁路行业，还有能源、运输、通信、银行业，在并购的管辖权、适用规则上均不同于其他行业。[1]此外，我国香港地区《竞争条例》中有关并购的规则仅适用于电讯行业。所以，基于行业特性的经营者集中规则不仅有正当性，也有先例可循。国务院反垄断委员会发布的《平台反垄断指南》在"经营者集中"一章中，从第 18 条至第 21 条就平台集中做了相对细致的指引，能够说明执法机构的认定思路，是一个很好的尝试。结合前述《分类分级指南》《主体责任指南》的征求意见稿，可以进一步细化规则，使之成为更具有指导性、可操作性的规范。

四、协议控制下经营者集中申报规则反思

协议控制是在规避我国外资准入监管与企业实现直接融资需求等多因素背景下形成的一种商业架构，其合法性一直饱受争议。根据我国 2007 年《反垄断法》规定，达到申报条件的经营者集中应当履行申报义务，获得行政许可方可实施集中。但实践中，长期以来执法机构未对协议控制下的经营者集中进行有效监管，直到 2020 年 12 月国家市场监督管理总局对三起未依法申报实施集中的案件进行最高限行政罚款，此后对于协议控制应申报而未申报案件的处罚时有发生。协议控制相比于常见的控制形式固然有其特殊性，但

---

〔1〕 参见美国律师协会反垄断分会编：《合并与收购：理解反垄断问题》，黄晋译，北京大学出版社 2012 年版，第 218~235 页。

根据经营者集中审查制度的内在逻辑，其合法性质疑不足以排除反垄断监管，在具体制度层面要加以特别规范。这种长期缺位是值得反思的。

2020 年 12 月 14 日，国家市场监督管理总局发布国市监处〔2020〕26 号、27 号、28 号三起未依法申报实施经营者集中案件的处罚决定书，分别对阿里巴巴投资有限公司、阅文集团、深圳市蜂巢网络技术有限公司罚款人民币 50 万元。这三起案件均为协议控制下（以下简称 VIE 架构）的股权收购，不具有排除、限制竞争的效果，且都处以 2007 年《反垄断法》第 48 条的罚款上限，即 50 万元罚款。在反垄断执法中对未依法申报予以处罚并不罕见，截至 2021 年 12 月共有 170 余件，2021 年当年处罚的 106 起案件中绝大多数是此类，而这三起案件是自我国 2008 年 8 月 1 日正式施行《反垄断法》十余年以来首次对 VIE 架构的未依法申报进行处罚。首当其冲的问题就是 VIE 架构是什么？有什么特殊性？对 VIE 架构进行市场监管的内在逻辑是什么？如何对其实现有效规制？

（一）协议控制的商业架构及其法律属性

1. 协议控制的内在机制

协议控制模式是指拟上市公司通过在境外设立上市壳公司，并设置一系列壳公司与境内实体间的合同、协议框架以实现对境内实体的控制，从而间接达成境内实体在境外上市目的的法律模式。[1]该法律模式通常包含协议控制和 VIE 架构（Variable Interests Entity，可变利益实体）两个基本概念。

协议控制与股权控制构成一组对应概念，均用来描述两个或两个以上具有独立法人地位的企业之间存在的控制与被控制的紧密关系。一般而言，股权控制由不同企业间的股权比例实现，股东之间的权利义务关系通常由公司法或者其他商业组织法按照控股股东规则或母子公司规则进行控制；而协议控制由不同企业间的合同缔约实现，比如签订托管协议、借贷协议、承包协议等协议实现控制。协议控制下的企业间权利义务关系，通常由具体协议明确规定，如决策权行使、利润分配、债务承担等与经营相关的重大事项，其中尤为重要的是被控制企业向控制企业转移决策权及经营活动的盈利，这正

---

〔1〕 参见陈玥、鲍大雷："可变利益实体的基本架构、潜在风险及应对"，载《财务与会计》2014 年第 6 期。

是协议控制的关键。

相较于协议控制所具有的法律属性，VIE 架构中文译为"可变利益实体"，是美国会计准则中关于被投资实体的一个会计术语。2001 年的安然事件暴发后，美国财务会计标准委员会出于强化公司治理、防范管理层财务造假的意图，在 2003 年颁布的第 46 号解释函——《可变利益实体的合并》中首次提出"可变利益实体"的概念，规定某一实体对另一实体只要拥有事实上的"控制性财务利益"就可要求其合并财务报表，而不论这种控制是否由多数表决权产生。这一规定有效弥补了原有的特殊目的实体（Special Purpose Vehicle，SPV）不用合并报表的会计漏洞，防止上市公司借助特殊目的实体隐藏损失、转移债务，并向投资人及公众披露上市公司真实的财务情况。

在中国，自 2000 年新浪公司采取协议控制模式在美股纳斯达克市场上市以来，协议控制与 VIE 架构在国内企业海外上市的进程中逐渐融为一体，通过多层次协议的复杂架构，规避境外上市、外汇流动、外资产业准入等监管规定，成为境内民营企业在境外证券市场上市以及外国投资者进入中国限制外商投资领域的重要途径。

具体而言，这种 VIE 架构通常涉及三方主体：其一，境外控股公司，通常是境外上市公司，可能出于税收、注册便利等考虑而采取在避税港设立开曼公司、香港壳公司等多重结构；其二，境内外商独资公司（Wholly Foreign Owned Enterprise，WFOE，以下简称控制公司），通常与境外控股公司的股东系同一批中国股东，双方利益一致以保证 VIE 架构的稳定性；其三，运营公司，即我国境内具有从事外商投资限制领域相关业务运营资质并与境外上市公司没有直接股权联系的内资公司，本质为外资受限业务的牌照持有公司。协议控制的运作机制一般由控制公司签订 VIE 协议取得运营公司的实际控制权，将运营公司的利润转移到控制公司，再由间接控股控制公司的境外控股公司在会计处理上将运营公司视为全资子公司合并报表，使其业绩全部纳入境外控股公司，最终实现境外控股公司通过运营公司投资中国限制外资领域或者中国企业借助境外控股公司在海外上市的目的。

在此运作机制中，三方主体需要签订资产运营控制协议、借款协议、股权质押协议、认股选择权协议、表决权委托协议、独家服务协议等一系列协议以搭建 VIE 架构。

2. 协议控制的历史成因

我国最早的协议控制始于新浪公司 2000 年在美股纳斯达克上市，当时新浪公司创造性地提出协议控制的思路，即境外控股公司不直接持有股权，而是通过多层协议架构实现对境内运营公司的控制并获取其经营收益，设计协议控制的"唯一目的就是让新浪在不违反中国相关政策法律的前提下，在海外上市"。据此，协议控制自其诞生之初，就是境外控股公司、境内控制公司与运营公司这三方主体之间意图通过这一复杂的交易模式，实现规避境内外资产业准入监管、内资企业境外上市规定等目的的工具。

一方面，出于保障国内经济环境安全、保护民族企业稳定成长的需要，我国对境内外资的产业准入设置了一系列限制性措施，最常见的是由法律法规直接规定某些产业禁止外资进入或者对外资持股比例进行限制。例如，国家发展和改革委员会与商务部共同制定的《外商投资产业指导目录》中将外商投资产业分为鼓励类、限制类与禁止类三种。其中，"增值电信业务"就被列入限制类目录，要求外资比例不超过 50%，电子商务除外；而"邮政公司、信件的国内快递业务"则被列入禁止类目录，明确禁止外商投资。然而，部分外资投资受限的领域在近年来表现出强劲的经济活力与发展潜力，针对外商投资的现实需要，协议控制模式应运而生，成为国外控股公司借助 VIE 架构规避国内外商投资限制的重要途径。

另一方面，我国部分初创企业需要通过上市实现直接融资，但是我国《证券法》《首次公开发行股票并上市管理办法》等相关法律规定均要求境内上市、发行债券需满足盈利、净资产、现金流、年均可分配利润等诸多条件，导致初创企业难以满足较高的境内上市或发行债券的门槛。相较于境内资本市场存在的此类约束条件，境外资本市场多层次的市场体系与相对完备的审核制度均为国内初创企业提供了较好的上市融资渠道。针对海外上市的现实需要，协议控制成为国内企业借助 VIE 架构在境外设立融资主体，实现资金流动及海外融资的重要途径。

基于上述两方面原因，国内企业近年来纷纷采用 VIE 架构的方式，将境内经营实体的利益通过协议控制的方式转移给境外离岸公司，由离岸公司的股东实际享有经营利益，最终实现境外证券市场的海外上市融资。

3. 协议控制的特点

协议控制本质上是利用法律规定与会计规则对某一相同事项的不同认定

标准，通过多层次协议的复杂架构，控制境内运营公司的业务和财务，使其成为境外控股公司的可变利益实体，以实现境内运营利益向境外的合法转移，从而有效规避境内法律法规对部分行业外资准入的限制，以及境内主体直接在境外上市的相关限制。据此，协议控制通常具有以下特点。

其一，交易结构复杂。协议控制是境外控股公司通过境内设立的控制公司，采取协议方式控制境内运营公司的经营业务与财务状况，使其成为境外控股公司的可变利益实体。这种协议控制模式为了规避法律给企业运营带来的风险，通常涉及不同层次的三方主体以及层层架构的六类协议，具有交易关系繁复、交易结构复杂的显著特点。

其二，跨越多个司法辖区。协议控制的产生根源，就是通过复杂的交易结构设计规避外资准入、外汇管理、上市规定等法律限制，以 VIE 架构的形式实现境外控股公司对境内外资受限领域的投资以及境内民营企业赴海外证券市场上市的目的。据此，协议控制通常涉及处于不同司法辖区的协议主体，即境外控股公司与境内控制公司、运营公司，彼此之间签订的一系列复杂协议往往跨越多个司法辖区。这一特点在协议控制的实际运作中，要求各个实体须根据各自司法辖区的法律规定签订、调整协议，再根据国际投融资规定对相关协议进行综合调整，最终形成统一完备的 VIE 架构。

其三，通过协议进行控制而非直接控制。协议控制是由三方主体通过一系列协议搭建的 VIE 架构实现控制关系。因此，相较于传统的股权控制方式由不同企业通过持股比例实现母子公司关系这类直接控制关系，协议控制方式则是由不同企业通过签订协议搭建 VIE 架构并利用会计报表合并规则实现间接控制关系。由此，境外控股公司与境内外商独资公司是通过协议方式控制境内运营公司的业务和资产，这种在意思自治下构建起的 VIE 架构，较之公法规定的股权控制关系，体现了更多的契约自由价值，但也存在控制关系相对松散的问题。协议控制模式的基础是三方主体之间的协议，可能存在境内经营实体违约的风险，例如运营公司的股东若通过宣称协议无效、拒不履行等方式违反上述协议，不仅会导致合并报表的会计处理失效，也会导致境外控股公司丧失对运营公司的控制权。

（二）协议控制纳入经营者集中审查的内在逻辑

以 VIE 架构为基础的协议控制近年来成为境内外企业规避法律监管的重

要工具，但在实际运行中涉及相关企业之间的控制权问题，引发了反垄断监管中的经营者集中问题。

2007 年《反垄断法》第 20 条规定："经营者集中是指下列情形：……（三）经营者通过合同等方式取得对其他经营者的控制权或者能够对其他经营者施加决定性影响。"协议控制是 2007 年《反垄断法》规定的应当进行申报的经营者集中形式，但十余年来申报少、几无处罚的事实引发了对 VIE 集中申报进行审查之正当性的疑问，对此做如下论证。

1. 形式正义：基于 2007 年《反垄断法》第 20 条的解释

在当前全球企业合并行为扩张、越来越多的企业采取复杂控制模式实施集中的趋势下，以欧盟为代表的法域逐步完善"控制权"认定标准，以实现对市场有效竞争的法律保护与事前救济。

如前文所述，协议控制本质上正是境外控股公司采用 VIE 架构的形式，经由多层次的复杂协议结构，通过境内控制公司实现对境内运营公司的业务、经营及资产的控制，涉及反垄断法意义上的"控制权"问题。根据文义解释，这种协议控制符合"经营者通过合同等方式取得对其他经营者的控制权"，理应受到反垄断法的相应规制。因此，当涉及 VIE 架构的企业满足经营者集中的申报标准时，就应当主动向国务院反垄断执法机构进行申报，并提供真实、完整的资料以供审查，未申报的不得实施经营者集中行为。

2. 实质正义：基于反垄断立法目的视角

经营者集中可能引发或强化独立市场力量间相互联系的行为，其本质在于原本相互独立的经营者之间的控制关系发生变化。由于控制权发生变化，经营者集中可能产生单边效应或协同效应，导致市场失灵，从而对市场竞争产生排除、限制竞争影响。此外，经营者集中可能影响到社会公共利益。经营者集中会对市场竞争结构产生影响，进而影响到相关联市场上的所有经营者的合法权益，既包括参与集中的经营者，也包括与该项集中有直接利害关系的主体，比如在该行业的竞争者、与拟集中产业有上下游关系的相邻市场经营者、终端消费者等。因此，需要事先审查以有意识地规制经营者集中行为和调整市场结构，从而有效保护市场的自由竞争秩序、经济运行效率和社会公共利益。

据此，实施协议控制的相关企业因符合反垄断法意义上的"控制权"要求，需要在满足经营者集中的申报标准时主动向反垄断执法机构进行申报，由执法机构通过事先审查的方式实现对市场竞争结构的评估与救济。

3. 协议控制的经营者集中申报实证考察

2007 年《反垄断法》规定了经营者集中的申报制度与审查制度，并由商务部负责具体的经营者集中审查工作。然而，商务部同时承担外商投资境内产业的审批工作，这为涉及协议控制的反垄断审查困境埋下了伏笔。

2009 年发生新浪公司收购分众传媒的交易，收购方新浪公司在 2000 年已经采用 VIE 架构在美股纳斯达克上市，但最终该经营者集中因涉及 VIE 架构问题而未得到商务部的正式立案审查。商务部之所以不受理涉及 VIE 架构的经营者集中，是因为担心给予经营者集中的审查批准将预示着官方对协议控制的认可，而这与商务部在外商投资审批领域的监管实践存在冲突。2012 年的沃尔玛公司收购纽海控股 33.6% 股权案中，商务部对该经营者集中行为正式立案审查，但是为了规避反垄断审查批准是对协议控制合法性的官方背书这一风险，商务部最终通过附条件批准的方式要求沃尔玛公司不得通过 VIE 架构从事增值电信业务（商务部公告 2012 年第 49 号）。此后，随着国内互联网产业的蓬勃发展，大量初创企业纷纷采用 VIE 架构的形式赴海外上市，其中不乏经营者集中的申报与审查问题；然而，受制于反垄断执法机构对涉及 VIE 架构的经营者集中的模糊监管态度，导致此类经营者集中行为长期未受到有效的反垄断审查与规制。

2020 年 4 月 20 日，国家市场监督管理总局公示立案了一起涉及 VIE 架构的简易案件，即上海明察哲刚管理咨询有限公司与环胜信息技术（上海）有限公司新设合营企业案。在该案件公示表中，明察哲刚公司的介绍部分指出"明察哲刚的最终控制人是 Leading Smart Holdings Limited（汇智控股有限公司），一家开曼注册的公司，其通过关联实体基于一系列协议安排控制明察哲刚"，明确说明参与经营者集中的一方主体具有 VIE 架构。该经营者集中案件在 2020 年 7 月 16 日被国家市场监督管理总局无条件批准。此外，该局于 2021 年 7 月作出禁止虎牙与斗鱼合并的决定，该案也是一个涉及 VIE 架构的集中案件。以上案件表明机构改革后的国家市场监督管理总局对涉及 VIE 架构的经营者集中秉持积极的反垄断监管与事前审查态度，上述未依法申报的处罚决定从反面强调涉及 VIE 架构的经营者应当在满足申报条件时主动向反垄断执法机构履行申报义务。

（三）协议控制收购反垄断规制的困境及其建议

1. 协议控制合法性质疑与监管逻辑矛盾解释

VIE 架构原本属于促进实质正义的监管工具，但在我国语境下成为与协议等同的概念，二者共同起到规避市场监管的作用。[1]如前所述，VIE 架构的产生与我国的外商投资市场准入限制密切相关。事实上，多个知名互联网公司通过 VIE 架构在境外上市，2000 年新浪公司通过 VIE 架构在美国上市；至 2012 年 10 月，在美国纽交所、纳斯达克等主流交易所上市的中国公司中，近一半为 VIE 架构的公司。[2]此后一些公司又实施经营者集中，但依法申报的案件并不多，得到执法机构明确回复的案件极少。其中一些与消费者直接相关的案件引起社会广泛关注，譬如 2015 年美团收购大众点评、2016 年滴滴收购优步。[3]与 VIE 架构有关的未依法申报以及对这一违法行为的监管缺失等问题，有悖反垄断法促进公平竞争的应有之义。

从历史成因来看，VIE 架构是针对外商投资的现实需要，国外控股公司借助这种架构规避国内外商投资限制的手段。限制外商投资准入的行业，一般与我国政治、经济、文化社会的稳定和安全密切相关。VIE 架构事实上规避外资管制，协议控制只是形式，并未改变违反国家外商投资准入限制规定的事实。《外商投资法》第 28 条第 1 款规定，"外商投资准入负面清单规定禁止投资的领域，外国投资者不得投资"。该法第 36 条第 1 款规定，"外国投资者投资外商投资准入负面清单规定禁止投资的领域的，由有关主管部门责令停止投资活动，限期处分股份、资产或者采取其他必要措施，恢复到实施投资前的状态；有违法所得的，没收违法所得"。故而，VIE 架构面临合同无效、行政处罚等公法、私法上的法律后果。因此，监管机关始终无法承认 VIE 架构的合法性。

---

〔1〕 参见刘燕："企业境外间接上市的监管困境及其突破路径——以协议控制模式为分析对象"，载《法商研究》2012 年第 5 期。

〔2〕 参见刘燕："在'默认合法'中爆发的法律风险——协议控制—VIE 模式下风险事件及案例述评"，载《证券法苑》2013 年第 2 期。

〔3〕 "商务部：尚未收到滴滴和优步中国合并申报"，载 http://www.chinanews.com/cj/2016/08-02/7959477.shtml，最后访问日期：2021 年 12 月 31 日。

在反垄断领域，经营者集中审查需要经营者提交交易主体和交易业务的材料，VIE 架构的合规性判断成为政府监管无法规避的问题。那么是否说明一旦反垄断执法机关对 VIE 架构集中进行审查，即对申报进行审查的行为本身就是对 VIE 架构合法性进行背书呢？答案是否定的。政府各部门的职责不同，仅依据其职能在有限的范围内行使行政权力，否则将因越权而无效。反垄断执法机构应当就经营者集中是否可能引发排除、限制市场竞争进行判断，而不是判断 VIE 架构是否合法的适格行政主体。所以，无论反垄断机构对集中做出无条件批准、附加条件批准或者是禁止性规定，在逻辑上都并非对 VIE 架构本身的合法性做出结论。特别是党的十九届三中全会后，原来商务部兼具外资监管和经营者集中审查职能的情况有所改变，反垄断职责统一由国家市场监督管理总局行使，外资监管由商务部负责。在从部门职责的体系上解决了这一问题。

2. 对 VIE 架构进行集中审查的法律适用

对 VIE 架构的经营者集中进行审查，所呈现的特点在于收购方或者被收购方是协议控制，其重点在于两个方面，一是对拟进行的集中进行竞争性评估；二是对外商投资进行投资管理，这在 2007 年《反垄断法》第 31 条中有明确规定，"对外资并购境内企业或者以其他方式参与经营者集中，涉及国家安全的，除依照本法规定进行经营者集中审查外，还应当按照国家有关规定进行国家安全审查"。故而，应当明晰 VIE 架构中监管权力、义务和责任的分配。

《外商投资法》和 2007 年《反垄断法》分别代表国家监管的不同侧面和不同维度，前者侧重于国家安全和产业保护维度，后者侧重于市场竞争秩序和公平竞争环境维度，二者所保护的法益也有不同。所以从逻辑而言，二者并行不悖，亦无先后顺序之分。由于 VIE 架构多发生于互联网领域，对此，《平台反垄断指南》第 18 条第 2 款有关申报标准的规定特别谈到了 VIE 架构："经营者集中达到国务院规定的申报标准的，经营者应当事先向国务院反垄断执法机构申报，未申报的不得实施集中涉及协议控制架构的经营者集中，属于经营者集中反垄断审查范围。"这是对 VIE 架构经营者集中提出的明确的合规要求，也是执法机构从审慎执法向积极作为转变在规则层面的体现。

3. 完善协议控制规制的法律规则

第一，明确构成协议控制经营者集中的控制范围。

根据我国 2007 年《反垄断法》第 20 条的规定，实施经营者集中的核心在于"取得对其他经营者的控制权或者能够对其他经营者施加决定性影响"。这一问题在 VIE 架构语境下即为"协议控制"中的控制权在何种情况下构成 VIE 架构经营者集中。《平台反垄断指南》第 18 条第 2 款明确提出，"涉及协议控制架构的经营者集中，属于经营者集中反垄断审查范围"。控制权标准是国际通用的判断规则，如前所述，欧盟的"管辖权通告"指出，控制既包括法律上的控制，也包括事实控制。协议控制无法通过常见的股权或表决权确定控制关系，而且合同项下的控制关系交易架构复杂，还面临合法性和事实违约等不确定性因素。所以，认定 VIE 收购是否构成经营者集中，应当结合当事人具体交易安排、协议内容、交易目的等因素进行判断。

第二，细化 VIE 架构模式的营业额计算标准辅之其他标准。

根据国务院《申报标准的规定》第 3 条、第 4 条的规定，经营者集中的申报，以营业额为一般判断标准，因此，对于营业额的判断至关重要。《平台反垄断指南》第 18 条针对平台经济领域的营业额认定和计算方法做了规定。由于市场的复杂性、多变性，单独控制、共同控制的类型化认识及其营业额认定原本难度就很大，对于 VIE 架构审查而言，要确定以"协议控制"方式实现的经营主体范围则难度更高。另外，由于前述外资监管的原因，VIE 架构多适用于互联网平台公司，对于这种商业模式如何计算营业额存在分歧。以 2016 年滴滴收购优步案为例，经营者并未进行申报，有报道称，滴滴给出的理由是滴滴和优步中国均未实现盈利，且优步中国在上一个会计年度营业额没有达到申报标准，不需要事先向有关部门申报。故而，在营业额标准之外，可以考虑增加交易额、总资产等指标。此外，VIE 架构还面临一些特殊情形，比如交易或交易方涉及的外资禁止、限制类业务，如何认定优先股投资协议中的限售条款、不竞争条款、排他条款等对竞争的影响。

第三，加重未依法申报集中的法律责任。

从功利主义视角来看，经营者守法的前提是违法的成本高于违法获得的收益，在逐利的市场经济环境中，如果违法成本过低只会导致更频繁的违法。根据我国 2007 年《反垄断法》第 48 条规定，"经营者违反本法规定实施集中的，由国务院反垄断执法机构责令停止实施集中、限期处分股权或者资产、限期转让营业以及采取其他必要措施恢复到集中前的状态，可以处五十万元以下的罚款"。从以往查处的未依法申报经营者集中案件看，几乎所有案件均以罚款结案。在罚款的金额上，除此次被顶格罚款 50 万元的三个案件以外，此前十二年来最高罚款额为 40 万元，难以对经营者起到有效威慑的作用。就执法规则而言，欧美国家的处罚力度较大，远远高于我国 50 万元人民币的罚款金额，能够实现有效威慑。在 VIE 架构未依法申报的处罚问题上，并不具有特殊性。本书第五章专门讨论法律责任问题，此处不作详述。

从保护市场竞争的角度来看，协议控制只是一种法律模式，并没有排除反垄断监管的正当性。对这三个案件的极限处罚，从侧面反映了执法机关对案件违法行为性质、程度和持续时间等综合要素的认识，既是对特定企业的威慑，也是对市场的普遍预防警示。协议控制多发生于新经济领域，基于互联网平台经济特有的动态竞争、跨界竞争、网络效应等特点，波及面广、程度深，关乎市场的竞争格局；从市场的宏观层面来看，也事关产业集中度和企业的创新活力。如果不能实现有效监管，会导致市场结构的剧烈变化，造成竞争失序。

第三章
经营者集中申报标准的检视与完善

　　申报标准是指经营者集中触发申报义务的门槛，包括两个要素：一是标准所涉及的具体的参考指标，如营业额、交易额、市场份额等指标；二是针对申报标准所要求设立量化的数据标准，如明确的金额或者市场份额比例等。申报标准是执法机关进行审查的界限。相对于本书第二章讨论的"控制权"所具有的抽象性和模糊性，申报标准是一种显性指标，判断上相对客观、直接。这种甄选机制（Screening Device）的价值是降低企业的制度性交易成本、减少行政资源支出，在消除潜在竞争不利影响与减轻企业负担之间取得平衡。合理的申报标准能够起到初步筛查竞争风险的作用，并由此划定监管范围，明确经营者的申报义务。

　　从全球通行的经营者集中审查制度来看，普遍设定了申报标准，但标准的参考指标、数据各有不同。这一方面与这些国家或地区的经济发展水平、市场竞争状况不同有关，另一方面也与申报的机制设计有直接关系。根据我国现行法规定，在申报机制方面以强制事前申报为原则，以依职权调查为补充；对申报标准的判断实行以营业额为标准的一元模式。

一、我国现行一元化申报标准与反思

　　如本书第一章所论证的观点，经营者集中审查制度是建立在集中所产生的双重效应基础上的。要有效并且高效地过滤有竞争风险的经营者集中，制定合理的申报标准是关键一环：一方面在完整的经营者集中审查制度体系中，申报标准是申报义务人和执法机构必须最先判断的指标，故而应当简单、客观；另一方面，标准的设置需要综合权衡执法效果和资源配置，务必客观且符合社会经济、行业发展的形势，对未来可能发生的结果进行合理预期。

（一）我国现行申报标准与实证分析

　　根据我国 2007 年《反垄断法》第 20 条至第 22 条的规定，当控制关系发生变化，并且集中交易达到具有"相当影响力"时触发申报义务。因此，申报义务以两个要件为前提：一是拟议交易构成一项集中（定性）；二是这项集中具有一定影响力，达到了申报的标准（定量），两个必要条件缺一不可。如第二章的论述，在"是否构成集中"的诸多问题当中，核心是认定"控制权"，而对控制关系的判断会直接影响到经营者的范畴以及营业额的计算，所以定性分析在一定程度上决定了"量"的判断。[1]

1. 申报标准与审查机制

申报标准与申报审查机制之间的关系密不可分。从不同视角可以将申报分为事前申报与事后申报、强制申报与自愿申报、普遍申报与特殊行业申报。

以履行申报义务和实施集中的时间关系为判断标准，如果要求申报在先，即为事前申报；如果在实施集中以后一定时期内也可以申报，则为事后申报，事后申报可以理解为一种备案。绝大多数司法辖区实行事前申报制度，只有少数国家实行事后申报制度。[2]这种机制的差异集中体现在法律责任上，对于实行事前申报的国家和地区而言，经营者如果未就符合申报条件的拟议集中履行申报义务即实施集中，则要承担相应的法律后果，[3]如我国 2007 年《反垄断法》第 48 条就对此规定了法律责任。

以申报审批的法律效力来看，申报制度又分为强制申报与自愿申报，目前实行强制申报的国家居多，比如中国、欧盟、美国等；实行自愿申报的代表国家是英国、澳大利亚。二者的差异在于对于适格交易的申报义务方面。在强制申报机制下，如果一项拟议交易应申报而未进行申报，即使集中没有排除、限制竞争的可能性，仅因未履行申报义务就构成违法。但在自愿申报

---

〔1〕 例如，我国《经营者集中审查暂行规定》第 8 条规定，"参与集中的经营者的营业额，应当为该经营者以及申报时与该经营者存在直接或者间接控制关系的所有经营者的营业额总和，但是不包括上述经营者之间的营业额。经营者取得其他经营者的组成部分时，出让方不再对该组成部分拥有控制权或者不能施加决定性影响的，目标经营者的营业额仅包括该组成部分的营业额。参与集中的经营者之间或者参与集中的经营者和未参与集中的经营者之间有共同控制的其他经营者时，参与集中的经营者的营业额应当包括被共同控制的经营者与第三方经营者之间的营业额，且此营业额只计算一次。金融业经营者营业额的计算，按照金融业经营者集中申报营业额计算相关规定执行"。

〔2〕 参见吴振国、刘新宇：《企业并购反垄断审查制度之理论与实践》，法律出版社 2012 年版，第 285 页。

〔3〕 我国 2007 年《反垄断法》第 21 条规定，"经营者集中达到国务院规定的申报标准的，经营者应当事先向国务院反垄断执法机构申报，未申报的不得实施集中"。

机制下，即使达到申报标准，经营者也可以自由选择是否向反垄断机构报告。这里有几点说明：第一，自愿申报的意义在于执法机构有权对交易进行并购评估，如果认定有排除、限制竞争的影响，则会采取不利于经营者的措施，比如终止交易、拆分等。经营者主动申报并经审查批准，就可以避免交易风险。第二，在自愿申报机制下，虽然经营者不会因为未申报而违法，然而一旦进行申报，其所提交的资料就应当符合法律规定，如果不完整或者虚假，则要承担由此带来的法律后果。第三，自愿申报与设定申报门槛并不矛盾，也就是说，执法机构仅对达到门槛的集中进行审查，此外的集中并没有基于审查的商业风险。

以申报规则涉及对象的普适性来划分，申报制度可以分为普遍申报与特殊行业申报。例如我国 2007 年《反垄断法》与行政法规就金融业经营者集中的标准做了特别规定，相对于其他行业，金融业是特殊行业。

从现行情况来看，绝大多数法域实行强制事前申报规则。两种机制下，反垄断执法机构和经营者面临的成本和收益存在根本性的差异。自愿申报机制下，经营者可以根据市场影响状况进行评估，自主决定是否需要申报。这样，即便没有申报标准的甄选，也可以避免一些不必要的申报和审查成本。相较而言，采用强制申报机制的国家更需要利用申报标准以甄选那些更需要反垄断机构关注的集中，因此合理的申报标准至关重要。

2. 我国现行申报标准解读

根据 2007 年《反垄断法》第 21 条的规定，"经营者集中达到国务院规定的申报标准的，经营者应当事先向国务院反垄断执法机构申报，未申报的不得实施集中"。为此，2018 年国务院修订的《申报标准的规定》第 3 条明确，"经营者集中达到下列标准之一的，经营者应当事先向国务院反垄断执法机构申报，未申报的不得实施集中：（一）参与集中的所有经营者上一会计年度在全球范围内的营业额合计超过 100 亿元人民币，并且其中至少两个经营者上一会计年度在中国境内的营业额均超过 4 亿元人民币；（二）参与集中的所有经营者上一会计年度在中国境内的营业额合计超过 20 亿元人民币，并且其中至少两个经营者上一会计年度在中国境内的营业额均超过 4 亿元人民币。营业额的计算，应当考虑银行、保险、证券、期货等特殊行业、领域的实际情况，具体办法由国务院反垄断执法机构会同国务院有关部门制定"。2018 年国家市场监督管理总局发布了《关于经营者集中申报的指导意见》，在第 2 条中明确了强制申报门槛的两种情况，与上述规定相同。

2009 年 7 月，商务部会同中国人民银行、中国银监会、中国证监会和中国保监会制定的《金融业经营者集中申报营业额计算办法》，对银行业金融机构、证券公司、期货公司、基金管理公司和保险公司等金融业经营者集中申报的营业额要素和特殊的营业额计算方法做了规定。[1]

但我国采用的是"事前强制申报"规则，所以，清晰、明确的申报标准是这一制度能够良好运行、发挥制度效果之前提。一方面经营者根据拟议交易的情况与法律法规相对照，达到申报标准的则应当向国家反垄断局提出经营者集中申请；另一方面，执法机构就经营者提交的资料和法律规定，据以判断拟议集中对市场竞争的影响并作出审查决定。

3. 事前强制申报与依职权调查

根据国务院《申报标准的规定》第 4 条规定，经营者集中未达到申报标准，但按照规定程序收集的事实和证据表明该经营者集中具有或者可能具有排除、限制竞争效果的，执法部门应当依法进行调查。《经营者集中审查暂行规定》第 6 条第 2 款也有类似规定。据此，在经营者的申报义务之外，执法机构应当依职权进行调查。从我国的规则来看，2007 年《反垄断法》并没有执法机构主动调查的上位法依据。国家市场监督管理总局的《反垄断法（征求意见稿）》以及全国人大常委会法工委公布的《反垄断法（修正草案）》在"经营者集中"一章的相应部分增加了执法机构依法调查的职权，具体表述为："经营者集中未达到国务院规定的申报标准，但有证据证明该经营者集中具有或者可能具有排除、限制竞争效果的，国务院反垄断执法机构应当依法进行调查。"笔者的观点是，此处是赋权规则，不应使用"应当"，而以"有权"的表述为宜。

因此，申报标准与反竞争效果是相互关联的两个问题。申报标准，是根据既有经验、以往的反馈机制设定的筛查指标，是初步的、形式的判断标准，主要用于经营者据以判断申报义务；而反竞争效果（或者可能性）是实质性指标，不达标准的有可能基于前述调查权力受到反垄断调查，只是免除了主

---

〔1〕《金融业经营者集中申报营业额计算办法》第 3 条至第 6 条规定了营业额要素；第 7 条、第 8 条规定了营业额计算公式。

动申报义务。因此,申报标准只是用以判断申报义务的显性指标,是形式上的;而非认定拟议合并是否构成垄断威胁的标准。

4. 我国经营者集中案件申报审查情况与存在的问题

综上,我国经营者集中申报标准实行营业额一元标准,金融行业适用营业额特殊计算法则,没有设定动态调整机制。在申报义务方面,实行事前强制申报为原则、依职权调查为补充的机制。自 2007 年《反垄断法》施行以来的申报、审查情况如表 3-1 所示。由表 3-1 可见,我国经营者集中案件申报量逐年增加,2007 年《反垄断法》完整实施的第一个年度——2009 年申报 77件;2021 年申报 824 件,是 2009 年的 10.7 倍。有学者采用 OLS 方法,对 26个国家(地区)的申报标准与相应国家的 GDP、人均 GDP、财政支出等经济变量进行实证分析,测算出我国的申报标准。[1]按照这一思路,如果观察 GDP 数据,会发现 2008 年全国 GDP(国内生产总值)总量为 314 045 亿元,[2] 2009 年 GDP 为 340 507 亿元,[3]2021 年 GDP 为 1 143 670 亿元,[4]是 2009年的 3.4 倍。虽然 GDP 并不能全面体现经济发展情况和市场竞争状况,但是案件申报量与 GDP 增长率不成比例,而且差距较大是不争的事实。

表 3-1 中国经营者集中案件申报数、立案数、结案数统计
(2008 年 8 月 1 日至 2021 年 12 月 31 日)

年份	申报数/件	立案数/件	审结数/件	审结率/%
2008	17	17	17	100.0
2009	77	77	77	100.0
2010	136	118	114	96.6
2011	205	185	168	90.8
2012	207	188	164	87.2

〔1〕 参见张昕竹、董维刚:"企业并购申报标准的估计",载《东岳论丛》2007 年第 1 期。

〔2〕 "国家统计局关于修订 2008 年 GDP 数据的公告",载 http://www.gov.cn/gzdt/2009-12/25/content_1496443.htm,最后访问日期:2021 年 12 月 31 日。

〔3〕 "国家统计局:2009 年 GDP 增速修订为 9.1%",载 http://www.chinadaily.com.cn/dfpd/2010-07/02/content_10052890.htm,最后访问日期:2021 年 12 月 31 日。

〔4〕 "国家统计局:2021 年 GDP 超 110 万亿元比上年增长 8.1%",载 https://baijiahao.baidu.com/s?id=1725971483261446642&wfr=spider&for=pc,最后访问日期:2021 年 12 月 31 日。

续表

年份	申报数/件	立案数/件	审结数/件	审结率/%
2013	224	212	207	97.6
2014	262	246	245	99.6
2015	344	338	332	98.2
2016	378	360	395	109.7
2017	402	355	346	97.5
2018	513	468	468	100.0
2019	503	462	465	100.6
2020	520	485	473	97.5
2021	824	713	723	101.4
总计	4612	4224	4194	99.3

（二）申报标准的常用维度

研究申报标准的合理维度，还是要回到经营者集中审查制度的功能来考察。拟议集中所可能引发的竞争损害，是怎样引起的、在哪些方面以及如何影响竞争。

一般理论认为经营者集中审查是为了防范单边效应或协同效应。为此，审查从垄断产生的市场结构变化的角度出发，普遍遵循"市场结构—市场势力—垄断行为—社会福利"的逻辑链条。首先判断集中的规模是否足够大，是否有显著提高市场势力的潜在威胁。继而，在此基础上进行垄断行为、社会福利的分析。对集中规模进行判断有两个维度，一是参与集中的经营者的规模；二是交易本身的规模。两类标准的具体设计受到多方面因素的影响，其中既有属于各国共性的因素，如主体规模、交易规模与市场势力的关系；也有体现各法域差异的因素，如经济规模、发展阶段、制度水平、反垄断政策取向等。因此，各国或地区对主体规模和交易规模申报标准的具体规定形式多样，差异明显。

1. 主体视角判断

主体视角是指根据申报时参与集中的经营者自身的情况作为申报标准。

各辖区普遍的做法是从不同角度进行诠释。

第一，地域标准。区分经营者在境内市场与全球市场的不同情况，比如我国分别规定了境内营业额、全球营业额两类标准。

第二，主体视角下又可以细分为多种标准，大体分为绝对指标和相对指标。比如营业额、资产额、估值、市场份额。营业额、资产额、估值是绝对指标，相对客观、直观，但在实践中常常涉及计算的复杂性。比如《欧盟并购条例》第5条第1款对营业额的解释为，相关企业在上一财务年度通过出售产品和提供服务等日常活动获得的款额，在扣除销售回扣、增值税以及其他直接与营业额有关的税款后的净值。[1]为此，欧盟委员会的"管辖权通告"进一步详细地解释了营业额。此外还规定了参与集中的经营者之间发生交易时营业额的计算方法，税收的特殊处理等问题。[2]而资产类型丰富，实物资产、无形资产在会计上的备选方案多，导致计价不确定；以估值作为主体规模指标的合理性在于，能够反映企业的市场潜力，某些经营者即期的资产额、营业额或许不高，但有强劲的发展动力和态势，市场会给予高估值。但正由于这是对"未来"的期待，伴随的是市场风险、商业风险，所以估值的标准难以客观统一，依赖于主观认识而且波动大。市场份额是一个相对概念，是指参与集中的经营者的营业额在本国相关市场总营业额的比例。如我国台湾地区"公平交易法"规定的申报标准是，结合后企业的市场份额达到1/3，或者参加结合的一个企业上一营业年度的市场销售额达到反垄断执法机构规定的标准。[3]与营业额、资产额、估值等绝对数值标准相比，市场份额与市场势力的关系更为直接，与集中审查的原理更为接近；但是实际操作难度较大，首先必须合理界定相关市场，再取得全国总营业额数据，据以计算市场份额。更为复杂的是，可能有多个指标用以判断市场份额，比如在平台领域有商品交易总额（Gross Merchandise Volume，GMV）、收入额、用户数等，计算方法各有不同。界定相关市场是一项复杂的工作，作为一

---

〔1〕 Council Regulation（EC）No 139/2004 of 20 January 2004 on the control of concentrations between undertakings（the EC Merger Regulation），OJ L 24/1，29 January 2004，Article 5（1）.

〔2〕 直接涉及营业额的税款，是指与营业额有联系的间接税，如酒精税或香烟税。See Commission Consolidated Jurisdictional Notice under Council Regulation（EC）No 139/2004 on the control of concentrations between undertakings，OJ C 95，16 April 2008，para. 166.

〔3〕 参见方小敏："经营者集中申报标准研究"，载《法商研究》2008年第3期。

种初步筛查机制，这个指标对经营者而言准确度低而成本过高，可操作性不强。

第三，强调参与集中的多主体合计的市场力量，而非单一主体的市场力量。如前述我国的申报标准，规定了参与集中的经营者在全球、中国境内营业额的规则，特别强调"其中至少两个经营者上一会计年度在中国境内的营业额均超过 4 亿元人民币"，也就是多主体的经济合力。又如《欧盟并购条例》[1]第 1 条第 2 款规定，符合下列条件的集中行为被判断为具有"共同体规模"，应当申报：（1）所有参与集中的经营者全球年度营业额之和超过 50 亿欧元；（2）参与集中的经营者中至少有两家经营者在欧盟范围内的年度营业额的总和超过 2.5 亿欧元，除非其中任意一家经营者在欧盟范围内的年度营业额的 2/3 以上都是在同一个成员国中产生。第 3 款进而规定了不满足第 2 款的条件时依然适用的条件：（1）所有参与集中的经营者，全球年度营业额之和超过 25 亿欧元；（2）所有参与集中的经营者，在至少三个欧盟成员国中每个国家的年度营业额之和超过 1 亿欧元；（3）所有参与集中的经营者中，至少有两家经营者在至少三个欧盟成员国的每个国家中，每家经营者的年度营业额均超过 2500 万欧元；（4）所有参与集中的经营者中，至少有两家经营者中的每一家在欧盟范围内的年度营业额均超过 1 亿欧元。除非参与集中的经营者中，每一家经营者在欧盟范围内年度营业额的 2/3 以上都是在同一个成员国中实现的。这符合传统经济下的规制理念，即关注因集中而导致市场竞争格局的变化，认为参与合并的各方或者多方达到一定规模，这种集中带来竞争风险的概率较高。

2. 交易规模视角判断

交易规模标准是以集中的对价作为判断标准，执法机构重点关注并购交易本身在相关市场中带来的影响。交易额反映了交易双方对标的价值的认识，交易规模大，对市场的竞争影响更大。至于如何认定交易规模，则相对复杂。比如可以根据交易完成后经营者在相关市场的市场份额，即相对数值来认定；也可以根据绝对数值来判断交易对价，如通过交易金额来认定。例如《德国反限制竞争法》第 35 条新增两个启动集中审查的情形，其中之一是交易价格

---

〔1〕 Council Regulation (EC) No 139/2004 of 20 January 2004 on the control of concentrations between undertakings (the EC Merger Regulation), OJ L 24/1, 29 January 2004.

超过 4 亿欧元。[1]适用交易规模标准的难点在于交易的计价方式灵活多样，难以计量。比如期权具有不确定性，或者以专利免费使用权作为对价的一部分，很难计价。故此，单纯适用交易规模标准的法域不多，大多与主体规模标准综合适用。

3. 主体规模与交易规模相结合的多元标准判断

当前各司法辖区普遍适用多元标准，从不同角度规定申报门槛，使各项指标互为补充、相互影响和印证。在多重标准的层层筛选下，能够更加细致准确地锁定需要申报的交易。总结各司法辖区的经验，对并购申报标准的组合分为两种情况。

一是或有情形，即在多元标准下，所有的条件都是并列关系，只要有一类达到申报标准，无论其属于主体规模还是交易规模，都触发申报义务。也就是说，任何一项申报标准都是申报的充分条件。

二是复合情形，即交易所涉及的主体或交易规模同时达到申报门槛时，才需要向反垄断机构进行申报，这是当前大部分司法辖区实践的标准。在这类情形下，每一个申报标准都是并购申报的必要而非充分条件，即相互补充、缺一不可。其中有主体规模与交易规模复合的规定，如美国 2000 年 HSR 改革法规定，所有符合商业标准[2]的并购才可能需要申报，进一步根据当事人规模标准（the Size-of-the Parties Test）、交易规模标准（the Size-of-transaction Test）判断申报义务。[3]根据 HSR 法案及 2022 年 1 月 24 日最新调整[4]之后的申报标准是，获得证券或资产，符合以下两种情况的必须进行申报：（1）并购交易标的额超过 4.039 亿美元的必须申报。（2）标的额超过 1.01 亿美元小于等于 4.039 亿美元，一方的总资产或年度销售额大于等于 2.02 亿美元，且另一方的总资产或年度销售额大于等于 2020 万美元，则需要申报。在其他法

---

〔1〕　参见仲春："我国数字经济领域经营者集中审查制度的检视与完善"，载《法学评论》2021年第4期。

〔2〕　根据 2000 年 HSR 改革法，商业标准是指收购方或被收购方必须从事美国州际商业或影响美国州际商业的活动，这里的商业是指美国各州之间或美国与外国之间的贸易或商业。只有符合商业标准的并购才可能需要履行 HSR 法案规定的申报义务。

〔3〕　See 15 U. S. C. § 18a (2000).

〔4〕　FTC Announces Annual Update of Size of Transaction Thresholds for Premerger Notification Filings and Interlocking Directorates (Jan. 26, 2022), available at https://www.ftc.gov/news-events/press-releases/2022/01/ftc-announces-annual-update-size-transaction-thresholds-premerger.

域还有主体规模标准内部小类别的复合模式的立法例，如营业额与资产额的复合标准。

(三) 多维度标准的比较分析

申报指标的设计需重点考虑两个因素，一是参考指标的选取，二是数据标准的确定。从参考指标的特性来看各有优劣：营业额、资产额两个指标具有便捷性和确定性，一般从会计资料就可获知；这两个主体指标能够较大程度代表集中企业的经济实力，但有时这两个指标所反映的结论可能有显著偏差。比如轻资产类企业的营业额可能很高但资产额低，同时也有资产额高但营业额低的情况。市场份额标准通过企业在相关市场的市场势力来判断其市场地位，这种相对指标对市场影响力的辨识度比较高。根据我国 2007 年《反垄断法》第 19 条第 1 款的相关规定，市场份额可以用于推定市场支配地位。[1] 不仅如此，在经营者集中的实质审查中，衡量相关市场集中度的 HHI 指数与 CRn 指数均以相关市场主体的市场份额为基础进行计算。可见，市场份额是一项公认的能够反映相关企业市场力量的经济指标。但界定相关市场需要翔实的数据，另外不确定性较高，作为申报门槛有可能加重义务人的负担。交易额标准可以直接反映集中的规模和影响，但可能因集中参与方的道德风险问题而失灵，比如通过降低名义交易额以规避审查。

总体而言，单一指标的局限性比较明显，采取复合指标不失为一种解决方案。大多数法域采用复合指标的模式，但我国反垄断法受欧盟法影响较多，采取了营业额单一指标。指标一元化的优点是判断标准简单，易于识别。缺点是过于简单，难以全面反映集中的竞争影响。复合性指标可以兼顾总量和结构两个维度，关注并购企业的总体市场势力变化。最常见的有两种形式，一是同时规定所有参与并购企业境内总营业额（资产额）标准和至少两家参与并购企业境内营业额（资产额）标准；二是同时规定营业额（资产额）和交易额。

通过这样的组合，既可以更为细致地甄选反垄断交易，从而节约反垄断机构稀缺的执法资源，又能够降低并购企业的申报成本，避免一些无实质影

---

〔1〕 我国 2007 年《反垄断法》第 19 条第 1 款规定，有下列情形之一的，可以推定经营者具有市场支配地位：（一）一个经营者在相关市场的市场份额达到二分之一的；（二）两个经营者在相关市场的市场份额合计达到三分之二的；（三）三个经营者在相关市场的市场份额合计达到四分之三的。

响的集中审查而增加反垄断机构的负担。

二、数字经济背景下申报标准的矫正

如本书第一章所述，各主要法域对数字经济的挑战给予高度重视，纷纷立法以阻止扼杀性收购妨害创新。

（一）欧盟

前文已述，欧盟有关申报标准采用营业额一元标准，区分全球营业额和欧盟范围内的营业额。此外，将金融和数字领域作为特殊行业做了专门规定。其中《数字市场法案》[1]对"守门人"的集中施加了无差别申报义务，具体来说有以下几个层次。

第一，界定了该法案有关的重要定义，具体包括：

（1）"守门人"，是指根据第3条指定的核心平台服务提供商；

（2）"核心平台服务"，指以下任何一项：（a）线上中介服务；（b）网络搜索引擎；（c）社交网络；（d）视频分享平台；（e）数字独立人际电子通信服务；（f）操作系统；（g）云服务；（h）与上述一个或多个核心平台服务相联系的广告服务。

第二，规定了"守门人"的认定和推定两种规则。根据《数字市场法案》第3条，其一，核心平台服务的提供者应当被认定为"守门人"，如果：（1）具有对欧盟内部市场产生重大影响的规模；（2）运营的核心平台服务是企业用户接触终端用户的重要通道；以及（3）享有（或者短期可预见享有）稳固且持久的地位。其二，核心平台服务的提供者应当被推定为"守门人"，如果满足：（1）该经营者在过去三个财务年度在欧洲经济区实现的年营业额等于或高于65亿欧元，或在上一财务年度的平均市值或等值公平市场价值至少达到650亿欧元，并在至少三个成员国提供核心平台服务；（2）该经营者提供的核心平台服务在上一财务年度拥有在欧盟建立或位于欧盟内的月活跃终端用户超过4500万，且拥有在欧盟内建立的年活跃企业用户超过1万；（3）在过去三个财务年度中的每个年度均满足了上述第二条重要通道的门槛。

第三，"守门人"的集中申报义务。根据《数字市场法案》第12条，其

---

〔1〕 Digital Markets Act（Dec. 10, 2021），available at https://www. europarl. europa. eu/RegData/etudes/BRIE/2021/690589/EPRS_BRI（2021）690589_EN. pdf.

一，如"守门人"拟进行第 139/2004 号并购条例第 3 条意义上的集中，且该集中涉及另一核心平台服务提供者或在数字领域提供任何其他服务的服务提供者，"守门人"应当通知欧盟委员会，无论该集中是否应当依据第 139/2004 号条例向欧盟竞争主管机构或依据国家并购规则向国家竞争主管机构进行申报。"守门人"应在协议实施前、协议签订后、公开招标公告后或控股权收购后，将此类集中情况通知欧盟委员会。其二，根据第 1 款发出的通知应至少说明收购目标的欧盟经济区和全球年营业额，任何相关核心平台服务的欧盟经济区年营业额，年度活跃商业用户数量和月度活跃最终用户数量，以及意图集中的原理。其三，如果在第 1 款规定的任何集中之后，额外的核心平台服务单独满足第 3 条第 2 款（b）项中的标准，相关"守门人"应在实施集中后 3 个月内通知欧盟委员会，并向欧盟委员会提供第 3 条第 2 款所述信息。

据此，欧盟在数字领域的经营者集中呈现出以下特点：第一，欧盟委员会以主体规模为标准，将数字领域的经营者区分为"守门人"和其他经营者；第二，在主体规模标准方面，突破了原有的营业额单一标准，根据不同类型的平台增加了市值、活跃用户数的指标，以判断经营者作为主体是否适格；第三，以单方市场力量取代既有的"合计"判断路径。根据《欧盟并购条例》第 1 条第 2 款和第 3 款的规定，营业额指标中的具体金额是指参与集中经营者的营业额之和，也就是关注集中所产生的市场力量变化。如果是大企业并购一个营业额非常低的企业则不需要申报。但根据欧盟《数字市场法案》的规定，只要收购方被认定为"守门人"，便对"守门人"课以无差别的申报义务，也就是说不考察交易对方的情况，"守门人"都有申报义务。

综上所述，欧盟《数字市场法案》建立了以"守门人"为中心的制度安排，突破了反垄断法原有的框架和基本逻辑，更强调规制"守门人"的"市场行为"，而非"市场结构"变化，这与数字经济的特点密不可分。其中关于经营者集中的核心考量是"守门人"对初创企业的扼杀式并购，为此需要超越营业额指标，摒弃既有的市场势力"总和"思路，对未达到申报阈值的收购进行审查。为保证"守门人"履行申报义务，进一步规定对违法处罚的上限是经营者上一财政年度总营业额 1% 的罚款，对于超大型平台企业而言，这将是一个巨大的数字。

（二）美国

美国众议院司法委员会于 2020 年 10 月颁布的《数字市场竞争调查报告》曾指出，受到大型数字平台（GAFA）[1] 并购的影响，近年来美国初创型企业数量急剧减少，创业率随之大幅下降，为应对此类"扼杀性收购"，美国众议院于 2021 年 6 月表决通过了 4 项与超级平台企业（Covered Platform）[2] 直接相关的法案，其中《平台竞争和机会法案》[3] 对超级平台的并购行为做了专门规定。

与欧盟规则的结构不同，《平台竞争和机会法案》分为三个层次：首先是超级平台的违法收购行为和例外；其次规定了超级平台的认定条件；最后是超级平台的认定程序。具体内容如下。

1. 违法收购行为及其例外

（a）违法行为：超级平台经营者直接或间接实施以下收购活动是违法的：（1）（购买）从事商业或其他任何活动而影响商业的另一主体的全部或部分股份或其他资本；或者（2）（购买）从事商业或其他任何活动而影响商业的另一主体的全部或部分资产。

（b）除外规定：如果实施收购的超级平台经营者给出明确且可信的证据证明，则不构成违反本节（a）项的规定：（1）收购系《克莱顿法》第 7A（c）节所述交易；或者（2）被收购的资产或被收购股票的发行人不存在下列情形：

（i）与超级平台竞争或与超级平台经营者就销售或提供任何产品或服务相竞争；

（ii）与超级平台或与超级平台经营者就销售或提供任何产品或服务方面构成新生或潜在的竞争；

（iii）提高或增强超级平台或超级平台经营者在销售或提供超级平台上提

---

〔1〕　指谷歌（Google）、亚马逊（Amazon）、脸书（Facebook，现更名为 Meta）、苹果（Apple）4 个超大型数字企业。

〔2〕　原文 Covered Platform 意为"本法案所称平台"，根据法案中对所涉平台的界定，笔者意译为"超级平台"。

〔3〕　Platform Competition and Opportunity Act，available at https：//www. congress. gov/bill/117thcong-ress/house-bill/3826/text.

供的或与超级平台直接相关的任何产品或服务方面的市场地位；或者

（iv）提高或增强超级平台或超级平台经营者在销售或提供超级平台上提供的或与超级平台直接相关的任何产品或服务方面维持其市场地位的能力。

（c）用户注意力：就本法案的目的而言，是为了"销售或提供任何产品或服务"而进行的竞争、新兴竞争或潜在竞争包括针对用户注意力的竞争。

（d）数据的作用：就本法案的目的而言，导致可访问额外数据的收购可能只会提高、增强或维持超级平台的市场地位。

2. 超级平台的认定条件

超级平台指符合以下条件的在线平台：

（1）已根据第 4 节（a）条被确定为超级平台；或者

（2）符合如下条件的在线平台：

（A）在 FTC 或 DOJ 根据第 4 节（a）条认定时，或此前任何 12 个月内，或被起诉违反该法案之前的任何 12 个月内：在美国至少有 50 000 000 名月活跃用户；或者在美国至少有 100 000 个月活跃企业用户；

（B）在 FTC 或 DOJ 根据第 4 节（a）条认定时或此前任何 2 年内，或被起诉违反该法案之前的任何 2 年内，由年销售额或市值超过 600 000 000 000 美元（根据消费者物价指数调整通货膨胀）的主体拥有或控制；以及

（C）是销售或提供在涵盖平台上交易或与涵盖平台直接相关的任何产品或服务的关键贸易伙伴。

3. 超级平台的认定程序

由 FTC 和 DOJ 根据上述条件认定超级平台后，应当以书面形式在联邦公报上发布；除非 FTC 或 DOJ 根据法定条件和程序取消该认定，否则无论所涉平台的控制权或所有权发生任何变化，认定结果在发布后的 10 年内均有效。

美国有关超级平台的并购规则有以下特征：第一，对超级平台的认定适用主体规模标准，包括销售额、市值、月活用户数。第二，在并购交易方面关注两个问题：一是对既有或潜在竞争的削弱甚至消除，二是并购加强超级平台在相关业务领域的市场地位或增强维持其市场地位的能力。对此实行举证责任倒置，由超级平台证明并购交易并不妨害竞争。第三，在竞争分析要素方面，专门规定了平台经济所特有的注意力和数据的重要性，这也将是未来执法的重点。

（三）中国

我国对平台领域的审查思路集中体现在《平台反垄断指南》第四章，具体有以下几个方面值得关注。

第一，拓宽审查启动路径，建立多层次的审查体系，特别是对平台经济领域的集中实行自愿申报。审查启动路径分为三个层次：一是达到营业额申报标准的经营者有主动申报义务；二是在有初步证据的前提下，反垄断执法机构依职权主动调查；三是经营者可以就未达申报标准的集中主动申报。[1]

第二，恪守营业额一元申报标准。我国的审查逻辑依然遵守《申报标准的规定》设置的框架，申报的前提是认定平台（数字）经营者的营业额。鉴于平台领域的复杂性、特殊性，《平台反垄断指南》第18条第1款指出营业额的范畴和计算方法："在平台经济领域，经营者的营业额包括其销售商品和提供服务所获得的收入。根据行业惯例、收费方式、商业模式、平台经营者的作用等不同，营业额的计算可能有所区别。对于仅提供信息匹配、收取佣金等服务费的平台经营者，可以按照平台所收取的服务费及平台其他收入计算营业额；平台经营者具体参与平台一侧市场竞争或者发挥主导作用的，还可以计算平台所涉交易金额。"据此，《平台反垄断指南》尝试根据平台的行业习惯、商业模式等区别设计营业额的计算方法。此外，上述自愿申报规则可以理解为，该指南制定者认识到在平台领域适用营业额标准存在现实问题，一是计算方法复杂；二是由于行业的特殊性，营业额标准这种单一指标并不能全面涵盖对市场竞争产生的影响的评价，导致筛查容易发生假阴性错误。但由于现行法规定如此，《平台反垄断指南》并未增加其他的申报标准，可以说，依然是在"营业额"一元标准下寻求改进措施。

第三，高度关注初创企业收购。《平台反垄断指南》第19条第3款明确提出，"国务院反垄断执法机构高度关注参与集中的一方经营者为初创企业或者新兴平台、参与集中的经营者因采取免费或者低价模式导致营业额较低、相关市场集中度较高、参与竞争者数量较少等类型的平台经济领域的经营者集中，对未达到申报标准但具有或者可能具有排除、限制竞争效果的，国务院反垄断执法机构将依法进行调查处理"。结合上述营业额标准的局限性，特别强

---

〔1〕　分别参见《平台反垄断指南》第18条第2款，第19条第1款、第2款。

调执法机构对收购初创企业有主动调查权。有数据显示，在全球共计 586 家独角兽公司[1]中，腾讯投资 52 家，占比近 10%；阿里系（阿里、蚂蚁、云锋）投资了 44 家。[2]根据国家市场监督管理总局披露的案件统计数据（详见表5-3 中国经营者集中违法案件处罚情况所示），在已查处的应申报未申报的违法案件中，腾讯、阿里涉案占比较大；结合其他已申报并批准的公告案件，其总计远不及上述数据，而这仅限于对独角兽的投资，还有更多其他的交易行为。这说明其中大量集中是未申报的，有可能因为不能认定为集中，也可能因为一项集中并未达到营业额申报标准。可见，在现行营业额申报标准下，很多对初创企业的并购并未纳入审查范围，完善适合平台领域集中的申报标准具有现实迫切性。

欧美有关数字平台行业的并购规则，最显著的特征是将其作为一个特殊领域予以规制，这种特殊性并非体现在参考指标是单一的还是复合的，阈值高还是低，本质上是底层逻辑不同。在传统的并购规则中，关注的是集中实施以后的市场力量变化，比如欧盟法中表述的"营业额之和"，美国法中要求一方的总资产或年度销售额达到 X 美元，"且"另一方的总资产或年度销售额达到 X 美元，[3]这是一种结构主义的思维理念。但在数字平台并购上，更强调并购方的主体地位与并购后竞争影响之间的关系，因为是"守门人"、是超级平台，所以在并购规则上有特别规定。笔者认为，这是平台的公共性所导致的，[4]营业额、活跃用户数、市值等指标都是用以判断收购方是否适格的标准。正因如此，交易额指标并不重要。

这种特殊性的第二个重要表现是，强调减损"潜在竞争"的集中。从传统领域的申报标准来看，关注的是"强强联合"，也就是收购方、被收购方都要达到一定规模才需要申报。比如欧盟法规定的"每家经营者的年度营业额均超过 2500 万欧元"；美国法规定的"且另一方的总资产或年度销售额大于等于 2020 万美元"；中国法规定的"并且其中至少两个经营者上一会计年度

---

[1] 通常指创立时间短但有很强的发展潜力、估值较高的企业，具体估值在资本市场的指标各有不同，通常是 10 亿美元。参见陈靖等："独角兽企业的兴起：典型事实和驱动因素"，载《上海金融》2019 年第 2 期。

[2] 参见陶娟："收割者：腾讯阿里的 20 万亿生态圈"，载 http://www.xcf.cn/article/5f929c8a2 54b11ebbf3cd4c9efcfdeca.html，最后访问日期：2021 年 12 月 10 日。

[3] 因美国实行动态指标，每年有所调整；且此处论题与金额无关，故用"X"代替。

[4] 参见张晨颖："公共性视角下的互联网平台反垄断规制"，载《法学研究》2021 年第 4 期。

在中国境内的营业额均超过 4 亿元人民币"。针对数字平台领域中对初创企业的收购，往往因为被收购方尚不能达到法定的规模标准而排除在监管之外。

新经济领域的影响是全球化的，跨国并购往往引发连锁反应，而各法域的资源禀赋、人口条件、经济形势、市场结构、竞争状况各有不同。对经营者集中进行审查是维护本国市场经济秩序的重要手段，在修订申报标准时，应当充分认识到平台经济、数字经济的特殊性，制定行之有效的规则。

三、我国经营者集中申报标准之重构

经过实践反馈，现行申报标准暴露出以下三个方面的问题：一是参考指标单一，难以全面反应经营者集中的竞争影响；二是营业额标准阈值固化，无法有效发挥"筛查"功能，增加企业负担和行政成本；三是现行申报机制和申报标准不能应对数字平台领域的新挑战。《"十四五"市场监管现代化规划》指出，要"完善经营者集中审查制度，加快修订《申报标准的规定》，科学优化申报标准，提高审查质效"。为此，有必要对申报标准规则进行体系化的分析完善。

（一）申报标准与执法目标的辩证关系

以目前国际上通行的做法来看，经营者集中审查属于事前监管。根据反垄断经济学理论，其目的是通过事前审查，防止两类公共性成本：一是集中后导致单边效应、协同效应及可能出现的垄断行为带来的竞争损害，给市场造成损失；二是为应对排除、限制竞争后果，对集中进行控制所带来的高成本，这种成本既是企业成本也是社会成本。成本的对立面是集中所产生的社会福利。从成本收益的角度来看，如果对交易进行调查的成本过高，这种制度设计本身就是无效率的。

反垄断执法机构如何在信息不对称的情况下，大概率地有效识别那些存在竞争风险的集中，并对之采取干预措施就极为重要。一般理论认为，经营者的规模越大，其参与的集中对市场竞争的影响越大。通过前述分析可知，无论是在传统经济领域，还是数字平台经济领域，这一结论都是确定的。因此，设定申报标准的目的就是实现有效筛查，一方面，如果申报门槛金额设置过高，进入审查范围的集中较少，部分有竞争损害的集中不能受到审查，会降低社会总福利水平；另一方面，如果申报门槛过低，会使得很多不可能产生竞争损害的集中受到审查，从而降低企业的商业效率，增加行政成本，

浪费社会资源，最终同样会降低总福利水平。这种成本效益相权衡的思想，将对设定合理的申报门槛产生重要影响。

要将这种定性的认识量化，形成可识别的标准，就需要设置一系列参数。通常从两个层面评估申报规则，一是申报机制，即适用强制申报还是自愿申报；二是申报标准，包括参考指标类别及其具体数据标准。在申报机制方面，有学者通过经济分析模型得出结论，对外开放程度、政府效率、审查成本对申报机制选择有显著影响，人均 GDP、开放程度、政府有效性、申报审查期限的影响显著性相对较弱。对违法行为制裁力度越大，在强制申报制度下对违法集中的震慑效应越强。在指标选择方面，GDP 水平、主体规模对申报标准选择的影响非常显著。[1]

从国家统计局公布的数据来看，我国 GDP 总量连年增长（如表 3-2 所示），除 2020 年、2021 年因疫情影响浮动较大以外，其他年份呈现阶段性稳定增长的态势。从经营者集中案件的申报数、审结数来看，有 13 个完整年度数据，大多年份增长率较高，申报数中呈两位数增长的有 6 个年份，审结数中呈两位数增长的有 8 个年份，但走势波动较大，甚至是正负波动。另外，以 2009 年、2021 年两个静态时间点观察，GDP 的增长率与案件申报数之间的倍比关系有较大差距，从图 3-1 显示的动态增长率来看，案件申报数与 GDP 的走势没有明显关联性。因此，笔者认为，随着一国经济发展，企业规模和经营规模都会相应扩大，在申报标准不变的情况下——无论这种标准是主体标准还是交易额标准——案件量必然增加。但若以 GDP 代表经济水平来推论申报标准提高的幅度，这之间的因果关系还需要充分论证。当然还有一种可能的解释，就是原本设计的申报标准（营业额指标及其具体的门槛值）不能够直观反映 GDP 水平。

表 3-2　中国 GDP、集中案件申报数、审结数及其增长率

年份	GDP/万亿元	GDP 增长率	集中案件申报数/件	申报增长率	集中案件审结数/件	审结增长率
2008	31.40	—	17（自 2008 年8 月 1 日始）	—	17	—
2009	34.05	9.40%	77	—[2]	77	—

〔1〕 参见董维刚、张昕竹："中国企业并购申报制度设计"，载《中国工业经济》2008 年第 8 期。

〔2〕 由于 2008 年经营者集中审查非完整年度，第一个完整年度是 2009 年，故案件申报数、审结数的增长率自 2010 年开始计算。

续表

年份	GDP/万亿元	GDP 增长率	集中案件申报数/件	申报增长率	集中案件审结数/件	审结增长率
2010	39.80	10.64%	136	76.62%	114	48.05%
2011	47.31	9.55%	205	50.74%	168	47.37%
2012	51.93	7.86%	207	0.97%	164	−2.38%
2013	56.88	7.77%	224	8.21%	207	26.22%
2014	63.65	7.30%	262	16.96%	245	18.36%
2015	68.91	6.91%	344	31.30%	332	35.51%
2016	74.41	6.74%	378	9.88%	395	18.98%
2017	82.71	6.76%	402	6.35%	346	−12.41%
2018	90.03	6.75%	513	27.36%	468	35.26%
2019	99.09	6.11%	503	−1.95%	465	−0.64%
2020	101.36	2.29%	520	3.38%	473	1.72%
2021	114.37	12.84%	824	58.46%	723	52.85%

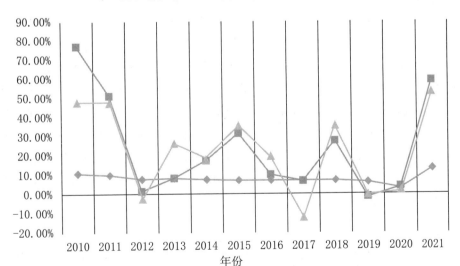

图 3-1 GDP 增长率、集中案件申报增长率、集中案件审结增长率

（二）申报标准设定的基本原则

1. 有效性原则

设置申报标准是经营者集中行政执法的第一个节点，行政执法中适用比例原则的重点在于将合比例性的分析思路、分析方法应用于行政执法的全过程。具体到经营者集中来说，是行政裁量的有效性。设定经营者集中申报标准的定位在于筛选和风险预警，旨在通过一个显性指标，来衡量集中企业的市场势力等水平，快速高效地识别出可能损害市场竞争，因而应当通过后续实质审查予以关注的经营者集中行为。因此，经营者集中申报标准既要有效地过滤掉大量无竞争损害的集中，又能让经营者、执法者方便地参照以进行自我判断。因此，应当通过经济学分析等方法，更为全面地评估申报标准的综合效应，找到成本与收益的最佳平衡点。

2. 谦抑性原则

申报制度的定位，是一种发现风险的机制，是初步判断潜在风险，而非实质审查。在申报标准环节相较于实质审查要更注重效率，节约制度的运行成本。在执法机构的角度，行政执法对市场的干预应当秉持谦抑的基本原则，首要的是认可集中产生的规模效应和资源整合优势，坚持以市场自由竞争为主导，不因执法给企业造成过重负担，更不能导致市场竞争扭曲。我国以事前强制申报为原则，以主动调查为补充。一方面，作为补充的手段，只有当未达标准的申报具有或者可能具有排除、限制竞争效果时，执法机构才可以行使主动调查权，其定位是兜底性的制度安排，一定不是常态的。否则就说明申报标准本身的设置是不科学、不合理的。另一方面，行使调查权时要有法定事由。根据《反垄断法（修正草案）》第26条第2款规定，执法机构启动调查以"有证据证明"作为前置条件，执法机构对此有举证责任。这种证明责任体现为，调查时至少要有足以证明集中"可能"具有排除、限制竞争效果的证据，否则经营者不承担配合调查的义务。

3. 简明原则

在指标选取方面，类型不宜过多，概念上不应产生歧义。从风险发现机制的角度而言，应当选择因为集中行为而产生市场竞争潜在威胁的指标，这种因果关系成立才符合集中审查的底层逻辑。而申报标准作为初筛机制，也不适宜在这种初始环节分类过多、过细。因此，在制定申报标准时，不区分横向、纵向还是混合集中，执行统一的申报标准。事实上，从结构主义的观点出发，这三类集中的市场集中度后果是不同的。故而，无论从风险视角还是成本视角考虑，对这三类集中的审查应当有所区别。立法和执法层面对此均有所回应。对于符合《经营者集中审查暂行规定》第17条规定的情形之集中，[1]设立了简易申报和简易审查规则。这种系统化的制度体系，很好地平衡了申报标准的简明原则和执法审查的比例原则。

4. 确定性原则

在已经明确参考指标类型的基础上，具体标准的计算范畴应当清晰、明确，以确保计算结果具有确定性。比如哪些税费应当剔除；当申报指标根据会计准则的规定有多个备选方案的情况下，选择计算结果更小的方案还是平均值等。从这个意义上讲，确定性反过来也是影响参考指标选取的重要考量方面，如果某个指标的不确定性大，就可能导致义务人误判，也会增加执法机构和经营者的沟通成本。

5. 可操作原则

为了不过多增加企业的负担，也使执法机构对资料的真实性进行有效审查，申报指标应当易于获取、具备一定的透明度。销售额、资产额、市值这类绝对指标相对客观、易得，从企业的会计报告可以得到这些信息。另外，正是因为这是企业日常经营所必需的会计资料，一方面不会增加企业的负担，另一方面数据相对完备、可追溯性较好，易于做历史比对。无论是对数据真实性确认，还是做市场竞争状况评估，都是较好的选择。而相对指标，比如市场份额，虽然可以直观看到市场结构、集中度等指标，能够比较显著地体现企业的市场力量、市场竞争情况。但是由于需要先界定相关市场，操作上过于复杂且具有不确定性，不宜在初筛环节作为申报指标。

---

〔1〕《经营者集中审查暂行规定》第17条第1项规定，"符合下列情形之一的，经营者可以作为简易案件申报，市场监管总局按照简易案件程序进行审查：（一）在同一相关市场，参与集中的经营者所占的市场份额之和小于百分之十五；在上下游市场，参与集中的经营者所占的市场份额均小于百分之二十五；不在同一相关市场也不存在上下游关系的参与集中的经营者，在与交易有关的每个市场所占的市场份额均小于百分之二十五……"

　　另外，从合理性方面考虑，不同行业的特点会直接反映于经济指标，比如同属工业的飞机制造和制鞋，在营业额方面就不具有可比性；但如果细化行业特征，就会使申报标准的颗粒度难以把握，标准过于繁琐以致不具有可操作性。因此，除非极其特殊的行业，在申报标准阶段不宜作区分。

　　（三）申报标准的设定

　　针对申报标准的三个问题，在标准设定方面应当结合上述原则增加参考指标，实行多元标准；此外，建立数据指标的动态调整机制，以避免因固化产生的不适应性和行政无效率；还需要回应数字经济的新挑战。

　　1. 构建多元申报指标

　　单一指标的优势是简单明了，但缺点是过于单一，对企业经济力进行解读的视角不够全面，容易导致漏报。如前所述，由于企业所处的发展阶段不同、行业特征不同，经济影响力的表现形式是多样的，而营业额指标只是其中的一个角度，单一的申报指标无法适应不同行业的发展特征。为了更好地适应经济环境的结构性变化，应当在现行申报标准之外引入新的参考指标，尽量以更多且简洁直观的信息覆盖指标体系。

　　在指标选取方面，不宜选取市场份额、交易额指标，因为市场份额是相对指标，计算复杂且具有不确定性，不宜作为初选标准。此外，由于平台具有显著的网络效应，市场份额难以准确反映交易主体的市场影响力。在绝对指标中，宜适用主体规模标准，相对客观、量化、数据易获取，对经济状况的解释力较强。而应当慎用交易额标准，主要有以下两个原因：一是交易规则比较复杂，事实上交易额难以确定，在执法机构的角度来看也不易审查。比如附生效条件的交易，或者以非货币形式支付交易对价的情况。二是如果以交易额为指标，则被人为调整的可能性相对较大，特别是临界点上下的交易。交易额是集中方协商一致的结果，从原理上讲，双方会从各自的立场争取一个合理价格，竞价能够充分发挥市场的调节作用，降低故意低估交易额的可能性。但是，由于行政机关可能经审查作出对经营者不利的决定，比如禁止集中或者附加限制性条件，为了顺利实施集中，经营者就有动机合谋规避法律，逃避反垄断审查。

　　在诸多衡量主体规模的绝对指标中，营业额、资产额、市值等能够体现经营者的市场力量，都适合作为申报指标。这些指标之间相互独立、互不统属、互为补充，在适用时，可以采用多元指标模式。具体来说，对营业额、资产额、市值分别设定各自的标准，如果经营者达到任何一个申报门槛，即应当履行申报义务。诚然，相对于目前单一的营业额标准，由判断一个指标到多元指标，必然会增加义务人的申报成本、执法机构的认定成本，但由于这些指标是客观数据，负担相对可控。选择资产额作为申报指标备选方案的原因有二，一是总资产与市场力量之间存在正相关关系。总资产能够体现企业规模与竞争力之间的关系，它与营业额可以在一定程度上相互替代。总资产指标更适用于识别重资产企业的经营者集中，而对于轻资产企业识别效果则并不显著。从申报成本来看，由于"资产"是企业会计报告中必需的科目，并不会增加额外负担。就逻辑意义来说，资产额、销售额也可以人为控制。但是，由于这些是会计报告中的科目，可溯性较好，在必要的情况下执法机构可以通过审查多年的历史数据以相互印证；如果发现异常情况，可以要求集中方予以说明。另外，我国《会计法》[1]《刑法》[2]都有关于会计资料真实性、完整性的规定，这在很大程度上会抑制义务人造假的可能性。

对市值指标，可以限制适用范围，仅对上市的公众公司采用这一标准，选取几个时点采集数据，计算平均市值。因此，综合运用营业额、资产额和市值标准，既能够对同一产业内部影响较大的集中作出识别，又可以避免遗漏对特殊集中的关注。

对于传统领域的集中，无论采用哪种标准，仍然适用于"合计"与"单计"两种模式，也就是说既考察参与集中各方的经济能力，又要关注集中以后的市场合力。

综合各种情形，以营业额、资产额、市值作为申报标准具有合理性和可行性。

---

〔1〕　我国《会计法》第 43 条第 1 款规定，"伪造、变造会计凭证、会计账簿，编制虚假财务会计报告，构成犯罪的，依法追究刑事责任"。第 44 条第 1 款规定，"隐匿或者故意销毁依法应当保存的会计凭证、会计账簿、财务会计报告，构成犯罪的，依法追究刑事责任"。

〔2〕　我国《刑法》第 162 条之一规定："隐匿或者故意销毁依法应当保存的会计凭证、会计账簿、财务会计报告，情节严重的，处五年以下有期徒刑或者拘役，并处或者单处二万元以上二十万元以下罚金。单位犯前款罪的，对单位判处罚金，并对其直接负责的主管人员和其他直接责任人员，依照前款的规定处罚。"

2. 建立指标的动态调整机制

制定申报标准需服从于经营者集中审查制度的目标，也就是通过事前预防机制发现，进而控制潜在市场力量的形成或者强化，以防止市场力量过度集中，维持市场合理的竞争结构。为此，行政法规和部门规章规定了在义务人申报之外执法机构有主动调查权，这是对行政机关赋予的"自由裁量权"。

审查制度合理性、有效性的判断标准是以最低的行政成本维护市场秩序。聚焦于申报标准规则，主动申报相对于主动调查更为经济。为此，在确定了申报参考指标之后，就要明确申报门槛的数据标准。从我国的反垄断实践来看，自 2008 年国务院确定集中申报标准以来没有变化。刚性指标的优点在于稳定性，但缺点同样突出，那就是刚性指标无法根据经济发展情况相应地调整申报标准，导致标准过低，将大量没有竞争风险的集中纳入审查范围，既增加了经营者负担，又浪费执法资源，审查效用减弱。以目前阈值所筛选出的案件数量逐年增多，从审查结果来看（详见表 4-3），无条件通过率达到 98.7%；特别是 2015 年以来，除个别年份外，无条件通过率都在99% 以上。与此同时，复杂类案件的审查期间较长，尤其是附加限制性条件案件的平均审查期分别为：结构性救济 189 天，行为性救济 203 天，综合性救济 284 天。其中，审查时长超过 180 天的案件占比为 53.85%，超过 300 天的案件占比 26.9%（详见图 4-6）。可见，大量的行政资源用于没有限制竞争后果的集中，必然影响对重点案件的审查效率。因此，建立指标的动态调整机制有现实必要性和迫切性。在实施过程中，有以下几个方面的问题需要注意。

第一，标准调整的对标选择方面。考虑到动态调整的目标是让量化的数据标准符合经济发展的客观实际，并且能够适应大部分应用场景，调整机制应当具有可预见性、周期性，能够反映宏观经济状况的整体变化情况。如前所述，从实际情况来看，GDP 水平与集中案件申报数的拟合度并不高。由于企业规模与竞争影响有很大的相关性，可以考虑适用国家统计局发布的具有公信力的数据，以规模以上企业总营业收入的变化水平或者营业收入增长率的均值变化作为经济发展的主要参数。[1]

　　第二，调整机制的实施主体方面。我国 2007 年《反垄断法》及国务院《申报标准的规定》设置了定量申报标准和执法自由裁量权相匹配的申报标准实施机制。根据 2007 年《反垄断法》第 21 条的规定，授权国务院制定申报标准；进而，国务院《申报标准的规定》第 3 条第 2 款授权反垄断执法机构会同国务院有关部门制定金融等特殊行业、领域的营业额计算办法。国务院颁布的该规定属于行政法规，根据 2017 年修订的《行政法规制定程序条例》第 38 条的规定，行政法规的制定、修改及废止程序适用该条例。据此，有关经营者集中申报标准的制定主体是国务院。2020 年 1 月公布的《反垄断法（征求意见稿）》第 24 条第 1 款规定，"经营者集中达到国务院反垄断执法机构规定的申报标准的，经营者应当事先向国务院反垄断执法机构申报，未申报的不得实施集中"。与 2007 年《反垄断法》第 21 条的表述相同。相较于该法新增了第 2 款，"国务院反垄断执法机构可以根据经济发展水平、行业规模等制定和修改申报标准，并及时向社会公布"。其后的《反垄断法（修正草案）》第 26 条则删除了第 2 款。对此，笔者认为由执法机构负责制定定量标准更为妥当。理由如下：首先，从申报制度的基本原理与制度规则体系来看，申报标准只是为了实现案件筛查的功能，是集中审查的第一步，在后续的实质审查中，各环节都会对经营者的权利义务产生实质性影响，因此申报标准本身并没有更加重要或复杂。聚焦于申报义务来看，影响要素除了申报标准还有认定"控制权"，对取得控制权以及营业额的范畴的理解都依据部门规章，故此，仅强调申报标准适用较高层次立法并无必要。其次，颁布定量的申报标准具有普遍约束力，是行政机关执法裁量权的重要体现。从申报机制

---

　　[1]　规模以上企业是一种统计指标，超过国家统计局规定的企业年主营业务收入标准的即为规模以上企业。国家统计局根据社会经济发展状况调整认定规模以上企业的年营业收入标准，2007 年至 2010 年的标准是年主营业务收入 500 万元（含）的工业企业，2011 年调整为年主营业务收入 2000 万元（含）以上的法人单位。在这一标准的基础上，根据企业的年主营业务收入情况实行动态调节，当年达到 2000 万元的进入统计范围，当年不足 2000 万元的不纳入统计范围。因此，这一指标是以企业的主营业务能力作为考察标准。当然，目前 2000 万元的标准与 2007 年《反垄断法》规定的 4 亿元营业额标准在计量口径、金额上差距较大。但因为规模以上企业的统计口径是一致的，这种历史同比的变化指标可以反映体量较大企业的变化情况，以这种"变化率"作为申报标准的调整参照是合理的。如国家统计局公布的 2021 年全国规模以上文化及相关产业企业营业收入信息，参见"2021 年全国规模以上文化及相关产业企业营业收入增长 16.0%，两年平均增长 8.9%"，载 http://www.stats.gov.cn/xxgk/sjfb/zxfb2020/202202/t20220208_1827252.html，最后访问日期：2022 年 1 月 31 日。

来看，无论定量规则如何细化、完善，仍然需要赋予执法机构以主动调查权力，来应对成文法规则不足。故此，执法机构在认定申报标准方面有实质性的裁量权。再次，对经济形势的判断和特定产业申报标准的制定，需要执法机构与行业主管部门的专业判断。根据美国 HSR 法案的规定，作为经营者集中审查的行政机关，联邦贸易委员会负责申报标准的调整事项。而国务院《申报标准的规定》第 3 条第 2 款的授权规则也说明授权于行政机关是现实可行的，也有先例。最后，经过十几年的执法实践，近 5000 个案件的经验积累，使执法机构有能力对此作出专业的判断。而且，随着国家反垄断局成立，也具备了工作体制机制上的可能性。国家反垄断局可以根据执法需要，会同有关行业部门制定、修改申报标准，以发挥市场监管与行业监管的合力。

第三，申报标准定量规则的普遍适用与特殊适用问题。从提高执法效能的角度，追求精细化是立法、执法的方向。对此，有学者提出应当区分行业和领域，可以将营业额行业系数（TIC）引入申报标准，以反映普通行业营业规模差异。[1]这种做法在理论上具备合理性，但实际操作存在困难。主要有两个原因，一是按照分级规则，任何一个行业可以分为众多子行业，作为一个"标准"，需要限定行业细化的程度并规则化；二是该做法将导致申报标准过于复杂，无论是经营者还是反垄断执法机构，都很难掌握并应用于实践。特别是在修改为多元化指标体系、动态定量标准模式的背景下，当前需要优先解决主要矛盾。在上述规则调试形成稳态之后，可以着手不断优化、细化特殊的申报标准。

第四，全面放开自愿申报机制。根据 2007 年《反垄断法》规定，集中申报以义务人事前强制申报为原则、执法机构主动调查为补充，《平台反垄断指南》第 19 条第 2 款提出经营者可以就未达到申报标准的集中主动申报，即在特殊领域下的自愿申报机制。虽然该指南不具有法律效力，只具有引导作用，但可以解读为国家反垄断委员会认为现行规则仍有完善的必要。从申报—审查机制的功能、当事人配合程度、成本效益分析等多个角度来看，主动申报要优于依职权调查。故而，将这一特殊领域的指引普适性应用于一般申报范

---

[1] 参见于晨："中国经营者集中申报标准的行业系数调整法"，载《吉林工商学院学报》2011年第 6 期。

畴大有裨益。这种全面放开有可能增加案件申报量，但总体成本可控。一是因为作为主动申报的案件，当事人的自觉程度较高，在资料的完备性上相对较好；二是我国经营者集中一直有商谈规则，[1]在这一环节可以起到过滤作用，真正进入申报阶段的案件只是其中一部分。

3. 设定适合数字经济的申报标准

大型平台企业的控制力体现在很多方面，比如基于其数据、流量和算法等对其他企业所具有的重要性和影响力，所以传统的股权比例、资产持有率等判断标准并不完全适应这一领域。如前所述，在申报参考标准方面，以主体规模为标准的绝对指标更为合理。在数字平台经济领域，可以设定集中一定期间内的营业额、市值、活跃用户数等多元指标。在标准适用规则上有其特殊性，具体从以下几个方面进行阐述。

第一，营业额标准具有不确定性。营业额反映了经营者产品或服务在市场上的认可程度，因而体量大小直接反映经营者集中后可能具有的市场势力。但是，在数字经济领域适用营业额标准的问题在于计算口径的不确定性更大，导致以营业额判断标准不具有显著性。《平台反垄断指南》第 18 条明确规定了平台经济领域经营者的营业额包括其销售商品和提供服务所获得的收入，并做了进一步阐释。根据这一条区分为两种情况，一是"仅提供信息匹配、收取佣金等服务费的平台经营者"；二是"平台经营者具体参与平台一侧市场竞争或者发挥主导作用的"。不同需求的用户聚集在一个平台上，在各种交互中实现各自的利益诉求。在这个过程中，平台与平台内竞争者的关系因平台类型、商业模式、经济力量对比等有所不同，规则意义上的"主导作用"在现实中难以类型化或者量化。

第二，营业额标准在数字经济领域的适用性弱。在数字经济领域，数据是最为重要的生产要素，但营业额指标无法反映数据的价值。此外，有些初创企业规模小、创新性强、发展潜力大，但营业额并不高。根据现行规则，这类集中常常游离于申报范围之外，不利于反垄断监管。比如 Facebook 收购 WhatsApp 的交易发生于 2014 年 10 月，彼时 WhatsApp 在欧盟境内的营业额仅为 770 万欧元，远未达到《欧盟并购条例》第 1 条第 2 款所规定的 2.5 亿欧

---

〔1〕《经营者集中审查暂行规定》第 10 条规定，"市场监管总局加强对经营者集中申报的指导。在正式申报前，经营者可以以书面方式就集中申报事宜向市场监管总局提出商谈的具体问题"。

元营业额的申报标准,[1]所以不需要申报。德国反垄断委员会在 2015 年的报告中指出,在数据经济行业单纯依靠营业额已无法体现市场潜力,购买价格可以作为营业额标准的补充。[2]本章已经论证了交易额标准的缺陷,其同样适用于数字经济领域,此处不再赘述。虽然作为单一指标并不适宜,但作为并列的申报标准之一,营业额依然适用于数字经济领域。

第三,市值标准适用于部分集中的情形。如前所述,市值在一定程度上代表金融市场对企业未来盈利能力的认识,本书第一章讨论了 2020 年和 2021 年以市值为标准遴选的全球前十强中数字平台企业占绝大多数的情况及其成因,一定程度上可以证明市值标准在该领域的适用性。从申报标准的简明性、确定性、可操作原则出发,这里的市值是指公开市场上一定时期(比如签订交易协议之日的 12 个月内)的市值,不包括第三方评估机构的估值。这是因为,估值的客观公允性、确定性不如公开市场的可交易价格。从申报规则和流程来看,通过人为做高估值以寻求集中审查的逻辑是不成立的。我国已经规定平台经营者可以就未达到申报标准的集中进行主动申报,经营者可以依此申报,不会受限;相反,如果以估值作为判断标准,就有可能因为刻意低估而规避审查。综上,采用估值没有必要性且有错漏风险;市值标准适用于上市公司。

第四,活跃用户数是数据价值的显性指标。现代平台集“数据根基”和“互联互通”于一体,共同实现价值。平台收集数据、生产数据,成为信息时代数据要素的生产者;数据是生产要素,是平台最重要的原材料、产出和核心竞争力。数据多寡,是平台市场力量的重要标准。但数据类型繁杂,难以准确统计和监管。换个思路分析,数据是平台用户在使用平台及其交互过程中产生的,因此活跃用户数可以反映一个平台既有的数据量和未来可能获得的数据量。

第五,基于数字平台所具有的公共性特征,在上述申报标准认定中,单方市场力量可以取代“合计”。如第一章所论述,基于平台的公共性属性,特

---

〔1〕 Case M. 7217-Facebook/WhatsApp Commission decision pursuant to Article 6 (1)(b) of Council Regulation No 139/2004.

〔2〕 Monopolkommission, 68. Sondeigutachten Wettbewerbspolitik: Heraus foiderung digitale Maerket. 2015, S. 20E. 转引自金枫梁:“滴滴系列集中案反垄断申报的适用困境——兼论《国务院关于经营者集中申报标准规定》第 4 条的修订”,载《经济法学评论》2019 年第 1 期。

别是超大型平台已具有"准政府"的职能，它的单方能力足以改变市场竞争状况，特别是通过收购初创企业所导致的竞争影响、创新影响。因此，平台领域的市场结构已经不能用既往的结构主义、行为主义二分的思路来理解，而应当用公共性这种全新的理念。欧盟、美国的申报标准也印证了这一结论。在申报标准方面，无论有几方参与集中，也不考虑集中是横向、纵向或是混合类型，只要任一参与方达到上述申报标准，拟议集中就需要申报。

第六，数字经济领域不适用简易申报规则。《经营者集中审查暂行规定》第17条的规定，根据参与集中的经营者的市场份额、市场关系（相关市场、上下游市场），可以判定某些集中对市场竞争几无影响的，适用简易申报程序。鉴于当下平台的商业模式已经呈现生态化的全新特征，[1]经营者之间的关系难以用横向、纵向来划分，适用普通审查程序较为适宜。

综上所述，合理设置申报标准是确保经营者集中审查制度效果的重要规则。经过修订的申报标准在指标类型、标准定量设定两个方面会更有利于实现制度功能。本章更多集中于定性的研究，在定量方面，提出了参考指标选取及其相关建议。在完善立法的过程中，还需要构建计量模型，制定科学、合理的量化指标，并实行动态调整。

---

〔1〕　所谓"生态化"，具体表现为其他市场主体应用平台企业的物流、支付等平台工具构建新的小平台，它们依托大型平台所集聚的海量用户资源，快速打通行业上下游，改造并形成大、小平台相互交织的庞大复杂产业生态系统。参见李广乾、陶涛："电子商务平台生态化与平台治理政策"，载《管理世界》2018年第6期。

第四章
附加限制性条件规则的检视与完善

　　附加限制性条件又被称为"合并救济"（Merger Remedy），是反垄断法中经营者集中控制制度的核心内容之一，附条件批准是执法机构施行经营者集中反垄断控制的重要法律工具。由于合并交易可能导致反竞争效果，执法机关需要采取措施来避免，禁止集中无疑可以起到这样的效果，但同时也扼杀了集中产生的积极影响，因此需要一种中间路线——附加限制性条件成为维护市场有效竞争与促进企业健康发展之间平衡的重要法律手段，可以在避免市场有效竞争因合并交易而严重受损的同时，最大程度地维护企业的发展利益。故而，"限制性条件"也可以称为"救济措施"。2007 年《反垄断法》施行至 2022 年，我国合计有 52 个集中案件采用了救济措施，按年度为单位统计如图 4-1 所示。[1]

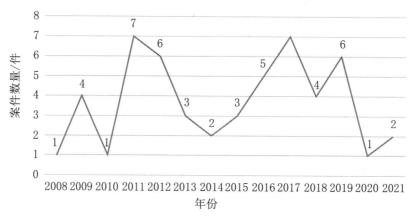

图 4-1　中国附加限制性条件案件数统计
（2008 年 8 月 1 日至 2021 年 12 月 31 日）

---

〔1〕　数据来自笔者根据执法机构披露的公告分类统计，下同。

美国的反垄断体制以法院为中心，作为行政执法机构，美国司法部本身无权禁止或附条件批准拟议集中，而是代表政府提起诉讼，请求法院禁止拟议的集中，或者请求法院批准其与当事人达成的和解协议。美国联邦贸易委员会比司法部拥有更为独立的执法权限，既可以向法院提起诉讼，也可以通过委员会的内部行政决策程序作出审查裁决，还可以与当事人达成和解协议，以解决拟议集中存在的反竞争影响。无论是美国司法部还是美国联邦贸易委员会都倾向通过达成和解协议，而非通过诉讼或者行政裁决解决反竞争问题。[1]对于需要采取禁令措施的经营者集中案件，美国联邦贸易委员和司法部需要向联邦地区法院提出禁令申请。在我国和欧盟，对经营者集中的控制更多依赖行政执法，对附加限制性条件的案件、禁止集中的案件也不例外。

在制度实践中，中国执法呈现出附加行为性条件远远多于结构性条件的情况（如图4-2所示），与欧盟、美国情况迥异，由此引发了对行为性救济优先适用还是结构性救济优先适用这一问题的热议。本章从救济措施的理论出发，结合实践理性，特别是中国的经营者集中救济措施、案例分析、事后评估以及全球化视野下的情况及其趋势对该问题予以回应。

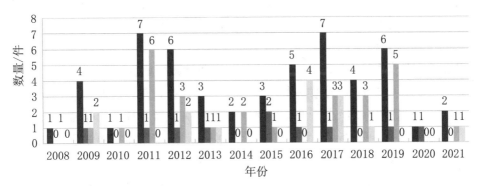

图4-2　中国附加限制性条件案件分类统计

（2008年8月1日至2021年12月31日）

---

［1］　参见叶军："经营者集中反垄断审查之皇冠宝石规则研究"，载《中外法学》2016年第4期。

一、附加限制性条件的基本逻辑

我国经营者集中审查制度的构造，采取"以义务人强制、事前申报为原则，依法调查为补充"的基本思路。执法机关对拟议交易进行审查是对市场的干预，也是一种通过事先评估预测市场竞争影响的行政行为。如果从体系化的角度来看这一制度，会发现这种预防性规则无论用什么方法来分析，其结论的正确性都是有待验证的。比如拟议交易是否可能造成竞争损害、会对哪个市场造成何种程度的损害、是选择禁止集中还是附加条件才符合行政法上的比例原则、附加怎样的条件才是有效的……从这个意义上来讲，直至经营者切实履行所附加之限制条件之前，都是一种建立在执法机构作出竞争"评估"的基础上的假设。毫无疑问，评估结论的前提是目标。

（一）附加限制性条件制度的目标及其适用场景

1. 对"限制竞争效果"的理解

附加限制性条件是经营自由与维护竞争秩序的平衡机制。其追求的目标是通过对特定交易附加条件，确保合并不会产生严重的反竞争效果。综观世界各国经营者集中的审查标准，一般可归纳为三类：一是以德国为代表的"市场支配地位标准"，关注企业的市场份额大小以及集中后是否会形成或加剧市场支配地位；二是以美国为代表的"实质性减少竞争标准"，关注企业的集中是否发生或可能发生实质性限制竞争的后果；三是以欧盟为代表的"严重阻碍有效竞争标准"。[1]我国的标准是"具有或者可能具有排除、限制竞争效果的"，[2]更接近于欧盟。也有学者提出，"严重阻碍有效竞争"与"实质性减少竞争"难以明确区分，可以视为一类。[3]

如何判断拟议合并是否限制竞争？目前的普遍做法是根据集中对市场结构产生的影响区分为横向集中、纵向集中和混合集中，经营者集中的反竞争

---

〔1〕　Council Regulation （EC） No 139/2004 of 20 January 2004 on the control of concentrations between undertakings（the EC Merger Regulation），OJ L 24/1，29 January 2004.

〔2〕　参见我国 2007 年《反垄断法》第 28 条。

〔3〕　参见史建三、钱诗宇："以国际视野看我国经营者集中的实质审查标准"，载《中大管理研究》2009 年第 4 期。

效果主要包括横向集中下的单边效应和协同效应，以及纵向集中下的封锁效应。

第一，如果一项经营者集中将极大提高市场份额，实现在相关市场的控制力，就容易形成单边效应，导致企业单方面涨价、降产等损害竞争的效果。[1] 单边效应主要是指，集中对某一方单独排除、限制竞争的能力、动机及其可能性的增强或产生。[2] 在经营者的立场上，经济效益最大化是私主体的重要目标，实施集中后，横向集中易增强市场集中度，通过整合参与方资源以提升生产产能，提高抵抗市场风险的能力，在经营上将可能获得规模效应优势，从而提升市场竞争力。而一旦失去合理的限制，在其获得市场支配地位和市场控制力后，可能存在进行不合理地固定或变更价格、限制产量等的市场能力和动机，对市场竞争和消费者福利产生损害。

第二，经营者集中导致合并后的实体有动机和能力与竞争者达成共谋形成协同效应，共同实施排除、损害竞争的行为，危害竞争机制。协同效应的机理是，当相关市场上竞争者较少时，集中可能产生或加强了某一方共同排除、限制竞争的能力、动机及其可能性。[3] 经营者通过横向集中快速增强自身市场竞争力；同时，横向集中客观上减少了竞争者的数量，这两个原因导致集中方具有与其他竞争对手实施共谋行为的实力和可能性。

第三，经营者的纵向集中将产生封锁效应，通过对原料和客户的封锁使反竞争效果蔓延至上下游市场，加剧对市场竞争和秩序损害的长期性、广泛性和严重性。封锁效应主要是指，当集中方不属于同一相关市场时，而是集中在上下游市场或关联市场对排除、限制竞争效果的产生或增强。[4] 特别是经营者构成互补关系的情况下，集中交易可以为双方实现资源整合，在各自的相关市场上获得其他竞争者所难以获得的供给或需求，将竞争优势传导至上下游市场。

---

〔1〕　参见韩伟："美国《横向合并指南》的最新修订及启示"，载《现代法学》2011年第3期。

〔2〕　参见王晓晔："我国反垄断法中的经营者集中控制：成就与挑战"，载《法学评论》2017年第2期。

〔3〕　参见王晓晔："我国反垄断法中的经营者集中控制：成就与挑战"，载《法学评论》2017年第2期。

〔4〕　参见王晓晔："我国反垄断法中的经营者集中控制：成就与挑战"，载《法学评论》2017年第2期。

2. 审查工具

正是由于"实质性减少竞争标准"具有巨大的解释空间，美国司法部和联邦贸易委员会通过联合发布合并指南的方式来减少法律解释的不确定性。无论是哈佛学派还是芝加哥学派，都认可市场结构对于竞争问题是一个重要指标，市场集中度[1]是决定市场结构最基本、最重要的因素。单边效应、协同效应、封锁效应能否成立也与市场结构密不可分。1968 年美国《横向合并指南》采用的是四企业集中度的分析方法，这是首次对"集中度"进行量化。而 1982 年美国《横向合并指南》则采用了 HHI 标准。

这两种方法都是通过客观数据对市场集中度进行定量测试的方法。行业集中度（CRn）指标经常用于反垄断经济分析中，其中"n"代表特定市场中排名最靠前的企业数，比如常用的 CR4 表示某个市场中份额最高的前四家企业的市场份额合计，占整个市场的份额比例。赫芬达尔指数（Herfindahl-Hirschman Index，以下简称 HHI 指数）是指一个行业中各市场主体在该行业的总收入或总资产占比的平方和，用以计量市场份额的变化，也就是市场中经营者规模的离散度。HHI 指数越趋近于零，意味着越近似于完全竞争市场；相反，HHI 指数越高，表明头部企业的市场集中度越高。

这种量化评估可以从集中度视角更加客观地描述相关市场的竞争状况，但也遭到了批评，他们认为 HHI 指数并不能准确反映执法实践。在 2010 年美国两部门对《横向合并指南》进行修订时，淡化了相关市场界定、市场集中度分析的重要性，并修改了临界值。在此基础上进一步发展出了"安全港"规则。

3. 审查思路

针对不同细分市场的横向和纵向关系，执法机关审查的侧重点不同。对于横向集中，执法机关主要审查市场进入壁垒、市场势力、有效竞争等方面，对参与集中实体单独实现价格上涨或产量减少的实力，以及通过共谋实现排除、限制竞争效果的情况进行分析。在传统产业的经营者集中审查方面，欧盟《横向合并指南》认为市场份额越大、集中企业之间的竞争越激烈，则集

---

〔1〕 市场集中度是对某一特定行业的市场结构的集中程度进行测量，以此来衡量在该特定行业内企业的数目和相对规模的差异，是对企业市场势力的重要量化指标。[美] 斯蒂芬·马丁：《高级产业经济学》，史东辉等译，上海财经大学出版社 2003 年版，第 116~117 页。

中会消除的竞争力量就越重要，此时认定其会产生严重的单边效应。[1]对于纵向集中，执法机关主要审查捆绑、搭售以及价格、合同条款等内容，结合其市场实力及其对上下游的控制力、对集中实体可能实现的排除、限制竞争效果以及减损创新和质量的情况进行分析。

从执法实践来看也可以验证这一点。我国 2007 年《反垄断法》第 27 条列举了通用的审查的考虑因素："……（一）参与集中的经营者在相关市场的市场份额及其对市场的控制力；（二）相关市场的市场集中度；（三）经营者集中对市场进入、技术进步的影响；（四）经营者集中对消费者和其他有关经营者的影响；（五）经营者集中对国民经济发展的影响；（六）国务院反垄断执法机构认为应当考虑的影响市场竞争的其他因素。"但在实践中会区分横向、纵向不同的并购类型所可能引发的竞争问题，有重点地进行分析。为了预防横向集中的反竞争效果，即单边效应和协同效应，执法机关重点关注集中双方自身实力、行业特点以及相关市场情况。首先，在双方自身实力情况方面，近来的评估常常采用定量与定性相结合的方法，定量分析参与方交易前后的市场份额，[2]并定性分析其交易前的市场机会获得情况。[3]其次，执法机关分析各细分市场的市场结构和竞争格局，将拟议集中放置于市场环境中进行考察，对集中是否存在系统性的反竞争效果风险进行评估。执法机关

---

〔1〕　参见孙晋："谦抑理念下互联网服务行业经营者集中救济调适"，载《中国法学》2018 年第 6 期。

〔2〕　如在联合技术收购古德里奇案中，交易前双方市场份额分别为 72% 和 12%，交易后合计达 84%。又如在采埃孚收购威伯科案中，集中后实体全球和中国市场份额分别为 70%～75% 和 40%～45%。在下游全球和中国市场份额分别为 60%～65% 和 85%～90%。参见《关于附加限制性条件批准联合技术收购古德里奇经营者集中反垄断审查决定的公告》（以下简称联合技术收购古德里奇审查决定），载 http://www.mofcom.gov.cn/article/b/c/201206/20120608181085.shtml；《关于附加限制性条件批准采埃孚股份公司收购威伯科控股公司股权案反垄断审查决定的公告》（以下简称采埃孚收购威伯科审查决定），载 https://www.samr.gov.cn/fldj/tzgg/ftjpz/202005/t20200515_315255.html，最后访问日期：2021 年 12 月 31 日。

〔3〕　如在联合技术收购罗克韦尔柯林斯案中，其中一个细分市场方向舵制动踏板系统市场的招投标数据表明，集中双方是最主要的参与方。参见《关于附加限制性条件批准联合技术公司收购罗克韦尔柯林斯公司股权案反垄断审查决定的公告》（以下简称联合技术收购罗克韦尔柯林斯审查决定），载 https://www.samr.gov.cn/fldj/tzgg/ftjpz/201811/t20181123_332679.html，最后访问日期：2021 年 12 月 31 日。

主要会定量分析相关市场的市场集中度，[1]并定性分析市场进入壁垒、[2]有效的竞争约束[3]等方面。最后，执法机关就个案的具体情况区分不同行业的特性，对于更易产生反竞争效果的领域予以重点关注和个性化分析。比如关注交易前后集中方实力的变化，进行动态评估。[4]

为了预防纵向集中的反竞争效果，执法机构更强调审查集中前后双方市场销售和供给情况的变化，特别是对所在市场潜在竞争的影响，重点审查是否存在原料封锁[5]和消费者封锁[6]情况。

（二）救济手段

由于关注的侧重点不同，对于不同行业、不同市场状况下的集中，所附加的限制性条件也不相同。从比较法来说，限制性条件存在多种分类方式。

---

〔1〕 如在联合技术收购古德里奇案和联合技术收购罗克韦尔柯林斯案中，市场集中度的主要量化指标是 HHI 指数，相关市场的 HHI 指数随着交易的发生而增大，说明交易增强了市场的集中水平，资源配置更为集中。参见联合技术收购古德里奇审查决定，载 http://www.mofcom.gov.cn/article/b/c/201206/20120608181085.shtml；联合技术收购罗克韦尔柯林斯审查决定，载 https://www.samr.gov.cn/fldj/tzgg/ftjpz/201811/t20181123_332679.html；又如在科力远、丰田中国、PEVE 等设立合营企业案中，市场集中度的主要量化指标主要以 CR4（行业前四名份额集中度指标）进行反垄断经济分析。参见《关于附加限制性条件批准科力远、丰田中国、PEVE、新中源、丰田通商拟设立合营企业案经营者集中反垄断审查决定的公告》（以下简称科力远等审查决定），载 http://www.mofcom.gov.cn/article/b/g/201409/20140900732395.shtml，最后访问日期：2021 年 12 月 31 日。

〔2〕 在案件审查中，执法机构非常关注市场进入难易程度。如果存在较高的技术和资金壁垒，短期内出现新进入者的可能性较小，实践中会结合案情做出具体分析。比如在联合技术收购罗克韦尔柯林斯案中强调认证障碍；在采埃孚收购威伯科案中强调新进入者需要数年才能实现量产。参见联合技术收购罗克韦尔柯林斯审查决定、采埃孚收购威伯科审查决定。

〔3〕 如联合技术收购古德里奇案、联合技术收购罗克韦尔柯林斯案和采埃孚收购威伯科案强调难以形成有效竞争约束，在联合技术收购罗克韦尔柯林斯案中集中双方原本是主要竞争对手，采埃孚收购威伯科案中采埃孚的主要竞争对手正与威伯科开展合作。参见联合技术收购古德里奇审查决定、联合技术收购罗克韦尔柯林斯审查决定、采埃孚收购威伯科审查决定。

〔4〕 如在市场份额和市场集中度上，联合技术收购古德里奇案、联合技术收购罗克韦尔柯林斯案重视交易前后数据的对比，以此体现交易对双方和相关市场的影响。参见联合技术收购古德里奇审查决定、联合技术收购罗克韦尔柯林斯审查决定。

〔5〕 如在通用收购德尔福案中，通用汽车可能在未来增加向德尔福采购汽车零部件，提高我国其他零部件企业进入通用汽车采购渠道的难度。参见通用收购德尔福审查决定，载 http://www.mofcom.gov.cn/aarticle/b/g/200911/20091106600492.html，最后访问日期：2021 年 12 月 31 日。

〔6〕 如在科力远、丰田中国、PEVE 等设立合营企业案中，如果丰田一方有意愿，将有能力使合营企业成为只向丰田中国一家企业供货的供应商。在采埃孚收购威伯科案中，集中后的实体对中国客户采取断供所需要承担的违约成本更低，实施纵向封锁将获利更多。参见科力远等审查决定、采埃孚收购威伯科审查决定。

欧盟委员会在其 2005 年的《合并救济研究报告》中，将限制性条件分为四大类，包括承诺转换市场地位、退出集中、开放市场及其他情形。根据美国司法部 2004 年发布的《合并救济政策指南》，在附加限制性条件的分类上，采用结构性条件和行为性条件的两分法。[1]但在 2011 年修订后的《合并救济政策指南》中增加了混合类条件（Hybird Remedies）。[2]目前被国外理论界与实务界普遍认同的限制性条件分类方式是结构性条件与行为性条件分类法。[3]国际竞争网络组织（ICN）2005 年的《合并救济工作报告》指出，附加结构性条件是通过对市场结构的直接干预来处理合并交易可能导致的竞争损害。附加行为性条件则是通过改变交易当事人或者其他主体的行为来处理合并交易可能导致的竞争损害，[4]行为性条件是对合并后企业行为的约束。中国学术界对于这一问题的通说是，分为结构性条件、行为性条件、结构性条件和行为性条件相结合的综合性条件，并且已为我国部门规章所采纳，根据《经营者集中审查暂行规定》第 33 条第 1 款的规定，也分为上述三类。

　　事实上，对于某些条件属于结构性条件还是行为性条件，结论并不一致，譬如强制许可通常被认为是行为性救济，但在欧盟，排他的、不可撤销的、无期限的、无须持续缴纳使用费的强制许可被视为结构性救济。[5]区分的关键在于，义务人是否可以一次性地完成执法机关的要求。如是，则为结构性条件；如否，则为行为性条件。这种二元区分最直接的目的是执行与监管的成本，也是孰先孰后的争议所在。所以，也有学者提出如果集中方承担的义务是一次性的，这种救济方式就属于结构性救济，[6]如资产剥离。它们的特

〔1〕　U. S. Department of justice Antitrust Division, Antitrust Division Policy Guide to Merger Remedies (2004), p. 7.

〔2〕　U. S. Department of justice Antitrust Division, Antitrust Division Policy Guide to Merger Remedies (2011), p. 6.

〔3〕　Stephen Davies, Bruce Lyons, Mergers and Merger Remedies in the EU, Cheltenham: Edward Elgar Publishing Limited, 2007, pp. 13-17; John E. Kwoka, Diana L. Moss, "Behavioral merger remedies: evaluation and implications for antitrust enforcement", The Antitrust Bulletin, Vol. 57, 2012, pp. 979-1011.

〔4〕　See ICN, Merger remedies review project: report for the fourth ICN annual conference (2005) (Dec. 31, 2021), available at https://www. internationalcompetitionnetwork. org/wp－content/uploads/2018/05/MWG_RemediesReviewReport. pdf.

〔5〕　European Commission, Commission Notice on remedies acceptable under Council Regulation (EC) No. 139/2004 and under Commission Regulation (EC) No. 802/2004, OJ C 267, 22, October 2008.

〔6〕　参见李俊峰："全球平行审查背景下的中国经营者集中救济"，载《当代法学》2015 年第 2 期。

点各有不同。

1. 结构性条件

结构性条件一般强调对合并企业特定资产产权的处分，主要是将涉及集中的部分资产剥离给独立第三方，从而形成新的有效竞争。此外还包括产能剥离，譬如在日本三菱丽阳公司收购璐彩特国际公司案中，商务部设定了剥离期限要求其完成产能剥离。[1]剥离主要有两个目的：一是削弱参与集中各方因集中而获得或增强的市场控制能力；二是增强剥离业务买方对集中方施加竞争压力的能力。为此，需要剥离经营者在相关市场开展有效竞争所需要的所有要素，包括剥离义务人的有形资产、无形资产、股权、关键人员以及客户协议或供应协议等权益。实践中，剥离的业务通常是经营者已经基本独立运营的业务，包括经营者的子公司、分支机构或者业务部门。典型的结构性条件是剥离合并企业既存的独立业务单位，包括剥离知识产权、剥离合并企业持有的其他企业的股份或者放弃对其他企业的特定股东权益。结构性条件的优势非常鲜明：（1）效果明显。资产一旦剥离，即可增强买受方以及原本弱势竞争者的市场力量，改变集中所引发的市场结构变化。（2）内容确定、针对性强。无论是所剥离的业务还是股权，针对性明确无疑义。资产包的内容、期限是确定的、可执行的。（3）执行迅速、便于监管。结构性条件是积极义务，容易判断是否履行。由于其特点是一次性履行完毕，不需要持续监管，监管成本相对较低。

一般而言，结构性条件更多地运用于横向集中，即直接具有竞争关系的集中案件中，通过产业剥离、资产剥离的方式，可以快捷、准确地消除重叠领域的竞争性问题。

2. 行为性条件

行为性条件是对合并后企业行为的约束。这种约束可以体现为某些行为的积极作为或者消极不作为，不会涉及合并企业资产产权的处分，而只涉及对产权的限制。行为性条件的形式具有开放性，以条件实现的直接目的为基础，可以划分为"促进横向竞争的行为性条件"与"控制合并交易结果的行

---

[1] "关于附加限制性条件批准日本三菱丽阳公司收购璐彩特国际公司审查决定的公告"，载 http://www.mofcom.gov.cn/aarticle/b/c/200904/20090406198963.html，最后访问日期：2021 年 12 月 31 日。

为性条件"。比如开放承诺、非歧视条款、购买承诺、防火墙条款、透明度条款、反报复条款以及限制再雇用核心员工条款等是行为性条件的典型体现形式。行为性条件的优势如下：（1）形式多样。根据具体的案件情况、竞争担忧，行为性条件不一而足，以满足竞争性为原则，不局限于特定形式。（2）条件适应性强。行为性条件针对集中后的行为，救济措施需要具有必要的弹性，以应对集中完成后市场所发生的结构性变化。中国商务部在西部数据收购日立案中曾变更行为性条件。[1]（3）可以不断创设更适用的工具。美国司法部2004年的《合并救济政策指南》只规定了防火墙、公平交易和透明度条款，[2]而随着经验积累和执法需要，2011年的《合并救济政策指南》增加了禁止特定合同、非歧视、强制许可、禁止报复条款等。[3]

行为性救济的开放式特点赋予经营者、执法机构以广阔的裁量空间，灵活选择符合实际需要的救济措施，兼顾消除竞争隐患的同时，最少干预商业行为，最大限度实现集中的预期效果。

从学理上说，结构性救济与行为性救济的依据分别是哈佛学派与芝加哥学派的理论。哈佛学派创设了市场结构、市场行为、市场绩效的范式（SCP）。在此范式下，企业规模越大越会成为影响市场公平竞争的负面因素。在哈佛学派眼中，只有市场上的竞争者保持离散型的市场结构才被认为能够形成有效竞争的市场。此时，反竞争的评估就倾向于关注集中的单边效应，即集中是否会产生或增强经营者的市场支配地位。结构性救济因而成为哈佛学派的重点。然而，受到芝加哥学派行为主义理论的影响，以及反竞争评估的不断深入实践，市场支配地位标准越来越受到质疑。协同效应和封锁效应受到重视，这时对经营者行为的规制成为救济措施的重点。当然，这些都是局限于传统经济领域而言的，在数字经济日盛，重塑产业链和经济结构的背景下，横向、纵向类别化的藩篱已经打破。

---

〔1〕 "关于变更西部数据收购日立存储经营者集中限制性条件的公告"，载 http://www.mofcom.gov.cn/article/b/c/201510/20151001139045.shtml，最后访问日期：2021年12月31日。

〔2〕 U.S. Department of Justice Antitrust Division, Antitrust Division Policy Guide to Merger Remedies (2004), pp. 22-26.

〔3〕 U.S. Department of Justice Antitrust Division, Antitrust Division Policy Guide to Merger Remedies (2011), pp. 12-18.

（三）结构性条件与行为性条件优先适用的争论

在世界范围内，两种救济方式孰优孰劣长期存在争论。美国、欧盟都曾经明确表述结构性救济优先于行为性救济的观点。美国联邦贸易委员会 2003 年发布的《集中救济商谈声明》（*Statement of the Federal Trade Commission's Bureau of Competition on Negotiating Merger Remedies*）的全部七个部分均是有关结构救济的资产剥离规则，[1]未提及行为救济。美国司法部 2004 年发布的《合并救济政策指南》（*Antitrust Division Policy Guide to Merger Remedies*）明确了执法机构优先适用结构性救济的立场，认为结构性救济能够维持竞争且简洁、确定性高、容易实施，可避免政府高成本介入市场。与之相比，行为性救济设计方案难度大、执行期长、容易规避且成本更高。[2]在相当长一段时间内，美国的执法实践极少适用行为性救济，即使少量适用，也几乎都适用于已有政府监管的行业。[3]2011 年美国司法部修订《合并救济政策指南》，删除了结构救济优先的表述，认为有效的救济应包括结构性救济、行为性救济或两者的结合。对此有学者认为此举将行为性救济与结构性救济置于平等地位。[4]2018 年，美国司法部助理部长 Makan Delrahim 宣布撤销 2011 年版指南，恢复适用 2004 年版指南，指出行为性救济本质上具有监管属性，即用行政决策代替自由市场。[5]从实践角度来看，2009~2011 年，美国有 13%采用行为性救济，78%采用结构性救济，9%采用综合性救济。[6]

欧盟委员会于 2001 年、2008 年发布的《可接受的救济措施的通知》中

---

〔1〕 See Bureau of Competition of the Federal Trade Commission, Negotiating Merger Remedies（Dec. 31, 2021）, available at https://www.ftc.gov/system/files/attachments/negotiating-merger-remedies/merger-remediesstmt.pdf.

〔2〕 U.S. Department of Justice Antitrust Division, Antitrust Division Policy Guide to Merger Remedies（2004）.

〔3〕 U.S. Department of Justice Antitrust Division, Antitrust Division Policy Guide to Merger Remedies（2004）.

〔4〕 Catherine Fazio, Merger Remedies: the Greater Use by the DOJ and FTC of an Expanding Toolkit, Aspatore, 2013. 转引自叶军："经营者集中反垄断控制限制性条件的比较分析和选择适用"，载《中外法学》2019 年第 4 期。

〔5〕 See Makan Delrahim, "'Life in the Fast Lane', Antitrust in a Changing Telecommunications Landscape"（Dec. 31, 2021）, available at https://www.justice.gov/opa/speech/file/1108606/download.

〔6〕 Elizabeth Xiao-Ru Wang, Jonna Tsai, Sandra Chan, "Merger Remedies with Chinese Characteristics", CPI Antitrust Chronicle, Vol. 8, No. 2, August, 2013, p. 10.

均表明其偏好结构性救济，[1]在 2007 年至 2009 年 6 月 30 日这一期间，结构性救济、行为性救济、混合性救济的适用比例分别为 42.4%、11.9%、45.8%。[2]

英国竞争委员会 2008 年发布的《并购救济指南》称竞争委员会偏好结构性救济。[3]根据实践数据，一阶段审查结束的案件中，95%以上的救济措施是结构性救济；进入二阶段审查的案件中结构性救济占81%。[4]英国竞争与市场局（CMA）于 2019 年发布了《并购救济评估的案例研究》（*Merger Remedy Evaluations*, *Report on Case Study Research*），通过对 18 件采用救济措施的并购案件进行事后评估分析，反映出以下特点：首先，资产剥离的结构性救济使用最多；其次，这 18 件案例中的 16 件涉及横向竞争损害，普遍使用资产剥离的结构性救济；最后，对于其余两件涉及纵向竞争损害的案例，使用市场干预的行为性救济措施（详见表4-1）。[5]

发布的报告显示 CMA 认可在复杂案件中采用基于复杂资产剥离的混合的"准结构性"救济措施（Hybrid "Quasi-structural" Remedies）。[6]

---

〔1〕　Commission Notice on Remedies Acceptable under Council Regulation（EEC）No. 4064/89 and under Commission Regulation（EC）No. 447/98, OJ C 68（2001）; No. 139/2004 and under Commission Regulation（EC）No. 802/2004, OJ B 267/1（2008）.（《欧盟委员会条例》2001 年第 4046/89 号、第 447/98 号；《可接受的救济措施通知》2008 年第 139/2004 号、第 802/2004 号）

〔2〕　笔者根据以下文献资料计算, See Sergio Sorinas, Christine Jorns, European Union: EU Merger Remedies, International Financial Law Review, Vol. 13, 2009（Dec. 31, 2021）, available at https://www. iflr. com/Article/2324298/European_Union_EU_merger_remedies. html? ArticleId = 2324298。

〔3〕　Competition Commission, Merger Remedies: Competition Commission Guidelines, 2008, pp. 14-15.

〔4〕　See Policy Roundtables: Remedies in Merger Cases（2011）, p. 207（Dec. 31, 2021）, available at http://www. oecd. org/daf/competition/Remediesinmergercases2011. pdf.

〔5〕　See CMA, Merger Remedy Evaluations, Report on Case Study Research, p. 40（Dec. 31, 2021）, available at https://www. gov. uk/government/publications/understanding-past-merger-remedies.

〔6〕　See CMA, Merger Remedy Evaluations, Report on Case Study Research, p. 40（Dec. 31, 2021）, available at https://www. gov. uk/government/publications/understanding-past-merger-remedies.

表4-1　英国18件案例研究中的并购救济情况统计

Summary of 18 cases studies

被调查公司	交易性质				救济手段							
	横向集中	纵向集中	单边效应	协同效应	行为性救济	剥离	部分剥离	其他推荐方式	第一阶段剥离	价格限制	知识产权条件	禁止集中
Alanod	✓	✓	✓		✓					✓		
Sibelco	✓		✓			✓						
Coloplast	✓		✓		✓					✓		
Centrica		✓	✓									
Fmap	✓		✓			✓						
Somerfield	✓		✓			✓						
Stericyde	✓		✓			✓		✓				
Noble	✓		✓									
Arqiva	✓		✓									
Nufam	✓		✓								✓	
Stagecoach	✓		✓									
Unilever	✓		✓						✓			
Global	✓		✓									
Draeger	✓		✓							✓		
Rank	✓		✓		✓	✓						✓
Müller	✓		✓				✓					
Reckitt Benckiser	✓		✓								✓	
ICAP	✓		✓									

　　经济合作与发展组织（Organization for Economic Co-operation and Development，OECD）的讨论表明，主要发达经济体在这一问题上立场迥异。执法机构认为两者各有利弊，救济方案的设计需要考虑横向、纵向集中所涉及的不同竞争问题：横向集中通常选择结构性救济，纵向集中采用行为性救济或者综合性救济。很多执法机构认为结构性救济因其直接针对竞争损害源头且监督成本低而更加有效。[1]但根据澳大利亚的实践，2002年以来，单纯适用结构性救济的只有10%，适用综合性条件的有15%，[2]可见绝大多数适用行为性救济。

　　在经营者集中案件中，被附加限制性条件的案件数并不高，但对参与集中的经营者意义重大，会影响相关市场、相邻市场的竞争格局。因此各法域的执法机构对附加条件非常审慎，受理程序复杂、审查时间长。执法机关所施加"限制性条件"的行为，是对交易、市场的干预行为，其结果涉及反垄断审查机构与集中当事企业、反垄断审查机构与第三人、集中当事企业与第三人之间的交互关系。[3]特别需要阐明的是，所附加的限制性条件是由参与集中的经营者自行提出的，[4]经权力机关批准并监督实施。从这个基本点出

---

　　〔1〕　参见韩伟："经合组织2011年合并救济论坛介评"，载《经济法研究》2014年第1期。

　　〔2〕　See Policy Roundtables: Remedies in Merger Cases（2011）（Dec. 31, 2021），available at http://www.oecd.org/daf/competition/Remediesinmergercases2011.pdf.

　　〔3〕　参见李俊峰、马翔："经营者集中救济措施的运行机制构成"，载《价格理论与实践》2016年第12期。

　　〔4〕　《关于经营者集中附加限制性条件的规定（试行）》第5条。

发，附加限制性条件的确定过程实际上是执法机关与集中方的博弈过程，是在维护市场有效竞争与促进企业健康发展之间实现平衡的重要法律手段，可以在避免市场的有效竞争因合并交易而严重受损的同时，最大限度地维护企业的发展利益。

结构性救济更受青睐的原因如下：第一，结构性救济能够维持竞争且救济措施简洁、确定性高、容易实施，可避免政府高成本介入市场。与之相比，行为性救济设计方案难度大、执行期长、容易规避且成本更高。[1]第二，在自由竞争理念下，理论界与执法机构更认可市场自由竞争的行为和后果。资产剥离后，执法机构无须继续干预企业的市场行为，而是任其自由竞争，相对于持续监督、不断纠正企业的商业行为的行为性救济，结构性救济更符合这一理念。第三，行为性救济由受托人监督当事人实施，执法机构基于精力、背景上的约束，难以对集中后的经营者的行为予以有效监控。因此，欧美执法机构的认识、理念都更倾向于适用结构性救济，其主要考量因素正是上述的限制性条件实施成本、实施效果和经营自主权这三个因素。执法机构受理的申报以横向集中为主，这恰是结构性救济发挥作用的类型，成为首选措施实属合理。所以，从数据统计上看，结构性救济的适用比例更高。但中国的经营者集中救济大多适用行为性救济。

二、我国附加限制性条件的立法与实践

自 2008 年 8 月 1 日我国《反垄断法》施行之日起至 2021 年 12 月 31 日，执法机构共审结经营者集中案件 4194 件，其中禁止 3 件、附条件批准 52 件、无条件批准 4139 件，[2]无条件通过率达到 98.7%，[3]与主要国家和地区比例相当。各年的案件申报数、审结数与附加限制性条件的情况如图 4-3 所示。[4]

---

〔1〕　U. S. Department of Justice Antitrust Division, Antitrust Division Policy Guide to Merger Remedies (2011).

〔2〕　国家反垄断局反垄断执法二司《关于试点委托部分省级市场监管部门开展经营者集中反垄断审查工作方案（征求意见稿）》。

〔3〕　计算公式为（无条件通过案件数+附加限制性条件案件数+禁止案件数）÷当年审结案件数。

〔4〕　数据来源参考国家市场监督管理总局反垄断局编:《中国反垄断执法年度报告（2020）》，法律出版社 2021 年版，第 43~45 页。

图 4-3 中国经营者集中案件无条件通过情况统计
（2008 年 8 月 1 日至 2021 年 12 月 31 日）

从制度体系来看，经营者集中审查制度分为申报、审查、决定、监督执行、（如有违法情形时的）法律责任五个阶段，如果审查决定是无条件批准，则该项集中的审查程序结束。根据我国的执法实践，98.7%的案件属于这种情况；如果审查决定附加限制性条件或者禁止集中，第四部分的监督执行就会发挥作用。对于附加限制性条件批准的集中，要监督义务人是否遵守所附加之条件，特别是行为性救济措施。如 2014 年西部数据公司在两起案件中未履行承诺，各被处以 30 万元罚款，[1]2018 年赛默飞世尔科技公司因未执行附加条件予以查处，被罚款 15 万元。[2]对于禁止集中的案件，要监督是否违法实施集中。还有一种情况是，查处应申报未申报即实施的集中。因此，附加限制性条件和监督实施共同构成经营者集中的救济制度。

---

〔1〕 "商务部行政处罚决定书（商法函〔2014〕786 号）"，载 http://tfs. mofcom. gov. cn/article/xzcf/201508/20150801082800. shtml，最后访问日期：2021 年 12 月 31 日；"商务部行政处罚决定书（商法函〔2014〕787 号）"，载 http://tfs. mofcom. gov. cn/article/xzcf/201508/20150801082806. shtml，最后访问日期：2021 年 12 月 31 日。

〔2〕 "商务部行政处罚决定书（商法函〔2018〕11 号）"，载 http://www. mofcom. gov. cn/article/xzcf/201801/20180102706299. shtml，最后访问日期：2021 年 12 月 31 日。

（一）救济制度的规则回溯

本章所讨论的救济制度，上位法依据是 2007 年《反垄断法》第 29 条，"对不予禁止的经营者集中，国务院反垄断执法机构可以决定附加减少集中对竞争产生不利影响的限制性条件"。此后，负责经营者集中审查的行政执法机关——商务部出台了《经营者集中申报办法》与《经营者集中审查办法》[1]，自 2010 年 1 月 1 日起施行，细化了附加限制性条件与相关规则。《经营者集中审查办法》第 11 条明确了限制性条件的三种类型：第一，剥离参与集中的经营者的部分资产或业务等结构性条件，包括有形资产、知识产权等无形资产或相关权益。以有形资产为例，在美国辉瑞公司收购美国惠氏公司经营者集中反垄断审查决定的公告（2009 年第 77 号）中，附条件批准了该并购交易。所附条件之一是剥离辉瑞公司在中国境内辉瑞旗下品牌瑞倍适（Respisure）及瑞倍适—旺（Respisure One）的猪支原体肺炎疫苗业务，包括确保其存活性和竞争性所需的有形资产和无形资产。[2]第二，参与集中的经营者开放其网络或平台等基础设施、许可关键技术、终止排他性协议等行为性条件。此种限制性条件实施比较便利，效率较高，不需要对经营者的资产进行剥离，不会对经营者的正常经营产生巨大的影响，有利于集中的参与者迅速调整，把握商业机会。但行为性条件也有其缺点，比如对于反竞争效果的削弱不够彻底，对于附加条件的实施还要由反垄断执法机构进行事后的监督，从而不可避免地增加了执法的成本。[3]从反垄断执法机构审查的诸多案件来看，行为性条件包括但不限于不得增加持股比例、不得将特定产品投放某一市场、不得实质性改变当前商业模式、不得以不合理高价销售产品、不得进行捆绑销售等。第三，结构性条件和行为性条件相结合的综合性条件。此外，该办法还就限制性条件建议的一般要求、对限制性条件建议的修改、限制性条件执行的监督以及罚则进行了原则性规定。

2010 年 7 月 5 日，为进一步规范经营者集中附加资产或业务剥离限制性条件的实施，商务部颁布了《关于实施经营者集中资产或业务剥离的暂行规

---

[1] 《经营者集中审查办法》于 2021 年 5 月 10 日废止。

[2] "关于附条件批准辉瑞公司收购惠氏公司反垄断审查决定的公告"，载 http://www.mofcom.gov.cn/article/b/c/200910/20091006544714.shtml，最后访问日期：2021 年 12 月 31 日。

[3] 邱春霖："论反垄断法中附条件批准经营者集中制度"，载《法治研究》2009 年第 10 期。

定》(商务部公告 2010 年第 41 号，以下简称《剥离规定》)。《剥离规定》主要内容涉及结构性救济中监督受托人与剥离受托人的资格要求及其权利义务，对待剥离资产或业务的购买人资格也进行了规定，此外还对待剥离资产或业务的维护、分持管理人等问题予以了明确。另外，商务部于 2011 年 8 月发布了《关于评估经营者中竞争影响的暂行规定》，由于竞争影响评估是附加限制性条件的基础，对具体案件反竞争效果的评估往往直接决定了案件可能适用的限制性条件，因此该规定对于我国经营者集中附加限制性条件制度的完善也具有积极的意义。在此基础上，2014 年 12 月商务部总结经验，出台《关于经营者集中附加限制性条件的规定（试行）》（以下简称《救济规定》)，《剥离规定》同时废止。《救济规定》是 2007 年《反垄断法》的配套规章，扩大了原《剥离规定》有关救济措施的适用范围，主要是将附加行为性条件作为一种救济手段。

从以上规则的演进可以看到，随着执法实践经验积累，规定的指导性、可操作性、有效性在不断提高。

2018 年国务院机构改革以后，以上部门规章等规范性文件已经失效。国家市场监督管理总局反垄断局负责反垄断行政执法，对原部门规章以及配套意见等进一步整合、细化，于 2020 年出台《经营者集中审查暂行规定》，使经营者集中规定更加清晰、完备。现行规则体系分为以下几个部分。

1. 审查标准

经营者集中的审查标准是执法机关审理案件适用的规则，2007 年《反垄断法》的规定相对原则和抽象，作为专门的部门规章，《经营者集中审查暂行规定》更具指导意义，特别是其中第 25 条至第 30 条，涉及单边效应、协同效应规则在审查中的关注角度，以及各考虑因素的细化规则，同时也是附加限制性条件要实现的目标。

2007 年《反垄断法》的有关规定如下：

第二十七条 审查经营者集中，应当考虑下列因素：

（一）参与集中的经营者在相关市场的市场份额及其对市场的控制力；

（二）相关市场的市场集中度；

（三）经营者集中对市场进入、技术进步的影响；

（四）经营者集中对消费者和其他有关经营者的影响；

（五）经营者集中对国民经济发展的影响；

（六）国务院反垄断执法机构认为应当考虑的影响市场竞争的其他因素。

第二十八条　经营者集中具有或者可能具有排除、限制竞争效果的，国务院反垄断执法机构应当作出禁止经营者集中的决定。但是，经营者能够证明该集中对竞争产生的有利影响明显大于不利影响，或者符合社会公共利益的，国务院反垄断执法机构可以作出对经营者集中不予禁止的决定。

第三十一条　对外资并购境内企业或者以其他方式参与经营者集中，涉及国家安全的，除依照本法规定进行经营者集中审查外，还应当按照国家有关规定进行国家安全审查。

《经营者集中审查暂行规定》的有关规定如下：

第二十四条　审查经营者集中，应当考虑下列因素：

（一）参与集中的经营者在相关市场的市场份额及其对市场的控制力；

（二）相关市场的市场集中度；

（三）经营者集中对市场进入、技术进步的影响；

（四）经营者集中对消费者和其他有关经营者的影响；

（五）经营者集中对国民经济发展的影响；

（六）应当考虑的影响市场竞争的其他因素。

第二十五条　评估经营者集中的竞争影响，可以考察相关经营者单独或者共同排除、限制竞争的能力、动机及可能性。

集中涉及上下游市场或者关联市场的，可以考察相关经营者利用在一个或者多个市场的控制力，排除、限制其他市场竞争的能力、动机及可能性。

第二十六条　评估参与集中的经营者对市场的控制力，可以考虑参与集中的经营者在相关市场的市场份额、产品或者服务的替代程度、控制销售市场或者原材料采购市场的能力、财力和技术条件，以及相关市场的市场结构、其他经营者的生产能力、下游客户购买能力和转换供应商的能力、潜在竞争者进入的抵消效果等因素。

评估相关市场的市场集中度，可以考虑相关市场的经营者数量及市场份额等因素。

第二十七条　评估经营者集中对市场进入的影响，可以考虑经营者通过控制生产要素、销售和采购渠道、关键技术、关键设施等方式影响市场进入的情况，并考虑进入的可能性、及时性和充分性。

评估经营者集中对技术进步的影响，可以考虑经营者集中对技术创新动力、技术研发投入和利用、技术资源整合等方面的影响。

第二十八条　评估经营者集中对消费者的影响，可以考虑经营者集中对产品或者服务的数量、价格、质量、多样化等方面的影响。

评估经营者集中对其他有关经营者的影响，可以考虑经营者集中对同一相关市场、上下游市场或者关联市场经营者的市场进入、交易机会等竞争条件的影响。

第二十九条　评估经营者集中对国民经济发展的影响，可以考虑经营者集中对经济效率、经营规模及其对相关行业发展等方面的影响。

第三十条　评估经营者集中的竞争影响，还可以综合考虑集中对公共利益的影响、参与集中的经营者是否为濒临破产的企业等因素。

2. 附加限制性条件

2007 年《反垄断法》第 29 条规定，对不予禁止的经营者集中，国务院反垄断执法机构可以决定附加减少集中对竞争产生不利影响的限制性条件。《经营者集中审查暂行规定》的有关规定如下：

第三十二条　为减少集中具有或者可能具有的排除、限制竞争的效果，参与集中的经营者可以向市场监管总局提出附加限制性条件承诺方案。

市场监管总局应当对承诺方案的有效性、可行性和及时性进行评估，并及时将评估结果通知申报人。

市场监管总局认为承诺方案不足以减少集中对竞争的不利影响的，可以与参与集中的经营者就限制性条件进行磋商，要求其在合理期限内提出其他承诺方案。

第三十三条　根据经营者集中交易具体情况，限制性条件可以包括如下种类：

（一）剥离有形资产、知识产权等无形资产或者相关权益（以下简称剥离业务）等结构性条件；

（二）开放其网络或者平台等基础设施、许可关键技术（包括专利、专有技术或者其他知识产权)、终止排他性协议等行为性条件；

（三）结构性条件和行为性条件相结合的综合性条件。

剥离业务一般应当具有在相关市场开展有效竞争所需要的所有要素，包括有形资产、无形资产、股权、关键人员以及客户协议或者供应协议等权益。剥离对象可以是参与集中经营者的子公司、分支机构或者业务部门。

第三十五条 对于具有或者可能具有排除、限制竞争效果的经营者集中，参与集中的经营者提出的附加限制性条件承诺方案能够有效减少集中对竞争产生的不利影响的，市场监管总局可以作出附加限制性条件批准决定。参与集中的经营者未能在规定期限内提出附加限制性条件承诺方案，或者所提出的承诺方案不能有效减少集中对竞争产生的不利影响的，市场监管总局应当作出禁止经营者集中的决定。

3. 程序性规定

就基本思路、规则而言，附加限制性条件的案件属于集中对竞争损害较大的案件，所以必然适用普通程序。根据法律规定，经营者集中的普通申报审查流程如表 4-2 所示：

表 4-2 中国经营者集中普通申报审查流程

阶段	期限	决定类型		是否通过审查
第一阶段	30 日内	决定进一步审查		未知
		决定不进行进一步审查	附加限制性条件	附条件通过
			未附加限制性条件	通过
		未作出决定		通过
第二阶段	90 日内特定情形延长但不超过 60 日	决定予以禁止		被禁止
		决定不禁止	附加限制性条件	附条件通过
			未附加限制性条件	通过
		未作出决定		通过

附加限制性条件的案件仅限于经营者集中具有或者可能具有排除、限制竞争效果的案件，且该限制竞争效果可以通过所附加的限制性条件予以消解，否则应当禁止该项集中。《经营者集中审查暂行规定》第 31 条、第 32 条规定

155

了限制性条件的确定过程，具体有以下几个步骤：（1）国家市场监督管理总局告知申报人拟议交易具有或可能具有排除、限制竞争效果，设定一个合理期间，允许经营者提交书面意见。（2）申报方可以在规定期限内提出救济方案。如前所述，附加限制性条件批准经营者集中，目的是既消除经营者集中可能产生的限制竞争效果，又不妨碍参与经营者集中可以带来的收益。申报方提出的限制性条件建议应当满足三项条件：一是有效性，足以消除集中对竞争产生的不利影响；二是可行性，在实践中是可以操作的；三是及时性，能够快速解决集中存在的竞争问题。（3）国家市场监督管理总局在收到申报方的建议后，可以与之进行协商，并对附条件建议消除反竞争的效果（上述"三性"）进行评估，将评估结果通知申报方。评估方式通常包括发放调查问卷、召开座谈会、举行听证会等方式，听取政府部门、行业协会、相关企业等方面的意见等。（4）如果评估认为该条件无法消除负面竞争影响，申报方通常会提出新的救济方案，即重复第（2）、第（3）两个步骤，直至评估通过，经主管行政机关批准附条件集中的公告。如在恩智浦收购飞思卡尔股权案[1]中，由于双方在通用微控制器、电源专用模拟集成电路（用于汽车应用领域）和射频功率晶体管市场存在横向重叠，股权收购行为会导致恩智浦在相关市场的控制力进一步增强，且消除在射频功率晶体管市场上最领先的两个紧密竞争者之间的竞争，最终决定接受恩智浦所提出的限制性条件，即完全剥离其射频功率晶体管业务，向"北京建广"出售该业务。

此处需要特别说明的是，所附加的限制性条件是由申报方提出、而非由执法机构直接做出决定，执法机构评估消除竞争损害的救济效果，符合前述审查标准的予以通过。如果申报方所提出的附加限制条件不足以消除反竞争影响，那么该项集中应当被禁止。2007 年《反垄断法》施行十多年来，合计有三个被禁止的案件：分别是可口可乐并购汇源案、[2]马士基集中案[3]和

〔1〕"关于附加限制性条件批准恩智浦收购飞思卡尔全部股权案经营者集中反垄断审查决定的公告"，载 www.mofcom.gov.cn/article/b/c/201511/20151101196189.shtml，最后访问日期：2021 年 12 月 31 日。

〔2〕"关于禁止可口可乐公司收购中国汇源公司审查决定的公告"，载 http://www.mofcom.cn/aarticle/b/c/200903/20090306108617.html，最后访问日期：2021 年 12 月 31 日。

〔3〕"关于禁止马士基、地中海航运、达飞设立网络中心经营者集中反垄断审查决定的公告"，载 http://www.mofcom.gov.cn/article/b/c/201406/20140600628730.shtml，最后访问日期：2021 年 12 月 31 日。

虎牙并购斗鱼案。以虎牙并购斗鱼案为例，审查决定最后的部分是这样表述的：审查过程中，国家市场监督管理总局将本案具有或者可能具有排除、限制竞争效果的审查意见及时告知申报方，并与申报方就如何减少该经营者集中对竞争产生的不利影响等有关问题进行了多轮商谈。申报方提交了多轮附加限制性条件承诺方案（以下简称承诺方案）。对申报方提交的承诺方案，国家市场监督管理总局按照 2007 年《反垄断法》《经营者集中审查暂行规定》，重点对承诺方案的有效性、可行性和及时性方面进行了评估。经评估，国家市场监督管理总局认定，申报方提交的承诺方案不能有效减少集中对相关市场竞争的不利影响。申报方未能证明集中对竞争产生的有利影响明显大于不利影响，或者符合社会公共利益。国家市场监督管理总局决定，根据 2007 年《反垄断法》第 28 条和《经营者集中审查暂行规定》第 35 条规定，禁止此项经营者集中。[1] 由此可见限制性条件的提出、商谈以及评估的情况。

4. 限制性条件的实施

限制性条件的实施是落实限制性条件、实现竞争损害矫正的重要步骤。比如在结构性救济案件中，受让剥离资产的买受方如何确定？是否以买价作为优先甚至是唯一的判断标准？在恩智浦案件中，纯粹的财务投资公司是否可以作为适格的买受方？又如在行为性救济案件中，要求知识产权权利人的专利许可费是合理的，如何判断"合理价格"？这些均有赖于限制性条件的具体实施。《救济规定》第三章对此作了具体的规定，其失效后，《经营者集中审查暂行规定》第三章、第四章涉及了限制性条件实施的内容。国家市场监督管理总局在 2018 年 9 月 29 日出台了《监督受托人委托协议示范文本》，开篇即说明该文本是依据 2007 年《反垄断法》《经营者集中审查办法》《救济规定》制定的，其目的是"明晰权利义务关系，提高签约效率"，这部示范文本是从申报人的角度进行指引的。

为了保证限制性条件有效实施，执法机构制定了具体规则，其中比较重要的有：自行剥离与受托剥离的分类、"皇冠宝石规则"和买家前置规则。

结构性救济的主要手段是剥离，即剥离义务人将剥离业务出售给参与经营者集中之外的独立买方的行为，被剥离的业务包括有形资产、无形资产、

---

[1]　"关于禁止虎牙公司与斗鱼国际控股有限公司合并案反垄断审查决定的公告"，载 https://www.samr.gov.cn/fldj/tzgg/ftjpz/202107/t20210708_332421.html，最后访问日期：2021 年 12 月 31 日。

股权、关键人员、客户协议或者供应协议等权益，既可以是经营者的子公司、分支机构，也可以是业务部门。在附加限制性条件的案件中，执法机构会明确剥离义务人，比如在恩智浦收购飞思卡尔股权案中，恩智浦是剥离义务人。此外，该规定对以下问题作出规定：剥离的种类，涉及资产（业务）剥离的及其职责、义务，对监督受托人和剥离受托人的要求，对剥离业务买方的要求，剥离期限，反垄断执法机构在剥离过程中的职责。

剥离的实施包括两种类型：第一种是自行剥离，即由剥离义务人寻找买方并签订相关协议。根据《经营者集中审查暂行规定》第40条的规定，剥离义务人应当在审查决定规定的期限内向反垄断执法机构提交买方人选及其与买方签署的出售协议。审查决定可能根据具体案件情况规定剥离期限，如果是未规定自行剥离期限的，剥离义务人应在审查决定作出之日起6个月内找到适当的买方并签订出售协议。根据案件具体情况，经剥离义务人说明理由，反垄断执法机构可以酌情延长自行剥离期限，但延期最长不得超过3个月。第二种是受托剥离，即剥离义务人未能如期完成自行剥离的情形下，由一个独立第三方即剥离受托人在审查决定规定的期限内寻找买方、签订出售协议并经商务部审核批准。审查决定未规定受托剥离期限的，剥离受托人应当在受托剥离开始之日起6个月内寻找适当的买方并签订出售协议。此后将剥离的业务或资产进行转移。根据《经营者集中审查暂行规定》第41条规定，剥离义务人应当在出售协议签订之日起3个月内将剥离业务转移给买方，并完成所有权转移等相关法律程序。但根据案件具体情况，经剥离义务人申请并说明理由，反垄断执法机构可酌情延长业务转移的期限。

为了保证附加条件有效实施，《经营者集中审查暂行规定》第34条作了进一步规定，"承诺方案存在不能实施的风险的，参与集中的经营者可以提出备选方案。备选方案应当在首选方案无法实施后生效，并且比首选方案的条件更为严格。承诺方案为剥离，但存在下列情形之一的，参与集中的经营者可以在承诺方案中提出特定买方和剥离时间建议：（一）剥离存在较大困难；（二）剥离前维持剥离业务的竞争性和可销售性存在较大风险；（三）买方身份对剥离业务能否恢复市场竞争具有重要影响；（四）市场监管总局认为有必要的其他情形"。

在反垄断执法机构作出有条件集中的许可后，当事方承诺还包括最少两个解决方案：一是首选救济方案，二是替代救济方案，一旦首选救济方案无法实施，比如没有适格的买家等，便适用替代方案。替代方案比首选方案更加"严格"。"严格"一词是从申报人的角度来判断的，也就是说，替代方案对申报人相对不利，比如要拿出更多、更有效的资产，以帮助附加条件的实施。这在反垄断法上被称为"皇冠宝石规则"。除此之外，国外文献中还有"皇冠宝石条款""皇冠宝石资产"、替代剥离承诺、替代剥离资产等类似概念。2014 年，商务部公布的《救济规定》首次规定了相关条款。事实上，在2009 年的日本三菱丽阳公司收购璐彩特国际公司案中，[1]商务部在附加限制性条件时已经适用了"皇冠宝石规则"。根据三菱丽阳收购璐彩特案的决定，要求璐彩特中国公司在五年剥离期内将其年产能的 50% 剥离出来，一次性出售给一家或多家非关联的第三方购买人；如果在剥离期内未能完成产能剥离，集中双方同意商务部有权指派独立的受托人将璐彩特中国公司的全部股权出售给独立第三方。在嘉能可国际收购斯特拉塔公司案、[2]联合技术收购古德里奇案、[3]联合技术收购罗克韦尔柯林斯案[4]中，都规定了无底价拍卖的备选资产，这对于申报人而言是有很大压力的。

可以看到，"皇冠宝石规则"创设的是一种担保机制，只有在首选剥离失败的情况下才会实际剥离替代资产包，是一种解决问题的实用性工具。当救济措施是结构性的限制性条件时，比如剥离资产，那么通常以"皇冠宝石资

〔1〕 "关于附加限制性条件批准日本三菱丽阳公司收购璐彩特国际公司审查决定的公告"，载 http://www.mofcom.gov.cn/aarticle/b/c/200904/20090406198963.html，最后访问日期：2021 年 12 月 31日。但是由于当时还尚未对剥离受托人进行规定，所以采用了"独立的受托人"的表述。

〔2〕 "关于附加限制性条件批准嘉能可国际公司收购斯特拉塔公司经营者集中反垄断审查决定的公告"，载 http://www.mofcom.gov.cn/article/b/c/201304/20130400091299.shtml，最后访问日期：2021年 12 月 31 日。根据公告，要求嘉能可于 2015 年 6 月 30 日之前完成拉斯邦巴斯项目的转让交割（该案是 2013 年 4 月 16 日做出决定的），同时采取了两种防范和后备措施：第一，细化剥离进度以及报告义务，包括自公告之日起 3 个月内启动出售项目的程序并发出要约公告；定期向商务部报告潜在买方的详细情况；除非经商务部同意，在 2014 年 9 月 30 日前与买方签订具有约束力的出售协议；在 2015年 6 月 30 日前完成交割。第二，如嘉能可未能于 2014 年 9 月 30 日之前按上述要求与经商务部同意的买方签订具有约束力的出售协议，或者虽签署协议但未于 2015 年 6 月 30 日之前完成协议项下的转让交割，除非经商务部同意，嘉能可应当委任剥离受托人，无底价拍卖商务部指定的其在下述任一项目中的全部权益：坦帕坎、芙蕾达河、埃尔帕琼或阿伦布雷拉。

〔3〕 集中后 6 个月内找到购买人，经申请可延长至 9 个月，仍未找到购买人并签订协议，则剥离受托人在 3 个月内以无底价方式出售。

〔4〕 集中后 6 个月内找到购买人，未找到的则剥离受托人在上述期限届满后 6 个月内以无底价拍卖方式出售。

产"为标志的替代剥离承诺方案，就意味着更为重要或更为广泛的资产剥离方案。该规则不是实体规则，也不是救济措施本身，而是确保限制性条件得以实施的程序性规则。

为了落实资产剥离措施，避免因剥离失败导致的风险，我国还规定了类似于"买家前置"的规则。美国、欧盟的规定则有些不同，美国联邦贸易委员会的做法是，要求剥离义务人必须在找到适格的买家，签署资产出售协议并经反垄断执法机构认可之后，反垄断执法机构才发布同意令。欧盟委员会的做法是，剥离义务人必须承诺在找到适格的买家并签订协议之前不会实施集中，此时欧盟委员会才会发布附加限制性条件批准的公告。当剥离签署协议后，允许剥离义务人实施集中。[1]我国的规定与欧盟接近，但此处是或有事项，即"买家前置"是一种可选项，而非必须。

5. 附加限制性条件的监督与解除

所达成的附加限制性条件，对于申报人而言是一种承诺。[2]在附加限制性条件实施的过程中，反垄断执法机构可以自行或者委托受托人对经营者履行承诺的情况进行监督检查。限制性条件的实施是一个高度专业化的领域，由独立于参与集中的经营者的独立第三方进行，即监督受托人和剥离受托人。监督受托人经反垄断执法机构认定、与经营者签订协议，在附条件期限内就义务人实施限制性条件的情况进行监督，并定期向执法机构汇报，敦促经营者遵守所附加之条件。迄今有三起案件中义务人因违反限制性条件受到行政处罚。如西部数据、赛默飞世尔科技公司因此受到行政处罚。[3]

剥离受托人是指接受义务人委托并经反垄断执法机构评估确定，在受托

---

〔1〕 参见叶军："先行修正和买家前置规则比较研究"，载《中外法学》2015年第1期。

〔2〕 关于附加限制性条件制度的本质，即其是否属于承诺制度的一种，目前学术界存在两种对立的观点。一种观点认为二者之间并无任何关联，后者适用于调查案件，而经营者集中审查并不是严格意义上的反垄断调查；另一种观点认为附加限制性条件制度是承诺制度的一种表现形式，同样是当事方在反垄断执法机构就垄断行为进行调查的程序中提出救济方案或采取具体措施消除行为后果，从而促使执法机构附条件批准或终止调查。此处笔者并无意就此展开讨论，二者在对附加限制性条件制度的运行机制方面并无根本性矛盾。两种观点分别参见黄勇："经营者承诺制度的实施与展望"，载《中国工商管理研究》2008年第4期；焦海涛："我国经营者承诺制度的适用与完善"，载《当代法学》2012年第2期。

〔3〕 商务部行政处罚决定书，两起针对西部数据，分别是商法函〔2014〕786号、商法函〔2014〕787号；另外一起为针对赛默飞世尔科技公司的商法函〔2018〕11号。

剥离阶段负责出售剥离业务，并向执法机构汇报的自然人、法人或者其他组织。[1]

无论是结构性条件还是行为性条件，对受托人的专业性要求都非常高。因此，在诸多影响救济措施效果的因素中，受托人的资质无疑是极其重要的。为此，《经营者集中审查暂行规定》对义务人的资格、选任、剥离情况下的买方资格作了详细的规定：

第三十七条　通过受托人监督检查的，义务人应当在市场监管总局作出审查决定之日起十五日内向市场监管总局提交监督受托人人选。限制性条件为剥离的，义务人应当在进入受托剥离阶段三十日前向市场监管总局提交剥离受托人人选。受托人应当符合下列要求：

（一）独立于义务人和剥离业务的买方；

（二）具有履行受托人职责的专业团队，团队成员应当具有对限制性条件进行监督所需的专业知识、技能及相关经验；

（三）能够提出可行的工作方案；

（四）过去五年未在担任受托人过程中受到处罚；

（五）市场监管总局提出的其他要求。

市场监管总局评估确定受托人后，义务人应当与受托人签订书面协议，明确各自权利和义务，并报市场监管总局同意。受托人应当勤勉、尽职地履行职责。义务人支付受托人报酬，并为受托人提供必要的支持和便利。

第三十八条　附加限制性条件为剥离的，剥离义务人应当在审查决定规定的期限内，自行找到合适的剥离业务买方、签订出售协议，并报经市场监管总局批准后完成剥离。剥离义务人未能在规定期限内完成剥离的，市场监管总局可以要求义务人委托剥离受托人在规定的期限内寻找合适的剥离业务买方。剥离业务买方应当符合下列要求：

（一）独立于参与集中的经营者；

（二）拥有必要的资源、能力并有意愿使用剥离业务参与市场竞争；

（三）取得其他监管机构的批准；

（四）不得向参与集中的经营者融资购买剥离业务；

---

[1]《经营者集中审查暂行规定》第36条第4款、第5款。

（五）市场监管总局根据具体案件情况提出的其他要求。

买方已有或者能够从其他途径获得剥离业务中的部分资产或者权益时，可以向市场监管总局申请对剥离业务的范围进行必要调整。

第三十九条 义务人提交市场监管总局审查的监督受托人、剥离受托人、剥离业务买方人选原则上各不少于三家。

在特殊情况下，经市场监管总局同意，上述人选可少于三家。市场监管总局应当对义务人提交的受托人及委托协议、剥离业务买方人选及出售协议进行审查，以确保其符合审查决定要求。

限制性条件为剥离的，市场监管总局上述审查所用时间不计入剥离期限。

第四十三条 在剥离完成之前，为确保剥离业务的存续性、竞争性和可销售性，剥离义务人应当履行下列义务：

（一）保持剥离业务与其保留的业务之间相互独立，并采取一切必要措施以最符合剥离业务发展的方式进行管理；

（二）不得实施任何可能对剥离业务有不利影响的行为，包括聘用被剥离业务的关键员工，获得剥离业务的商业秘密或者其他保密信息等；

（三）指定专门的管理人，负责管理剥离业务。管理人在监督受托人的监督下履行职责，其任命和更换应当得到监督受托人的同意；

（四）确保潜在买方能够以公平合理的方式获得有关剥离业务的充分信息，评估剥离业务的商业价值和发展潜力；

（五）根据买方的要求向其提供必要的支持和便利，确保剥离业务的顺利交接和稳定经营；

（六）向买方及时移交剥离业务并履行相关法律程序。

经营者集中反垄断审查决定生效后，如果作出限制性条件所依据的客观情况发生重大变化，执法机构可以对限制性条件重新审查，变更或者解除限制性条件，也可以由集中后的经营者向执法机构提出书面申请，并说明理由。评估变更或者解除限制性条件时考虑如下因素：集中交易方是否发生重大变化；相关市场竞争状况是否发生了实质性变化；实施限制性条件是否无必要或不可能。根据所附加限制性条件的差异，一种是自动解除限制性条件的案件，通常适用于结构性救济案件，剥离完成后即告解除，如辉瑞收购惠氏公司案、诺华收购爱尔康案；另一种是经评估解除限制性条件的案件，即经当事人申请，由执法机构根据市场的竞争状况、经营者的情况等评估原附加的条件是否需要继续履行。

（二）我国救济措施的实践与实证分析

2008 年 8 月 1 日至 2021 年 12 月 31 日，合计有 52 个案件被附加限制性条件。毫无疑问，这些案件相对复杂，对竞争影响的评估思路、评估方法、救济措施等颇受关注，也是学术研究的重点。笔者根据执法机构（商务部、国家市场监督管理总局）发布的处罚决定书，将这 52 个案件的重要信息做了汇总，见表 4-3 所示，以便进行比较分析。总体而言，随着案例愈加丰富，执法经验日渐成熟，从行政决定书可以发现公告内容越来越具体、详实，竞争性分析的逻辑性、完整性不断加强，说理更加细致，论证的层次更加清晰，所适用的限制性条件比较灵活多样。

关于表 4-3 有以下几点说明：第一，关于立案时间。公告披露了申报人递交材料的时间，其后有些申报因为需要补充资料，立案时间要晚于材料递交时间，我国《经营者集中审查暂行规定》第 19 条所规定的审查时间以立案时间为起始计算。一些案件有两个或者三个立案时间，是因为有撤回再申报的情况。比如丹佛斯公司收购伊顿股份案，2020 年 9 月 4 日立案，2021 年 2 月 25 日"在进一步审查延长阶段届满前，申报方申请撤回案件并得到国家市场监督管理总局同意"。2021 年 3 月 5 日申报方再度申报并予以立案，2021 年 6 月 4 日审结，于是有两组对应的时间。在有些案件中，公告只说明申报人撤回申请，但没有写明具体时间，如第 29 号马士基案。[1] 这种情况下，表格中"立案时间"一栏的两个时间分别为第一次申报、第二次申报的立案时间，没有注明撤回时间。第二，救济措施。前文已述，对于措施的分类，在学术、实务角度有不同的标准，对于结构性条件和混合性条件的区分，笔者是根据剥离之外有无其他条件来判断的，如果有则归为综合性条件。第三，有关国家或地区的申报情况，笔者是根据公开信息记录的，填写在表格上的可以确保其真实性；因为全球施行并购申报的法域非常多，数据上难以穷尽，所以没有填写的仅表示没有取得有关信息，并不意味着没有中国大陆地区以外的申报。具体情况见表 4-3 所示。

---

〔1〕 特别要说明的是，此处被附加限制性条件的是 2017 年第 77 号案件；还有另外一个马士基并购案是 2014 年第 46 号，该并购被禁止。

表 4-3 中国附加限制性条件案件情况统计

（2008 年 8 月 1 日至 2021 年 12 月 31 日）

附加条件类型	序号	当事人	立案时间	决定时间	审查时长/天	收购类型	集中类型	中国大陆地区以外的审批情况
结构性条件	1	辉瑞公司收购惠氏公司	2009.06.15	2009.09.29	106	股权收购	横向	欧盟、美国均附加结构性条件批准合并
	2	佩内洛普公司收购萨维奥纺织机械公司	2011.09.05	2011.10.31	56	股权收购	横向	
	3	联合技术收购古德里奇	2012.02.26	2012.06.15	110	股权收购	横向	欧盟、美国均附加结构性条件批准合并
	4	美国百特国际公司收购瑞典金宝公司	2013.03.12	2013.08.08	149	股权收购	横向	欧盟附加结构性条件批准合并；美国无条件批准合并
	5	恩智浦收购飞思卡尔全部股权	2015.05.15	2015.11.25	194	股权收购	横向	美国、欧盟、日本、韩国附加结构性条件批准合并
	6	百威英博收购英国南非米勒酿酒公司	2015.03.29	2016.07.29	488	股权收购	横向	美国、南非、欧盟附加结构性条件批准合并
	7	雅培公司收购圣尤达医疗公司	2016.09.06	2016.12.30	115	股权收购	横向	美国、欧盟附加结构性条件批准合并
	8	贝克顿—迪金森公司与美国巴德公司合并	2017.07.12	2017.12.27	168	股权收购	横向	
	9	丹纳赫公司收购通用电气医疗生命科学生物制药业务	2019.6.24 2019.12.12（撤回）2019.12.24	2020.2.28	237	资产收购	横向	

续表

附加条件类型	序号	当事人	立案时间	决定时间	审查时长/天	收购类型	集中类型	中国大陆地区以外的审批情况
	10	丹佛斯公司收购伊顿股份	2020.9.4 2021.2.25（撤回） 2021.3.5	2021.6.4	265	资产收购	横向	
行为性条件	11	英博集团收购AB公司	2008.10.27	2008.11.18	22	股权收购	横向	美国附加结构性条件批准合并
	12	通用汽车收购德尔福	2009.08.31	2009.09.28	28	股权收购	纵向	欧盟、美国均无条件批准合并
	13	诺华股份收购爱尔康公司	2010.04.20	2010.08.13	115	股权收购	横向	欧盟、美国均附加结构性条件批准合并
	14	乌拉尔公司吸收合并谢尔维尼特公司	2011.03.14	2011.06.02	80	股权收购	横向	
	15	通用电气公司收购神华煤制油化工公司	2011.05.16	2011.11.10	178	企业合营	纵向	
	16	希捷科技公司收购三星电子公司硬盘驱动器业务	2011.06.13	2011.12.12	182	资产收购	横向	美国、欧盟均无条件批准合并
	17	汉高香港和天德化工	2011.09.26	2012.02.09	136	企业合营	纵向	
	18	谷歌收购摩托罗拉移动	2011.11.21	2012.05.19	180	股权收购	纵向	欧盟、美国均无条件批准合并
	19	沃尔玛公司收购纽海控股	2012.02.16	2012.08.13	179	股权收购	横向	

续表

附加条件类型	序号	当事人	立案时间	决定时间	审查时长/天	收购类型	集中类型	中国大陆地区以外的审批情况
行为性条件	20	安谋公司、捷德公司和金雅拓公司	2012.06.28	2012.12.06	161	企业合营	纵向	欧盟附加行为性条件批准合并
	21	丸红公司收购高鸿公司	2012.07.31	2013.04.22	265	股权收购	横向	欧盟、美国均无条件批准合并
	22	联发科技股份公司吸收合并开曼晨星半导体公司	2012.09.04 2013.2.22（撤回）2013.03.12	2013.08.26	338	股权收购	横向	韩国附加行为性条件批准合并
	23	微软收购诺基亚设备和服务业务	2013.10.10	2014.04.08	180	资产收购	纵向	欧盟、美国无条件批准合并
	24	默克公司收购安智电子材料公司	2014.01.29	2014.04.30	91	股权收购	横向	获美国、德国、日本等国家和地区批准
	25	科力远、丰田中国、PEVE、新中源、丰田通商设立合营企业	2014.03.04	2014.07.02	120	企业合营	纵向	
	26	诺基亚收购阿尔卡特朗讯股权	2015.06.15	2015.10.19	126	股权收购	横向	欧盟、美国无条件批准合并
	27	博通公司收购博科通讯系统公司	2017.03.06	2017.08.22	169	股权收购	纵向	美国附加行为性条件批准合并
	28	惠普公司收购三星电子有限公司部分业务	2016.12.23 2017.06.21	2017.10.05	286	资产收购	横向	

续表

附加条件类型	序号	当事人	立案时间	决定时间	审查时长/天	收购类型	集中类型	中国大陆地区以外的审批情况
行为性条件	29	马士基航运公司收购汉堡南美船务集团	2017.04.27 2017.10.24	2017.11.07	194	股权收购	纵向	巴西无条件批准；欧盟附加结构性条件批准
	30	日月光半导体制造公司收购矽品精密工业股份公司	2016.12.14 2017.06.06	2017.11.24	345	股权收购	横向	美国无条件批准合并
	31	依视路国际与陆逊梯卡集团合并	2017.08.17 2018.02.11（撤回）2018.03.07	2018.07.25	318	股权收购	纵向	欧盟、美国无条件通过合并
	32	科天公司收购奥宝科技有限公司	2018.6.26 2018.12.18（撤回）2018.12.20	2019.02.13	230	股权收购	纵向	
	33	卡哥特科集团收购德瑞斯集团	2018.7.26 2019.1.11（撤回）2019.1.14	2019.7.12	348	资产收购	横向	
	34	高意股份有限公司收购菲尼萨股份有限公司	2019.02.20 2019.8.14（撤回）2019.8.20	2019.9.23	209	股权收购	横向	
	35	浙江花园生物高科股份有限公司与皇家帝斯曼有限公司	2018.5.2 2018.10.24（撤回）2019.4.30	2019.10.18	346	企业合营	横向	
	36	英飞凌收购赛普拉斯	2019.10.9	2020.4.2	176	股权收购	横向、纵向	
	37	英伟达收购迈络思科技	2019.8.15 2020.2.9（撤回）2020.2.12	2020.4.16	242	股权收购	纵向	

续表

附加条件类型	序号	当事人	立案时间	决定时间	审查时长/天	收购类型	集中类型	中国大陆地区以外的审批情况
行为性条件	38	采埃孚股份收购威伯科	2019.11.25	2020.5.15	172	股权收购	横向、纵向	
	39	思科系统公司收购阿卡夏通信	2019.12.20 2020.6.11（撤回） 2020.6.16 2020.12.10（撤回） 2020.12.11	2021.1.14	386	股权收购	纵向、相邻	
	40	伊利诺斯工具制品收购美特斯系统公司	2021.4.21 2021.10.15（撤回） 2021.10.18	2021.11.18	208	股权收购	横向	
混合性条件	41	三菱丽阳收购璐彩特	2009.01.20	2009.04.24	94	股权收购	横向	欧盟无条件批准合并
	42	松下公司收购三洋公司	2009.04.30	2009.10.30	183	股权收购	横向	欧盟、美国均附加结构性条件批准合并
	43	西部数据收购日立存储	2011.05.10 2011.11.1（撤回） 2011.11.07	2012.03.02	290	股权收购	横向	欧盟、美国均附加结构性条件批准合并收购
	44	嘉能可国际公司收购斯特拉塔公司	2012.05.17 2012.11.6（撤回） 2012.11.29	2013.04.16	312	股权收购	横向、纵向	欧盟附加结构性条件批准合并；美国无条件批准合并
	45	赛默飞世尔科技公司收购立菲技术公司	2013.08.27	2014.01.14	140	股权收购	横向	欧盟附加结构性条件批准合并

续表

附加条件类型	序号	当事人	立案时间	决定时间	审查时长/天	收购类型	集中类型	中国大陆地区以外的审批情况
混合性条件	46	陶氏化学公司与杜邦合并	2016.05.06 2016.11.17	2017.04.29	358	股权收购	横向	欧盟附加行为性条件批准合并；美国附加结构性条件；获得巴西批准
	47	加阳公司与萨斯喀彻温钾肥公司合并	2016.12.05 2017.06.02	2017.11.06	336	股权收购	横向	获得美国联邦贸易委员会批准
	48	拜耳股份公司收购孟山都公司股权	2017.02.24 2017.9.8（撤回） 2017.09.19	2018.03.13	372	股权收购	横向	欧盟、美国司法部附加结构性条件批准合并
	49	林德集团与普莱克斯公司合并	2017.09.29 2018.3.23（撤回） 2018.04.04 2018.09.29	2018.09.30	354	股权收购	横向、纵向	智利、阿根廷、俄罗斯、墨西哥无条件批准合并；美国、欧盟、印度、韩国、加拿大附加结构性条件批准合并；巴西附加综合性条件批准合并
	50	联合技术公司收购罗克韦尔柯林斯公司股权	2017.12.13 2018.6.7（撤回） 2018.6.8	2018.11.23	344	股权收购	横向、纵向	美国司法部、欧盟附加结构性条件批准合并
	51	诺贝丽斯公司收购爱励公司	2018.12.13 2019.6.6（撤回） 2019.6.14 2019.12.6（撤回） 2019.12.12	2019.12.20	358	股权收购	横向	
	52	SK海力士收购英特尔	2021.3.22 2021.9.15（撤回） 2021.9.18	2021.12.19	269	资产收购	横向、纵向	

从以上表格可以看出，在这 52 个案件中，有横向集中因素的案件合计 39 个，占比为 75%；10 个适用结构性救济案件全部是横向集中，也就是说，纵向集中案件均适用了行为性救济（如图 4-4 所示）。值得注意的是，有 15 个横向集中案件采用了单纯的行为性救济模式。

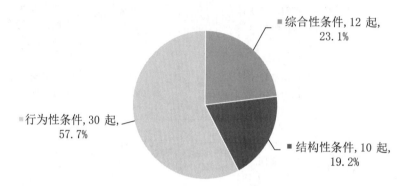

图 4-4　中国附加限制性条件案件比例
（2008 年 8 月 1 日至 2021 年 12 月 31 日）

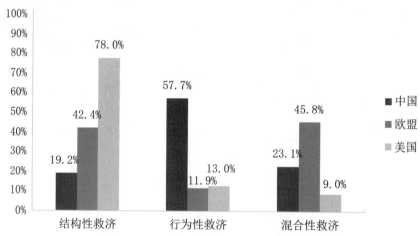

图 4-5　中国、欧盟、美国附加限制性条件情况统计

我国适用行为性救济、结构性救济的情况与美国、欧盟有较大差异（如图 4-5 所示）。结合美国、欧盟的官方数据统计，从适用行为性救济的比例来看，三个法域由高到低依次为：中国 57.7%、美国 13.0%、欧盟 11.9%，美国和欧盟在行为性救济的偏好方面相当。如果考虑到综合性条件兼具结构性条件的因素，又有行为性条件的因素而将其与行为性救济加总，会发现救济措施涉及行为性条件的比例依次如下：中国 80.8%、欧盟 67.7%、美国 22.0%，这种偏离度还是可以说明问题的，美国更偏好结构性救济措施。从表 4-3 的统计也可以得出这样的结论，在已知审查结果的中国大陆以外可比对的申报案件中，欧美或者选择了无条件通过，如第 21 号丸红公司收购高鸿公司案等；而那些采取救济措施的案例几乎都选择了结构性救济，只有两个例外：一个是第 20 号安谋公司、捷德公司和金雅拓公司案，欧盟附加了行为性救济条件；另一个是第 27 号博通公司收购博科通讯系统公司案。

从案件审结时间来看，三类案件的平均审查期如下：结构性救济 189 天，行为性救济 203 天，综合性救济 284 天。其中要说明的是，对于有撤回重报情节的案件，公告载明立案时间、撤回时间、再次申报时间的，扣除了撤回与再次申报之间的间隔；对于没有写明撤回时间的，没有剔除这一期间。比如，马士基集中案没有写明第一次撤回时间，在这种情况下审查时长就直接从立案时间 2017 年 4 月 27 日与结案时间 2017 年 11 月 7 日来计算。

根据 2007 年《反垄断法》第 25 条、第 26 条关于审查期限的规定，笔者将审查时长设定为 30 天、120 天、180 天和 300 天四个观察点、五个区间。统计数据中各含本数，意为审查时长为 180 天的案件，如第 18 号谷歌收购摩托罗拉移动，纳入 120~180 天区间。根据这一规则，统计情况如图 4-6 所示。

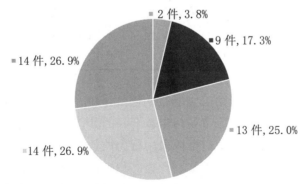

图 4-6　中国附加限制性条件案件审查时长统计

审查时长在 180 天以上的案件合计为 28 件，占比为 53.85%。时长在 300 天以上的案件，涉及三类救济措施，其中综合性救济占比最高，也印证了之前综合类案件平均时长最高的结论。

此外，在这 52 个案件中，有 23 个案件有撤回再申报的情节，比例高达 44.23%。其中第 39 号思科案、第 49 号林德案、第 51 号诺贝丽斯案两次撤回、三次申报。这说明对于附加限制性条件案件来说，我国现行法定审查时间是比较紧张的，一个经营者集中案件的最长审限是 180 天。与其他法域不同的是，中国的读表制度是自申报立案日起算，以自然的日历日计算，而非工作日，且一旦起算不能停钟。对于附加限制性条件的案件来说，需要经营者与执法机构反复磋商，还可能经过听证、公告等程序，客观上导致一些案件无法在法定期限内审结，于是出现了前述多次立案的情形。为此，全国人大发布的《反垄断法（修正草案）》第 32 条增加了中止审查期限的规定，"有下列情形之一的，国务院反垄断执法机构可以决定中止计算经营者集中的审查期限，并书面通知经营者：（一）经营者未按照规定提交文件、资料，导致审查工作无法进行；（二）出现对经营者集中审查具有重大影响的新情况、新事实，需要进行核实；（三）对经营者集中附加的限制性条件需要进一步评估，且经营者同意。自中止计算审查期限的情形消除之日起，审查期限继续计算，国务院反垄断执法机关应当书面通知经营者"。这就是俗称的"停钟制度"。"停钟制度"适用的出发点并不是为了解决案件不能如期审结的问题，其适用是有法定条件的，不能滥用。由于这并非本书关注的问题，故不详述。

横向集中的效果主要是经营者在合并后的相关市场上竞争者减少，也可能使份额显著提升，甚至拥有支配力量（Dominant Position），导致容易实施横向协同行为或者滥用市场支配地位行为。所以，对横向集中救济的结构性条件往往涉及合并企业特定资产产权的转移，典型形式就是资产剥离，即结构性救济。纵向集中则有助于实现一体化，合并后的企业有动机向自己的上游或者下游企业倾斜，而原市场内未被合并的其他企业受到限制，被封锁或者接受不利的交易条件。此时可以采用行为性救济，对合并后企业的行为进行约束，这种约束可以体现为某些行为的积极作为或者消极不作为，不会涉及合并企业资产产权的处分，而只涉及对产权的限制；也可以采用结构性救济措施，比如通过剥离资产的方式，在上游重新创造一个独立的第三方作为竞争者，以实现向下游未被合并的企业开放资源，以抵消封锁效应。

从上述分析来看，似乎以资产剥离为代表的结构性救济措施对于横向集中、纵向集中都有效，那么是否应当遵守"结构性救济优先"的原则呢？本章前述论及结构性救济的优势，1999 年美国联邦贸易委员会发布了资产剥离研究报告，对 1990 年至 1994 年实施资产剥离的 37 个买方进行回访调研，该报告肯定了资产剥离救济的有效性，大约 75% 的案件是成功的。[1]根据欧盟委员会的报告，对 1996 年至 2000 年附加限制性条件的 40 个案例进行调查，结果表明 57% 的案件的救济措施是有效的，7% 明显无效，24% 部分有效、部分不确定。[2]

有学者对欧洲 7 个国家，包括英国、法国、德国、西班牙、意大利、瑞士和荷兰，从 2000 年至 2008 年的合并救济案例进行了分析，发现 234 个经营者集中救济的案例中，只使用行为性救济措施的案件有 76 个，占整体的 32.5%，与结构性救济一起实施（综合性救济措施）的案件有 55 个，占 23.5%。因此可以说，采取行为性救济相关措施的案件占所有案件的 56%，[3]在网络和基础设施的领域对行为性救济的偏好尤其突出。相比于欧盟的官方数据，这 7 个欧洲国家单纯适用行为性救济的比例（11.9%）相对要高，但行为性救济与综合类救济措施加总的比例（57.7%）非常接近。[4]

结构性救济的弊端是客观存在的。有学者提出资产剥离制度存在"损害经济效率""增加监管成本"和"纷争缺乏司法救济"三个缺陷，未必是最优的救济措施。[5]具体而言，其可能面临资产剥离不足的风险、买家适格风险、资产保值风险、过渡期竞争风险等。[6]资产剥离的目的是通过寻找适格

---

〔1〕 See William J. Baer, A Study of The Commission's Divestiture Process (1999) (Dec. 31, 2021), available at https://www.ftc.gov/sites/default/files/attachments/merger-review/divestiture.pdf.

〔2〕 参见王燕："中国经营者集中反垄断审查事后评估"，山东大学 2018 年博士学位论文。

〔3〕 Thomas Hoehn, "Structure versus conduct—a comparison of the national merger remedies practice in seven European countries", International Journal of the Economics of Business, Vol. 17, Issue 1, 2010, p. 932.

〔4〕 2007 年至 2009 年 6 月 30 日，结构性救济、行为性救济、混合性救济的适用比例分别为 42.4%、11.9%、45.8%。笔者根据以下文献资料计算。See Sergio Sorinas, Christine Jorns, European Union: EU Merger Remedies, International Financial Law Review, Vol. 13, 2009 (Dec. 31, 2021), available at https://www.iflr.com/Article/2324298/European_Union_EU_merger_remedies.html? ArticleId=2324298.

〔5〕 Patrick Rey, Economic Analysis and the Choice of Remedy, Merger remedies in American and European Union Competition Law, Cheltenham: Edward Elgar Publishing, 2004, pp.129-134.

〔6〕 Penelope Papandropoulos, Alessandro Tajana, "The Merger Remedies Study: in Divestiture We Trust?", European Competition Law Review, Issue 8, 2006, p. 443.

买家，使得新的、独立的竞争者在相关市场上与集中后的经营者实现有效竞争，故而，剥离义务人从利己的角度有可能故意制造剥离障碍，包括：（1）资产包内容。虽然执法机构批准剥离某项资产，但由于专业性障碍，执法机构无法主动获得有效资讯，资产包的具体内容由剥离义务人或剥离受托人确定。（2）适格的买方。在可选择的前提下，经营者有动机将资产剥离给实力较弱的买方，以弱化其未来在相关市场的可竞争性。资产剥离制度更适用于横向集中，其适用重点在于明确可剥离资产的范围、选择受让人以及选任适格的剥离受托人和监督受托人。

结构性救济是对集中交易的重大修改，因为剥离是一次性的，因而具有"不可逆转"的特征，如果剥离资产、买受人等条件任何一项发生重大偏差，则会降低集中所产生的效率。如前所述，经营者集中是拟并购企业的自主行为，也是常见的、可能产生规模效应的商业行为，而剥离这种激烈的做法可能造成行政机关过度的干预，从而导致市场无效率。而行为性条件具有灵活性、多样化的特点，在结构性救济会消除集中的潜在效率、不予救济又会严重损害竞争的情况下，行为性救济成为有效的选择。[1]资产剥离等结构性条件往往无需持续监督，行为性条件则不仅需要长期监督并且存在难以有效监督的问题，它的执法成本高于结构性条件。例如在诺贝丽斯收购爱励一案中，为防止集中后可能产生的协同效应对竞争造成损害，国家市场监督管理总局规定了为期10年的禁止供应条款。过长的执行期限会带来高额的监督成本和增加监督的难度。在通用收购德尔福案中，附加的限制性条件中要求："集中交易完成后，通用汽车不得非法寻求获得德尔福掌握的国内其他汽车厂商的竞争性保密信息，德尔福不得非法向通用汽车披露其掌握的国内其他汽车厂商的竞争性保密信息，双方不得以正式或非正式的方式非法相互交换和沟通第三方的竞争性保密信息。"从执行层面来看，对合并方的信息交流进行限制很难被有效监督。如果监督的难度过大形同虚设，就容易被合并方规避，救济措施的目标将落空。

所以，在衡量救济手段时，要在确保救济措施有效性的同时，尽可能降低监管成本，将执法资源投入到其他执法活动中去。具体来说，考虑因素主

---

〔1〕 U. S. Department of Justice Antitrust Division, Antitrust Division Policy Guide to Merger Remedies (2011), pp. 5-7.

要有监督难度、监督成本、监督持续的时间等。

从中国的执法经验来看，行为性救济广泛适用于集中实现后限制经营者封锁交易、以不公平价格交易等可能利用其优势造成市场反竞争后果的行为。比如在前述 Microsoft/ Nokia Corporation 案中，并购完成后为了防止专利权人滥用权利，微软、诺基亚分别做出承诺，向中国的智能手机生产商提供非标准必要专利（Non-standards Essential Patents）的非排他许可（Non-exclusive），以及公平、合理、无歧视（Fair, Reasonable, And Non-discriminatory Terms, FRAND）承诺。可见，结构性条件和行为性条件因其规则不同、方式不同而各有特点，其适用范畴、应用情景也会不同，应当加以充分考量。另外要考虑横向集中和非横向集中等不同交易类型适用限制性条件的差异，结合具体案件情况加以选择性适用，而无绝对的主次关系。

三、国际视野下的个案考察

换个角度来看，即使对于同一个案件施加不同的限制性条件，甚至有的国家施加救济措施，而有的国家无条件批准都是非常正常的情况。比如前述嘉能可国际公司收购斯特拉塔公司案、林德集团与普莱克斯公司合并案。究其根本，还是要回到附加限制性条件、经营者集中审查制度的立法目的来思考。由于一国的资源禀赋不同、经济发展阶段不同，经济理念上必然存在差异。[1]这种差异映射到法律制度上体现为不同的立法目的——而目的也会变化。如果从历史的纵深换一个维度来审视，以同一个时点下不同的国家或地区为一个象限，通过比较就会非常直观地看到这种差异。

诺华股份公司（以下简称诺华）收购爱尔康公司（以下简称爱尔康）案发生于 2010 年。收购方、被收购方以及交易的卖方都是国际性大公司，该交易是一个全球性的经营者集中行为，申报方也向各主要司法辖区提出了申报申请，符合经营者集中的事前审查机制。

诺华收购爱尔康是一个早期案例，是商务部反垄断局于 2010 年 8 月附条件批准通过的第七个经营者集中案件。之所以选择这个案例有两个原因：一

---

〔1〕 比如本书第一章所论述的，从欧共体到欧盟，建立和维护统一的大市场一直是其经济目标，而经济目标不仅源于第二次世界大战对欧洲重创之后的反思，更服从于建立强大欧洲的政治理想。这与美国的反垄断法在经济社会基础方面有本质不同。

方面，该案件主要采用行为性救济，对申报方诺华在两个相关市场的行为进行了限制，无论从案件的难度还是复杂性来看，作为反垄断执法实践中的早期案例都具有相当大的研究价值。另一方面，诺华收购爱尔康案，是一个同一时段、多法域的全球性申报，这种比较研究能够直观地说明问题，欧美主要司法辖区都公布了相应的附条件决定书，客观上提供了研究的可能性。

为此，在这个案件中，笔者将比较各主要司法辖区在经营中集中的审查制度、附条件商谈制度与监督受托人制度等方面的异同，进而深入讨论我国的经营者集中附条件审查制度。

（一）案件的申报情况

2010 年 4 月 20 日，商务部收到诺华收购爱尔康的经营者集中申报申请，经审核认为申报材料达到法定标准，予以立案，开始初步审查。在初步审查过程中，商务部认为此项集中可能存在排除、限制竞争的问题，于同年 5 月 17 日决定实施进一步审查，[1] 后于 2010 年 8 月 13 日，商务部做出了附条件批准诺华收购爱尔康的反垄断审查决定，整个反垄断调查与附条件批准的过程大约经历了四个月。

作为执法实践中的早期决定，商务部的此项附条件决定（公告版）的内容相对简略，对诺华收购爱尔康的经营者集中情况未做详细的具体说明与论述。对此，通过查阅欧盟与美国的决定书，还原诺华收购爱尔康的全貌。

根据欧盟委员会的公开版决定书（Case No COMP/M. 5778），欧盟委员会于 2010 年 6 月 18 日收到了诺华的申报申请。诺华是一家全球性的制药企业，从事各类医疗产品的开发、经销与销售，产品范围涉及了处方药和非处方药［包括眼科药物（ophthalmic products）］、人用疫苗即动物预防药物；爱尔康也是一家全球性的制药企业，经营范围主要是眼科护理产品（eye care products）的开发、生产与经销。根据诺华与雀巢在 2008 年 4 月 6 日达成的股权认购协议，诺华将以 281 亿美元（201.5 亿欧元）收购雀巢持有的爱尔康 52.15% 的股权，由此，诺华持有的爱尔康股权将从约 25% 增至交易后的约 77%，即以股权收购的形式取得对爱尔康的单独控制权。最终欧盟委员会于 2010 年 9 月

---

〔1〕 我国 2007 年《反垄断法》第 25 条规定，"国务院反垄断执法机构应当自收到经营者提交的符合本法第二十三条规定的文件、资料之日起三十日内，对申报的经营者集中进行初步审查，作出是否实施进一步审查的决定，并书面通知经营者……"

8 日作出了附条件批准的决定书，整个反垄断调查与附条件决定的过程大约为三个月。

2010 年 8 月 16 日，美国联邦贸易委员会就这一集中提起了行政诉讼，[1] 最终于 2010 年 10 月 1 日作出了附条件批准的行政决定书，整个附条件批准过程持续约一个半月。根据联邦贸易委员会公布的诉讼令，申报方诺华从事的业务领域既符合《克莱顿法》第 1 条规定的"商业"要求，也符合《联邦贸易委员会法》第 4 条规定的"商业活动"，应由联邦贸易委员会审核其经营者集中的行为。关于拟议交易的情况，与欧盟披露的相同，此处不再赘述。

根据上述信息可知，2010 年的诺华收购爱尔康一案，是以股权收购的形式进行的，诺华通过购买雀巢持有的爱尔康的股权份额，实现对爱尔康的单独控制。从各司法辖区的申报决定书来看，欧盟委员会与美国联邦贸易委员会较为全面地介绍了交易的相关交易方与整个交易流程，为决定书中就经营者集中对司法辖区内的潜在竞争影响的分析奠定了基础。反之，我国商务部的附条件批准决定书在该部分的介绍过于简略，只字未提交易方的情况与集中交易的形式。随着执法经验不断积累，近年来的经营者集中案件中，无论是附条件批准的案件，抑或是普通程序案件乃至于简易程序案件，都愈加重视集中交易的介绍与分析，这无疑使得决定书的后续分析更具合理性和说服力，体现了我国反垄断执法机构在经营者集中附条件审查制度上的长足进步。

(二) 相关市场的界定

界定相关市场是适用反垄断法非常重要的起始，特别是对于一个横向并购尤为重要，首选替代性分析的方法。[2]

在本案的相关商品市场的分析中，我国执法机构主要考察了两个相关市场，一个是眼科抗炎/抗感染化合物市场，另一个是隐形眼镜护理产品市场。通过数据分析，认为诺华收购爱尔康的此项集中可能在这两个商品市场产生

---

〔1〕 如本章前文所述，对于附加限制性条件的集中，美国实行"法院中心主义"。

〔2〕 根据国务院反垄断委员会制定的《关于相关市场界定的指南》第 3 条第 2 款规定："相关商品市场，是根据商品的特性、用途及价格等因素，由需求者认为具有较为紧密替代关系的一组或一类商品所构成的市场。这些商品表现出较强的竞争关系，在反垄断执法中可以作为经营者进行竞争的商品范围。"该指南第二章明确提出"替代性分析"的方法，强调用需求替代与攻击替代的方法来界定相关产品市场。

排除、限制竞争的不利影响。针对眼科抗炎/抗感染化合物市场，集中后的全球市场份额将超过55%、中国市场份额超过60%；而其中诺华在中国的市场份额不足1%，其在申报材料中虽提出策略性退出全球和中国市场，但仍因其集中后的巨大市场力量可能对相关产品市场产生排除、限制竞争的效果。针对隐形眼镜护理产品，交易双方的全球市场份额接近60%；中国市场份额接近20%，集中后其将成为第二大企业，且与第一大生产和销售企业海昌隐形眼镜有限公司签订《销售和分销协议》，使其成为中国境内的唯一经销商，有能力实现在产品价格、数量、销售区域等方面的协调，限制、排除相关市场的竞争。商务部立足于市场份额与独家销售协议，认为该项经营者集中行为会对两个商品市场产生排除、限制竞争的效果，具有一定的合理性。但在相关市场界定部分仅言及两个具体的相关产品市场，未明确提出相关商品市场的界定标准及理由。

根据美国的反垄断法执法实践，广义的产品市场和产品子市场一起构成美国《谢尔曼法》第2条和《克莱顿法》第7条所指的商业。所以必须在每一个已知的相关产品市场内检验被指控行为的合法性。如果在任何相关市场内证明存在禁止性效果，那么该行为就违反了《谢尔曼法》和《克莱顿法》的相关规定。

美国联邦贸易委员会在2010年8月16日的行政诉讼令中指出，与诺华收购爱尔康的经营者集中行为相关的商业领域是注射型缩瞳剂（injectable miotics）。注射型缩瞳剂是一种处方药，用于白内障手术中收缩病人的瞳孔。而注射型缩瞳剂的研究、开发、制造和销售市场高度集中，诺华和爱尔康是唯二在美国销售该缩瞳剂的公司，该项经营者集中行为将在这个产品市场上形成垄断。

根据欧盟委员会《市场界定通告》第7条，相关产品市场是指根据产品的性能、用途及价格，从消费者的角度可以相互交换或者相互替代的所有产品和/或者服务。该定义说明，认定两个或者两个以上的产品是否属于同一产品市场，起决定性作用的是消费者的看法，即他们对于产品或服务的性能、用途及价格的看法。实际上，该定义也指出了欧盟委员会界定相关产品市场的方法亦是替代性分析，而且以需求替代为主，即购买者为适应相对价格小幅显著增长时从一种产品转换到另一种产品的意愿。

在欧盟委员会的决定书中，欧盟委员会首先根据能否属于药品，将与集中交易相关的产品区分为眼科药物（ophthalmic pharmaceuticals，用于治疗眼科疾病的药物）与眼部护理产品（consumer vision products）。其次，针对两类产品提出了共通的三类界定标准：其一，由欧洲医药市场研究协会（European Pharmaceutical Marketing Research Association，EphMRA）制定，并由 EphMRA 与洲际医学统计协会（Intercontinental Medical Statistics，IMS）执行的"解剖学、治疗学与化学"分类标准（Anatomical Therapeutic Chemical，ATC）。ATC 共计 A、B、C、D 等 16 个类别，每一类有不同的级别。其中，药品根据其治疗适应症即预期用途进行分类，在本案中，欧盟委员会将 ATC3、ATC4 与分子级别均作为界定相关市场的标准。其二，处方药与非处方药的分类标准。欧盟委员会的先例与市场调查总体上都支持处方药与非处方药构成不同的相关市场，仅在药物状态不明的特殊情况下才不做专门区分。因此，本案所涉及的相关产品需据此区分处方药与非处方药两个不同的相关产品市场。其三，原料药与仿制药构成同一相关产品市场。根据先例，欧盟委员会认为在专利保护的后期，仿制药通常可以有效地替代原料药，并且监管机构通常会鼓励这种药物的替代转化，因此本案中的相关产品市场不区分原料药与仿制药。其四，盖伦制式（Galenic Forms）。具有不同盖伦制式的药物可能有相同的药物活性成分，因此具有一定的可替代性；但是因为无法得出不同盖伦制式的差异性与药物功能的相似性之间的普遍关系，所以欧盟委员会需以此为标准，对本案的特定相关市场进行个案分析。最后，在决定书的竞争分析部分，欧盟委员会采用上述分类标准，将眼科药物市场划分为六类不同的子市场，将眼部护理产品划分为三类不同的子市场。其中，我国商务部所界定的眼科抗炎/抗感染化合物市场与隐形眼镜护理产品市场，均包含于欧盟委员会所界定的九个细分市场。进一步，欧盟委员会立足于各个相关市场的市场结构与交易双方在各个相关市场的交易形式、市场份额，认为诺华收购爱尔康的经营者集中行为会对相关市场的市场竞争机制产生不利影响，引发了欧盟委员会对相关市场的竞争担忧，为后续的附条件承诺与商谈奠定了基础。

关于相关地域市场的界定，一般按照国际礼让原则，将地域市场界定为执法权限所及的范围。[1]在本案中，中国、美国、欧盟都以各自法域划分地

---

〔1〕 2007 年《反垄断法》遵循一般的管辖权规则，第 2 条规定："中华人民共和国境内经济活动中的垄断行为，适用本法；中华人民共和国境外的垄断行为，对境内市场竞争产生排除、限制影响的，适用本法。"

理市场。

（三）附条件的救济措施

根据商务部公告，对于诺华收购爱尔康一案采用了行为性救济的方式，要求：（1）诺华全面停止向中国销售易妥芬（眼科抗炎/抗感染化合物）产品（交易前诺华已经做出决策退出市场），或以新名称出现的同样产品；（2）终止与海昌隐形眼镜公司之间的《销售和分销协议》。

根据美国联邦贸易委员会的行政决定，其对于诺华收购爱尔康的经营者集中行为主要采用了结构性救济的方式，要求在收购交易完成后的 10 日内，申报方诺华须剥离其缩瞳剂资产和缩瞳剂许可证，将之出售给博士伦公司，从而保证缩瞳剂产品市场仍然有稳定、持续的市场竞争态势，不会因为唯二两家生产企业的集中行为导致市场结构的完全垄断。进一步，为了保证缩瞳剂资产的成功剥离，美国联邦贸易委员会要求申报方诺华必须配合博士伦完成资产剥离的相应程序，涉及了生产技术与专业人员的转移、商业机密的使用、商标的使用等资产剥离与转移要求；并制定了专门的监督受托人机制，包括临时监督人（Interim Monitor）与剥离受托人（Divestiture Trustee），两者通常为同一当事人，监督申报方在资产剥离阶段与后续执行阶段能够始终贯彻联邦贸易委员会所附的结构性救济措施。

欧盟委员会在其决定书中则充分利用了市场测试（Market Test）的方法，无论是相关产品市场、相关地域市场的界定标准，还是具体的竞争分析，乃至附条件救济措施的制定，都频繁使用了市场调研的方法。以附条件救济措施为例，欧盟委员会先概括了申报方的自主承诺，再提及市场对于该承诺的反馈，并在此基础上依据市场反馈对承诺进行了适当的修订，最终形成了附条件决定。具体而言，欧盟委员会附条件批准的决定，主要采用了结构性救济的手段，要求针对各个国别市场特殊的排除、限制竞争情况，剥离特定的眼科药物资产与眼部护理产品资产，并向第三方出售，以保证诺华收购爱尔康的经营者集中行为，不会因为交易后的合并主体的巨大市场份额与市场地位，对相关市场的竞争机制产生负面影响。进一步，为了保证结构性救济的有效实施，欧盟委员会不仅要求诺华剥离眼科药物资产，还要求剥离相应的经销业务；为此制定了专门的资产过渡期安排，实现知识产权、专业人员、经销渠道等各个方面的资产转移。同时，为了保证资产剥离与出售的成功进行，欧盟委员会也制定了监督受托人机制，保证对整个结构性救济流程的完整、全程监管。

通过本案的横向比较，可以得出以下结论：

第一，各法域审查的市场基础不同。通过三份决定书可以看到，收购方与被收购方在各法域的经营情况不同。在中国市场上，关注的是两个相关市场：眼科抗炎/抗感染化合物市场和隐形眼镜护理品市场。在美国，关注的是注射型缩瞳剂市场。在欧盟，区分为眼科药物和眼部护理品两个市场，进一步细分了九个子市场。由于市场差异，各法域的竞争关切不尽相同。比如中国、美国关注的分别是抗炎/抗感染化合物市场、注射型缩瞳剂市场两个不同的眼科药物市场。

第二，对于横向并购适用行为性救济有其合理性。在中国，两个产品市场的集中度和市场份额不同，在横向市场、纵向市场体现出不同的问题。针对眼科抗炎/抗感染化合物市场，集中后的全球市场份额将超过55%、中国市场份额超过60%，这个份额指标是非常显著的。但诺华在中国的市场份额不足1%，对于一个横向集中，简单通过市场份额加总进行评估是不科学的，诺华虽然当时的市场份额非常低，但依据其在相关行业的巨大市场力量，在并购完成后有可能对相关产品市场产生排除、限制竞争的效果。因此，要求诺华全面停止向中国销售易妥芬（眼科抗炎/抗感染化合物）产品的限制性条件是妥当的。

第三，虽然都是行为性条件，但由于市场结构不同，应当采用灵活有效的救济措施。针对隐形眼镜护理产品，交易双方的全球市场份额接近60%；中国市场份额接近20%，集中后成为第二大企业，且与第一大生产和销售企业海昌之间有《销售和分销协议》。在集中完成后，如果第一大企业成为第二大企业在中国境内的唯一经销商，则其有能力实现在产品价格、数量、销售区域等方面的协调，限制、排除相关市场的竞争，也就是出现协同效应。对此，商务部批准的救济方案是终止与海昌隐形眼镜公司之间的《销售和分销协议》。这一救济措施是针对交易双方在特定相关产品市场极大的市场份额，以及存在独家销售协议的情况而提出的，能够有效实现两大头部企业在眼部护理产品市场上的竞争。

第四，不同类型的救济措施可能导致全球并购的不协调。在本案中，三大法域完成审查时间依次为：2010年8月13日（中国）、2010年9月8日

（欧盟）、2010 年 10 月 1 日（美国）。美国、欧盟采用了结构性救济，中国采用了行为性救济。中国最早完成审查，无法知悉其他法域的审查结论。事实上，基于不同的市场情况和竞争关切的差异，各国审查的思路和分析重点不尽相同，即使美国已知我国做出的审查决定内容，也不会仅因这个原因而刻意趋同。中国、美国界定的相关市场不同，救济措施作用的市场也不相同，冲突不明显。但是，由于欧盟的条件是剥离眼科药物资产及其经销业务，对商务部所附的行为性救济效果产生影响。这并非个案，在 2018 年的附条件批准拜尔股份公司收购孟山都公司股权案中，商务部采用的行为性救济途径，仍然受到了以欧美为代表的结构性救济的冲击。在其他案件中并不能排除我国作出的限制性条件导致其他国家的审查结果无效的可能。因此，一方面要认识到，同一个案件作出不同结论是正常的，但另一方面，在经济全球化的大背景下，加强执法沟通总是有积极作用的。

第五，在救济方案的可操作性方面有待进步。如前所述，我国所公告的行政决定内容过于简单，在重要事实问题、法律分析上不够详实。反观本案中欧盟委员会的决定书附上了申报方长达 90 页的完整救济方案。我国执法机构在新近的公告中几乎都会附上申报方的公开版救济方案，这无疑有利于实现市场竞争的救济效果，也是可喜的进步。

四、附加限制性条件的事后评估与规则优化

反垄断执法机构实施经营者集中救济的目标是在实现并购效率的同时保持相关市场的有效竞争。为此，反垄断执法机构应当对集中救济措施在处理竞争损害的有效性和集中收益之间寻求平衡。综观集中救济措施，结构性救济、行为性救济各有特点，所适用的集中案件类型有所不同。此外，对于救济措施的类型越来越显现出综合性适用的态势，比如前述学者对欧洲七国的统计数据，以及欧盟官方数据都显示适用有行为性救济因素的措施（行为性救济加综合性救济）比例较高。故，对于附加限制性条件的研究应当从类型化评价转换为实施效果评估。具体包括附加限制性条件是否达到了执法目的、多大程度达到了执法目的，如果偏离执法目的较远，具体是何原因。对这种有效性的检验需要依赖评估制度。

以作出附加限制性条件为分界点，评估可以分为事前评估（Ex-ante Analysis）和事后评估（Ex-post Analysis）。事前评估，即执法机关在经营者集

中案件审查过程中对案件是否会产生排除、限制竞争效果进行分析，并根据分析结果评估是否需要附加限制性条件、附加何种限制性条件、附加限制性条件如何确保实施等。如前所述，经营者集中是事前审查机制，市场是动态的，市场主体之间也是多次博弈的。一项集中完成后，竞争者、相邻市场经营者都会据此做出商业调整，应当说，这种变量非常多。与此同时，事前评估作为预先的假设性分析存在其局限性，一方面，事前评估是基于种种理论假设和逻辑推演对并购结果做出的判断。人的认识存在局限性，虽然事前评估尽量将多种因素纳入考量范围，但也无法完整、全面、精准地模拟实践中存在的所有因素所发挥的共同作用。另一方面，事前评估是一种预先、提前的假设性判断，和真实结果的发生存在时空上的错位。因此上述原因导致事前评估具有不完全准确性，这就需要对限制性条件的实施加以定期审视，即事后评估。事后评估是指在经营者集中案件结案、附加限制性条件实施完毕之后，与做出行政许可时的目标进行比对，就附加限制性条件的有效性及其优缺点予以评估。按照这种分类，本章前一部分讨论的是案件审查中的评估，本节集中于事后评估的分析。

（一）事后评估的定位

附加限制性条件的事后评估具有丰富的内涵，进行附加限制性条件的事后评估对于提高附加限制性条件的执法水平、促进经营者与反垄断执法机构的良性沟通、实现反垄断制度目标有着重要意义。但是，我国反垄断执法的事后评估实践较少，评估首先依赖于实例的积累。笔者先后于2018年和2021年接受反垄断执法部门的委托，就附加限制性条件的案件执行情况进行评估。2018年有7个案件执行完毕，救济措施类型涉及结构性、行为性和综合条件，案件数量少且所涉及的行业比较分散，在可比较性方面存在局限性。但是，在这一研究过程中查找了大量案件审查时的过程性资料，对于执法机构在案件事实、法律技术上的思考等方面，理解要更加深入和全面。为了提高可比性，2021年的评估集中于某一个行业，虽然案件发生于不同时间，相应的市场环境必然有所不同，但鉴于产业特性相似，可以理解为一些要素变量是确定的，对一些维度的分析要更加准确。笔者从这两次课题研究得到了极大的启发，出于数据保密的原因不便披露具体信息，但可以就一些抽象性的、一般性的问题进行探讨，通过建立健全事后评估制度，进一步完善附加限制性条件的规则。

1. 事后评估的判断原则

事后评估的目标是通过科学的方法总结经验教训，完善附加限制性条件的规则和技术手段，提高救济措施的有效性。具体来说，结合对经营者集中救济措施的评估结果，比较结构性条件和行为性条件在执行成本、执行方式、执行效果上的差异，为执法机构和经营者最终协商确定救济措施的种类、内容、期限等条款提供参考；总结执行过程中各方存在的问题，例如所选定的执行措施、实际执行成本、执行程序存在的缺漏之处，为后续审查工作的改进提供宝贵的经验教训。

第一，必要性原则。集中救济，是对未来市场可能发生的竞争担忧所做的预防性措施。所以要从尊重经营者自主经营权的角度，审慎执法，有限干预，仅对那些对市场可能造成损害的案件施加救济措施。为此，应当对拟发生的集中广泛征求意见，包括行业协会、行业主管机关、竞争者、上下游经营者，尤其应当谨慎、客观地看待竞争者的反对意见，提高透明度以提高救济措施的有效性。在进行上述竞争效果的评估过程中，在数据支持的情况下，应当引入经济学分析方法，对市场势力和效率衡量进行定量分析。

第二，最低干预原则。在保障有效消除竞争损害的前提下，尽量采用对经营者影响最小的救济措施，使经营者在实现经营自由权、并购收益的同时负担最低的成本。这些成本既包括附加条件本身的实体内容，比如资产包的内容合理、有效，不肆意苛加剥离义务人责任；也包括实施限制性条件的程序内容，比如采用合理有效的监督机制，提高监督的透明度。设计救济措施时，应当在适用成本和有效性等方面进行评估，选择在程序和实体上均为有效并且管理成本较低的救济措施，主要考虑的因素有救济措施失败的风险、可能发生的损失和成本以及集中效率能否实现等。[1]

第三，有效性原则。救济措施应当能够有效消除竞争损害，并且易于实施和监督。[2]限制性条件一经确定，其能否准确、及时、有效实施，成为该限制性条件能否取得预期效果的重要影响因素。由于客观情况可能发生变化，

〔1〕 参见胡东："经营者集中反垄断评估中的救济措施"，载《价格理论与实践》2008 年第 7 期。

〔2〕 参见吴振国、刘新宇：《企业并购反垄断审查制度之理论与实践》，法律出版社 2012 年版，第 437 页。

在必要情形下变动限制性条件也能够确保其在维护市场竞争不受损害的情况下尽量维护市场主体利益，从而实现制度价值。例如在希捷收购三星案中，商务部附加限制性条件批准集中。在执行过程中，希捷向执法机构提出解除附加条件。经过评估和商谈，最终根据情况并未解除，而是变更了限制性条件。[1]此外，所施加的限制性条件要具有可行性，比如在联合技术收购古德里奇案、[2]联合技术收购罗克韦尔柯林斯案[3]中，为了保证剥离资产的救济措施可以实现，都适用了无底价拍卖的条款。

2. 事后评估的方法

王燕博士对事后评估的方法进行了系统的梳理，[4]常用的事后评估的方法有以下四种。

（1）结构模型模拟。

产业组织理论的发展为我们理解垄断行为提供了模型。经典模型包括古诺竞争、伯川德—纳什竞争模型；复杂的模型可以考虑产品的差异化程度、产品定位等不同因素。在这些模型中，如果一些变量已知，便可以研究社会总福利的变化情况。

运用结构模型进行事后评估时，一般包括三步：第一步是预测需求端的价格弹性。当前模拟方法大多假定相关市场的产品是差异化的，进一步预测

---

〔1〕 "关于变更希捷科技公司收购三星电子有限公司硬盘驱动器业务经营者集中限制性条件的公告"，载 http://www.mofcom.gov.cn/article/b/c/201510/20151001144107.shtml，最后访问日期：2021年12月31日。

〔2〕 "联合技术应在商务部批准此项集中后6个月内根据商务部《关于实施经营者集中资产或业务剥离的暂行规定》为被剥离业务找到购买人并与之签订买卖协议。经申请，上述期限可延长至9个月。如在该期限内未能找到购买人并签订协议，则商务部有权指定剥离受托人在3个月内以无底价方式为被剥离业务找到购买人并签订买卖协议。该案公告集中后6个月内找到购买人，经申请可延长至9个月，仍未找到购买人并签订协议，则剥离受托人在3个月内以无底价方式出售。"参见联合技术收购古德里奇审查决定，载 http://www.mofcom.gov.cn/aarticle/b/g/201208/20120808263621.html，最后访问日期：2021年12月31日。

〔3〕 "联合技术、罗克韦尔柯林斯以及交易后的实体将在本决定生效日起6个月内找到符合法律规定的一个或多个买方签订出售协议，在经市场监管总局批准后完成所有权转移等相关法律程序。如果未能在上述6个月期限内找到一个或多个合格买方并签订出售协议，由剥离受托人在上述期限届满后6个月内寻找买方，并以无底价拍卖方式出售被剥离业务、项目。"参见联合技术收购罗克韦尔柯林斯审查决定，载 https://www.samr.gov.cn/fldj/tzgg/ftjpz/201811/t20181123_332679.html，最后访问日期：2021年12月31日。

〔4〕 参见王燕："中国经营者集中反垄断审查事后评估"，山东大学2018年博士学位论文。

产品的需求弹性可以采用两种方式：一是随机系数离散选择模型；二是代表性消费者模型。第二步是计算供给端的成本。在该模型下，可以从均衡价格成本利润中获得边际成本；如果是在简单的产品差异化的静态模型和伯川德—纳什竞争模型中，边际成本可以通过最低价溢价获得。第三步就是根据供给端和需求端所模拟的数据进一步推测合并的福利变化。该种模型能够较好评估禁止案件的影响，还可以用于分析不同剥离政策的影响，而且可以获得福利变化的数据。但这种方法的局限性也很明显，该模型建立在大量假设之上，对主要假设条件的变化比较敏感，并且需要大量数据支持，对数据要求高。

（2）比较研究法。

比较研究法的基本逻辑是实验组和对照组进行比较。在实验组中，经营者受到了政策影响，而在对照组中，经营者并无政策影响。两组数据所取的时间区间必须一致。在比较研究法下，政策的影响可以用以下公式表达：

$$政策影响 = (y_{treat,\ after} - y_{treat,\ before}) - (y_{control,\ after} - y_{control,\ before})$$

运用该方法最重要的一步是寻找对照组。存在自然实验是最为理想的状态，选择并购企业的竞争对手作为对照组是常见的做法。如果不存在自然实验，就需要通过一定方法寻找对照组。双重差分法是并购控制事后评估最常用的方法。在进行事后评估时，有三种常用的对照组：①不同的地域市场；②不同但类似的产品市场；③不同的竞争对手。该模型的计量方法相对简单，比较结果也较为直接。但在具体运用中，因为自然实验通常不存在，方法的准确性容易受到质疑。尤其是在构造对照组时，如果未能完全控制变量，或者还存在没有注意到的变量，都会对结果产生影响。再者，该方法只能进行相对比较，无法衡量并购与总福利变化情况的关联性。

（3）事件研究法。

事件研究法建立在有效市场的假说之上，并且假设投资者的预期是理性的。该方法以公司的股票价格为研究对象，以事件对公司股票价格的影响来评估并购后的市场效果。该模型首先通过估计窗（Estimation Window）估算出事件窗（Event Window）的正常收益率，然后用实际收益率与之相减获得异常收益率（Abnormal Return），进一步计算累计异常收益率，再检测事件和异常收益率的关系。在进行经营者集中审查时，也可以运用该方法对竞争对手的情况进行评估。

这种方法的优势在于股票数据容易获得，股票价格的变化直观明确。但也存在很多的问题：最为核心的问题就是并购与股票波动的相关性不能确定。此外，并非所有参与集中的经营者都是上市公司，非公众公司的数据难以取得，也不易做出公允评估；不同类型的市场结构对并购的反应不同，对股票波动的解释也存在诸多变量等因素，事件研究法存在解释性不足的弊端。

（4）调查法。

调查法是最常见的评估方法。主要通过交谈、问卷、电话等形式对集中参与者、专家、竞争者进行调查，以获取相关数据和评价。美国、欧盟官方进行的经营者集中评估都采用了这一调查法。[1]在笔者看来，调查法是一种最为基础性的评估方法：一方面，调查法中评估人员直接与集中相关的各方进行沟通，可以获得第一手信息；另一方面，调查法在问题设计上表达了最核心的关切，是获得后续评估所需的各种信息最有效、最直接的方式。从作者两次评估调研的经历来看，调查法的要旨是高质量、高比例的回复。提高调查法的有效性最重要的在于，所设计的调查问卷应当有针对性。调查问卷要根据不同的调查对象分别设计，既有共同性问题，又有个性问题。每组问题指向一个问题点，但要通过多个问题、多角度相互印证。其中最大的障碍是回复率低，有效样本数量少，结论的可信度存疑。

3. 事后评估的实例

对反垄断执法进行后续评估的必要性不言而喻，根据OECD的报告：[2]首先，事后评估可以证明执法者所做行政决定的正确性，提高其威信；其次，事后评估可以帮助执法者反思其分析工具、分析路径、分析结论是否正确，以便未来进行改进；最后，事后评估有助于执法者提升对特定行业执法的理解。美国、欧盟、英国作为世界上反垄断法实施最为积极的法域，均对经营者集中的效果进行过评估，也得出了一些有益的改进结论。

---

〔1〕　参见后文有关欧盟委员会、国际竞争网络（ICN）、经济合作与发展组织（OECD）、英国竞争局、加拿大竞争局的报告。

〔2〕　See OECD, Reference guide on ex-post evaluation of competition agencies' enforcement decisions, April（Dec. 31, 2021）, available at https://www.oecd.org/daf/competition/Ref-guide-expost-evaluation-2016web.pdf.

20世纪90年代后期，美国联邦贸易委员会（FTC）着手对反垄断执法机构的救济措施进行第一次系统评估。1999年，FTC最早发布《资产剥离研究报告》，这是世界上首份由执法机构发布的关于救济制度实施情况的研究报告。该报告选取1990年到1994年的37个企业合并案件作为研究样本，通过大量调查与实证分析，对资产剥离的应用总体情况、影响资产剥离成功的因素与提高资产剥离成功率的举措等内容做出说明；[1]2003年，经济合作与发展组织（OECD）发布了讨论报告（Policy Roundtable Merger Remedies，2003）；[2]2005年5月，国际竞争网络组织（ICN）发布专题研究报告《合并救济措施研究》（*Merger Remedies Review Project*）；[3]2005年10月欧盟委员会竞争总司发布《合并救济考察》（*Merger Remedies Study*），[4]它审查了1996年至2000年欧盟委员会在40项决定中采用的85种不同的经营者集中救济措施的设计和实施情况。英国竞争执法机构对救济措施进行评估始于2004年。2008年，英国竞争委员会发布《既往合并救济措施的实证研究报告》（*Understanding Past Merger Remedies：Report on Case Study Research*）；[5]2011年，加拿大竞争局也发布了《竞争局合并救济措施研究》（*Competition Bureau Merger Remedies Study*）。[6]

各执法机构非常重视事后评估，从各种研究来看，主要有两种模式：一是以时间为标准，评估一定时间区间内实施救济措施的案例；二是以特定案件或者行业的并购救济效果为评估对象。

近年来评估工作的一个典型特点是重视个案研究，尤其是那些附加复杂

---

〔1〕 参见丁茂中：《经营者集中控制制度中的资产剥离问题研究》，上海社会科学院出版社2013年版，第17页。

〔2〕 See OECD, Policy Roundtable Merger Remedies（Dec. 31, 2021），available at https://www. oecd. org/daf/competition/mergers/34305995. pdf.

〔3〕 See ICN, Merger Remedies Review Project（Dec. 31, 2021），available at https://www. internationalcompetitionnetwork. org/wp-content/uploads/2018/05/MWG_RemediesReviewReport. pdf.

〔4〕 See Merger Remedies Study（Dec. 31, 2021），available at https://ec. europa. eu/competition/mergers/legislation/remedies_study. pdf.

〔5〕 See Understanding Past Merger Remedies：Report on Case Study Research（Dec. 31, 2021），available at https://www. gov. uk/government/publications/understanding-past-merger-remedies.

〔6〕 See Competition Bureau Merger Remedies Study（Dec. 31, 2021），available at https://competitionbureau. gc. ca/eic/site/cb-bc. nsf/vwapj/cb-merger-remedy-study-summary-e. pdf/ $ FILE/cb-merger-remedy-study-summary-e. pdf.

救济措施的案件。比如英国 CMA 发布《并购救济评估的案例研究》总结了 18 起案件的重要经验，其中对 3 个典型案例［Muller/Dairy Crest 案（2015 年）、Reckitt Bencklser/K－Y 案（2015 年）、ICAP/Tullett Prebon 案（2016 年）］做了专门细致的评估分析，[1]具体分为以下几个部分：当事人、并购 的情况、救济措施、评估的范畴、执法机构做出审查决定后的市场情况、救 济的有效性、受托人的角色、经验与教训。从这份报告所披露的调查情况来 看，问题数目并不多，一般嵌套两级、合计二至四个问题，全部指向救济措 施的有效性。

2019 年 5 月 9 日，英国 CMA 委托第三方机构就英国公平贸易办公室 （Office of Fair Trading，OFT）和竞争委员会（The Competition Commission）已 完成的数字市场领域的并购案件进行事后评估。[2]评估报告对数字市场并购 的一般经验进行总结，并对五个典型案例逐一分析了其审查决定。该报告运 用经济学分析、比较分析的方法，对比了数字领域与传统领域的行业特点以 及集中的特殊情况，重点对比并购前后的市场变化（如 Facebook/Instagram 中 分析月活跃用户数量、用户在各社交平台停留时间、各社交平台的广告收入 等多维度指标）。

2019 年 1 月 28 日，欧盟委员会发布了 2009 年至 2017 年制药行业的竞争 执法情况报告。[3]欧洲竞争主管机构（包括各成员国竞争机构和欧盟委员会 竞争机构）在 2009 年至 2017 年对涉及药品的处罚罚款总额为 10.7 亿欧元， 制药行业成为欧盟高度关注的行业。在研究方法上，主要从三个维度运用了 比较分析的方法：一是通过欧盟内各相关成员国的执法案例进行比较；二是 分析了美国在 2009 年至 2017 年审查的 80 多起并购案，从竞争的角度来看， 其中有 19 起存在问题；三是对并购前后的市场结构变化以及价格变化进行比 较。该报告重点分析了以下 5 起案件：Lundbeck 案、芬太尼案（Pay-for-delay agreements）、The Gaviscon case、The Italian Aspen case、强生/Actelion 兼并案。

---

〔1〕 See CMA, Merger Remedy Evaluations, Report on Case Study Research, pp. 34-50（Dec. 31, 2021）, available at https://www. gov. uk/government/publications/understanding-past-merger-remedies.

〔2〕 See Ex-post Assessment of Merger Control Decisions in Digital Markets（Dec. 31, 2021）, available at https://assets. publishing. service. gov. uk/government/uploads/system/uploads/attachment_data/file/803576/ CMA_past_digital_mergers_GOV. UK_version. pdf.

〔3〕 European Commission, Competition Enforcement in the Pharmaceutical Sector（2009-2017）, Brussels, 28. 1. 2019, COM（2019）.

特别需要关注的是强生并购案，欧盟委员会在考虑救济措施有效性方面特别强调了合并对创新的影响。[1]

从以上情况可以看出，事后评估有助于完善对限制性条件的认识，譬如就个案推测的损害理论是否成立、据以做出决定的数据、证据是否充分、并购的市场走势、限制性条件是否发挥了作用等。特别是能够从定量的角度确认市场反馈，并与审查时对个案的预测进行比对，矫正执法偏差，为未来的执法进行有益的指引。

在事后评估的思路上，我国也采取了按照时间和行业进行评估这两种形式，是比较合理的。如前所述，我国第一个附加限制性条件的案件发生于2008年11月，是英博啤酒案。总体而言，因为采取救济措施的并购案件比例低、案例少，加之行为性救济、综合性救济需要有一段监督完成的时间，一般是五年，所以截至2018年可供评估的案例比较少，只有7个案件。在此情况下区分行业进行评估是不具可行性的。到2021年，积累了相对多的案件，按行业指标进行评估具备了案例基础。

（二）事后评估中调查研究法的应用

1. 调查法的重要性

通过以上有关事后评估的实例分析可以看到，实践中通常会综合运用结构模型、[2]模拟法、[3]比较法、调查法等多种方法开展评估工作，而其中调查法是最为基础和常见的评估方法。这是因为，一方面需要通过走访不同的主体，尽可能全面地了解救济措施在商谈、确定、实施、市场反应等多个环节的实施情况。而受访对象的经济角色、知识背景等各有不同，对于调查中所要了解的问题不一定能够理解到位，仅通过书面回答问卷并不能满足调查的全部需求，而且也常有偏差。同时也并不能排除，由于对行业的特殊情况

〔1〕 The Johnson & Johnson/Actelion case (Decision on June 2017). See European Commission, Competition Enforcement in the Pharmaceutical Sector (2009–2017), Brussels, 28.1.2019, COM (2019), pp. 43–44.

〔2〕 See Tomaso Duso, Klaus Gugler, Burcin B. Yurtoglu, "How Effective is European Merger Control?", *European Economic Review*, Vol. 55, 2011, pp. 980–1006.

〔3〕 See Petar Angelov, Stephanie Rosenkranz, Hans Schenk, Competitive Effects of Merger Remedies in Europe's High–Tech Industry (Dec. 31, 2021), available at https://www.researchgate.net/publication/265219059_Competitive_Effects_of_Merger_Remedies_in_Europe's_High–Tech_Industry.

了解有限，调查者精心准备的问卷并不全面，或者表述可能引发歧义的情况。笔者在这两次评估调研中对此深有体会，因此必须要有面对面的沟通、解释和理解的过程。另一方面，即使采用事件研究法、模型模拟等相对更依赖于客观数据的评估方法，但因为数据并不完全满足评估期待，需要进行数据修正的情况亦时有发生，比如上市公司披露的经济数据并不能覆盖所有对竞争评估的需求；再比如被调查对象从自身利益出发，给出的答案明显不合乎客观实际，这很可能通过前后问题的比对发现端倪。面对面的沟通有助于及时发现问题，做出修正。

如前所述，美国联邦贸易委员会 1999 年发布了《资产剥离研究报告》，在其调研过程中工作人员采用了案例研究方法，在各方自愿的基础上，通过所有被剥离资产的买方、受访者和监管者评估剥离的救济措施。总体目标是确定资产的买家是否成功地获得了以资产剥离救济措施为基础的资产，并在相关市场中营运。调研中，50 个买家中有 37 个同意与竞争局和经济局工作人员交谈，此外，受访对象还包括其他市场参与者、客户、供应商、监督受托人。

欧盟委员会竞争总司在完成 2005 年《合并救济考察》(*Merger Remedies Study*) 的过程中，也采用了调查的研究方法，通过对承诺方或卖方、许可人、买方或卖方、被许可人和受托人等的沟通信息进行分析。在前述 2019 年欧盟对制药行业的竞争执法情况报告中也提及为了收集信息资料，进行了广泛的调研和访谈。[1]

2. 调查的方法和思路

在调查过程中，问卷是常用的方法。相比其他的研究方式，问卷研究具有以下的优势：其一，问卷研究是基础性的。它是经营者集中评估的重要信息来源，欧盟和美国既往所进行的评估都包含调查问卷方法，可能是通过发放回收的方式，也可能是当面采访的方式。其二，问卷法简单直接，它可以通过较低的成本搜集到尽可能多的信息，促进各方信息的交换。问卷在设计时要纳入经营者集中审查制度的方方面面，因此问卷法可以保证交换信息尽可能地全面，这也是其显著的优势。在移动智能广泛适用的环境下，数字化的问卷调查更为简便可行。其三，问卷具有标准化和格式化的特征。问卷一

---

〔1〕 European Commission, Competition Enforcement in the Pharmaceutical Sector (2009-2017), Brussels, 28. 1. 2019, COM (2019), pp. 9-11.

且设计出来便可以多次使用，同时问卷可以不断完善，降低后续的评估成本，便于未来评估适用。

问卷设计的目的是为附加限制性条件的评估提供足够的信息，故而应当全面收集评估所需要的信息并进行分类。比如评估对象是程序和经营者集中的效果，那么问卷设计内容应全面覆盖经营者集中的完整流程；以并购流程作为问卷设计的出发点，通过时间节点的顺序展开是最为妥当的办法；对有些问题可以进行交叉质证，以比较分析不同主体的意见是否具有一致性，特别是分析差异的原因。

调查研究法是社会科学中常用的研究方法，调查中有以下几个方面需要注意。

首先，调查形式可以包括访谈、发放问卷、召开座谈会等。根据不同调查形式各自的特点，受众也有所不同。若应用到对附加限制性条件的调查中，可以通过官方网站、报纸、刊物、官方小程序等渠道向公众发放问卷。其中，现代化电子渠道既有利于发放问卷、沟通交流的成本，也有助于最大限度地搜集更多样本，同时电子化的呈现方式还有利于后续样本数据的分析处理。再比如，召开座谈会的形式通常适用于参与人数较少的场合，但正因如此，讨论得会更加深入，较为合适的参与对象是学者、行业专家、企业代表等。实践中采用对象分类研讨的方式更为有效。[1]

其次，调查研究法需要选取适当的调查对象，根据不同调查对象，应针对性地设计问题。受限于个人的立场和经验，不同调查对象对同一件事的认知深浅、认知角度会有所不同，这就要求调查问题在内容、认识水平上有一定的区分度。如对终端消费者来说，应侧重于其购买体验、购买价格等较为直观的问题，而不应设置专业性较强、门槛较高的问题。此外，可以设计一些开放性的问题，在主题范围内由被调查人自由发挥。从前述英国发布的《并购救济评估的案例研究》来看，基于不同的角色，参与者对救济措施"有效性"的理解是非常丰富的，甚至可以从评估结果上窥其端倪。这种多视角的评估有助于全面客观理性地反思救济措施。

---

〔1〕 笔者曾承担有关汽车行业反垄断规则的课题研究，其间邀请汽车行业的企业座谈。会议中，汽车制造业与零配件生产企业、汽车流通（销售）业在一些重要问题上的观点大相径庭。辩论或者质疑固然可能使问题更加明了，但也会出现不便坦陈意见的情况。

再次，调查研究法需要着力于问题的设计。设计问题时需要注意问题的可答复性，不宜过于抽象和简略，好的问题设计应该在调查者和受访者之间形成通达的互动。问题应该为评估提供足够的信息。提问方式的差异也会影响回复质量，如问题预设的前提不同、表达方式的直接或者婉转等，都会影响具体的答案。从实际经验来看，回答方式尽量简洁，能够用选择回答的尽量不用文字回答的方式；在程度辨别上，与其用程度副词譬如"有些""比较""非常""极其"等表达，不如用 1 到 10 的刻度来衡量，刻度更细致、准确性相对更高。

最后，在诸多反馈中尤其应当谨慎、客观地看待反对意见。由于不同主体的立场不同，诉求也不相同，观点必然有差异。以笔者参与的法国 SEB 收购苏泊尔股权案为例，商务部就拟定交易征求相关方意见，被收购方的竞争者坚决反对，而上下游经营者态度不一：生产不粘锅涂层的企业认为 SEB 对原料要求高，并购后会损失原有市场份额；而生产包装材料的企业认为 SEB 不会从欧洲进口包装材料，收购对己方没有负面影响，反而由于并购后在中国大陆产品销量提升而增加销售额。此时，执法机构的判断标准应当回归其审查目的，即预判集中发生后在相关市场上的有效竞争状况，坚守经营者集中审查制度保护的是竞争秩序而非特定竞争者。[1]这一理念无论是在审查阶段还是在评估阶段都非常重要。

3. 事后评估的流程

完整的事后评估流程之构建包括以下几个方面：首先，确定评估目标和评估对象。手段服务于目的。经营者集中案件的评估，可以由我国的执法机构国家反垄断局发起，也可以由国务院反垄断委员会发起。由于经营者集中涉及的内容比较广泛，比如申报标准、附加限制性条件的实施效果、监督受托人的委任或者某特定行业的救济效果等都可能作为评估目标。在确认目标之后，根据相应的原则选取评估对象。比如笔者研究的课题，以一定时间段为标准的救济措施评估，就需要涵盖该时间段内的所有案件；如果以行业为标准，就选择所有与之相关的案件……依此类推。为此，分类、判断和取舍就变得非常重要。毕竟附加限制性条件的案例总数不多、每年的案件数更以个位数计，判断错误会导致统计数据不可靠，影响评估结论。

---

〔1〕　Brown Shoe Co. , Inc. v. United States, 370 U. S. 294（1962）.

其次，确定评估参与者。从欧、美、英以及笔者主持的评估项目来看，对于同一个问题，由于调查对象的立场不同，可能会得出不同甚至截然相反的答案，这就需要尽可能全面地听取各方意见。参与者范畴应当尽量宽泛，覆盖案涉的所有因素。从完整性出发，可以从附加限制性条件的阶段进行分类调查。具体来说，从申报—商谈—审查—附加条件（结构性救济、行为性救济）分阶段，邀请全过程不同的参与者。"案件参与者"包括并购方、监督受托人、剥离受托人、代理律师、行业专家、教授学者等，还应当包括行业协会、收购方与被收购方的竞争者、上下游经营者、消费者。这既是进行实证研究的切实要求，也是获得第一手数据的重要信息来源。同时，组织以往的附加限制性条件案件的参与者加入评估议程，也有利于增强反垄断执法的说服力和公信力。

再次，完成评估。具体的评估方法，特别是调查研究法、问卷评估已经在前文详述，此处不再赘述。

最后，公开发布评估报告。发布附加限制性条件实施的评估报告，在其他法域已有诸多实例。这是一种事后评估的意见反馈机制，事后评估的结果最终应当反映在相应规则完善上，形成实践—评估—修正的良好动态循环。在世界范围内，官方发布的附加限制性措施的评估报告一直对立法起着重要作用。例如，在 1999 年《资产剥离研究报告》（*A Study of the Commission's Divestiture Process*）的基础上，美国联邦贸易委员会对其救济措施做了一些修改，包括将默认剥离期限从 1 年缩减为 6 个月，委托第三方对复杂救济措施或涉及高技术产业的救济措施进行监督；在剥离政策实施 6 个月以后到 1 年之内，委员会将派工作人员对被剥离资产/业务的买方进行访谈，以保证剥离顺利实施并防止产生其他问题。[1]欧盟 2005 年的《合并救济研究报告》（*Merger Remedies Study*）也是基于对以往案例的分析，该研究成果为欧盟 2008 年新版《合并救济通知》所吸收。[2]因此，我国反垄断执法机构形成的事后评估报告应当作为立法规则和实践程序修正的重要参考，做到有错必纠，搭建立法环节和执法环节良好沟通的桥梁，促进我国反垄断法不断完善。

---

〔1〕 参见王燕："中国经营者集中反垄断审查事后评估"，山东大学 2018 年博士学位论文。

〔2〕 参见韩伟："反垄断规则明晰的重要一步——商务部'结构救济'新规略评"，载 http:// iolaw. cssn. cn/bwsf/201007/t20100723_4607259. shtml，最后访问日期：2021 年 12 月 11 日。

(三) 受托人 (监督受托人、剥离受托人) 规则的完善

一项救济措施的效果如何，取决于两个要素：一是措施的合理性、可执行性；二是执行的有效性。无论哪个要素，都依赖于专业人士站在市场竞争的立场上所做出的独立判断。以往的研究大多集中于实体性问题，比如一项剥离中的 "皇冠宝石规则" "资产分持"、无底价销售等，[1]但怎样的资产包才是合理的、有效的；如何判断竞价的三个买受人哪一个可以在未来市场实现存活，形成有效竞争从而成为适格买受人；一个合同条款是否符合平等、合理、无歧视的承诺。针对不同案件的不同市场状况、不同行业，对于专业化要求是非常高的，而执法机构显然不具有这种能力。由此，剥离受托人、监督受托人的专业性优势便凸显出来。

1. 受托人制度在我国的实践

我国最早的受托人制度规定于 2010 年 7 月 5 日颁布的《关于实施经营者集中资产或业务剥离的暂行规定》中，该规定指出监督受托人指的是剥离义务人委托，负责对业务剥离进行全程监督的自然人、法人或组织；而剥离受托人则是指受托剥离阶段，受剥离义务人委托，负责找到适当的买家并达成出售协议以及其他相关协议的自然人、法人或其他组织。[2]2014 年 12 月 4 日商务部开始实施《救济规定》，并颁布了《监督受托人委托协议示范文本》。2020 年 12 月 1 日《经营者集中审查暂行规定》施行，根据其第 37 条第 2 款的规定，执法机构在评估确定受托人后，义务人应当与监督受托人、剥离受托人签订书面协议，明确各自的权利义务……可见，受托协议是一个双务合同，并且由剥离义务人向监督受托人、剥离受托人支付报酬，并就该附加限制条件事项提供必要的支持和便利。此外，上述两类受托人经由行政执法机构审查，并经其 "评估确定"，还应当向执法机构报告义务人出售剥离业务、实施限制性条件等情况。[3]

相较于此前的规定，监督受托人的职责由 "对业务剥离进行全程监督" 变为 "就实施限制性条件进行监督"，并且第 36 条明确区分了剥离受托人和监督受托人，增加了行为性救济的情形，而且自行剥离的情况下，也需要委

---

〔1〕 See George S. Cary, Marian R. Bruno, "Merger remedies", *Admin. L. Rev.*, Vol. 49, 1997, p. 875.

〔2〕《关于实施经营者集中资产或业务剥离的暂行规定》第 5 条。

〔3〕《经营者集中审查暂行规定》第 36 条第 4 款、第 5 款。

托监督受托人。[1]可以看到，这些规则的改变是基于我国执法实践经验的积累，特别是通过大量行为性救济案件在监督执行过程中遇到的问题总结而成，这些规则符合我国救济措施的实践情况，在逻辑上更具合理性，也弥补了原有规则的不足。笔者将全部 52 个附加限制性条件案件的基本信息、受托情况总结如表 4-4 所示。[2]

表 4-4　附加限制性条件案件中受托人情况统计

（2008 年 8 月 1 日至 2021 年 12 月 31 日）

序号	经营者集中方	行业领域	附加条件	监督受托人	剥离受托人
1	英博/AB	食品制造	行为	未采用	未采用
2	三菱丽阳/璐彩特	原材料	混合	未采用	璐彩特剥离期间为五年；剥离期限内未能完成，商务部指派独立的受托人；剥离应在拟议交易完成后的六个月内完成，商务部有权将以上期限延长六个月
3	通用汽车/德尔福	机械制造	行为	未采用	未采用
4	辉瑞/惠氏	医药行业	结构	未采用	辉瑞公司必须在商务部批准此项集中后六个月内通过受托人为被剥离业务找到购买人并与之签订买卖协议；六个月内未能找到购买人商务部有权指定新的受托人

〔1〕《监督受托人委托协议示范文本》第 16 条规定了自行剥离阶段的监督。

〔2〕笔者根据执法机构公告整理。其中"未采用"表示在公告正文或者附件、申报人在附加限制性条件方案中均未提及受托人。"委托监督受托人"或"委托独立的监督受托人"等都尊重公告原文表述。

序号	经营者集中方	行业领域	附加条件	监督受托人	剥离受托人
5	松下/三洋	应用材料	混合	未采用	在六个月延长期内仍未能完成，则商务部有权指定独立受托人将前述拟剥离业务转让给独立第三方
6	诺华/爱尔康	医药行业	行为	委托监督受托人	未采用
7	乌拉尔/谢尔维尼特	原材料	行为	委托监督受托人	未采用
8	佩内洛普/萨维奥	机械制造	结构	委托独立的监督受托人	未采用
9	通用电气/神华	原材料	行为	未采用〔1〕	未采用
10	希捷/三星	电子信息	行为	商务部有权通过监督受托人或自行监督检查	未采用
11	汉高香港/天德化工	应用材料	行为	委托独立的监督受托人	未采用
12	西部数据/日立存储	电子信息	混合	商务部有权通过监督受托人或自行监督检查	未采用
13	谷歌/摩托罗拉移动	电子通讯	行为	商务部有权通过监督受托人或自行监督检查	未采用
14	联合技术/古德里奇	机械制造	结构	委托监督受托人	在九个月期限内未找到购买人，则商务部有权指定剥离受托人

---

〔1〕 但仍和其他公告一样，标注了"商务部有权对上述限制性条件的实施进行监督检查"。

续表

序号	经营者集中方	行业领域	附加条件	监督受托人	剥离受托人
15	沃尔玛/纽海控股	零售业	行为	商务部有权通过监督受托人或自行监督检查	未采用
16	安谋/捷德/金雅拓	电子信息	行为	商务部有权通过监督受托人或自行监督检查	未采用
17	嘉能可/斯特拉塔	原材料	混合	委托独立的监督受托人	委任剥离受托人
18	丸红/高鸿	食品行业	行为	商务部有权通过监督受托人或自行监督检查	未采用
19	百特/金宝	医药行业	结构	委托监督受托人	待考证[1]
20	联发科技/开曼晨星	电子信息	行为	委托独立的监督受托人	未采用
21	赛默飞世尔/立菲	生物制药	混合	商务部有权通过监督受托人或自行监督检查	待考证[2]
22	微软/诺基亚	电子通讯	行为	商务部有权通过监督受托人或自行监督检查	未采用
23	默克/安智	电子信息	行为	商务部有权通过监督受托人或自行监督检查	未采用

〔1〕 商务部公告 2013 年第 58 号《关于附加限制性条件批准美国百特国际有限公司收购瑞典金宝公司经营者集中反垄断审查决定的公告》(以下简称百特国际收购金宝审查决定)仅规定"百特剥离其全球的 CRRT 业务",未提到剥离受托人,但是其附件《百特国际有限公司拟议收购金宝公司交易的救济承诺》提到,"百特应委任一名剥离受托人履行条件中规定的剥离受托人职责"。

〔2〕 百特国际收购金宝审查决定未提到剥离受托人,但是其附件《赛默飞世尔科技公司就其收购立菲技术公司交易向中华人民共和国商务部提交的救济方案》同样也规定了剥离受托人。

续表

序号	经营者集中方	行业领域	附加条件	监督受托人	剥离受托人
24	科力远/丰田中国/PEVE/新中源/丰田通商	机械制造	行为	商务部有权通过监督受托人或自行监督检查	未采用
25	诺基亚/阿尔特朗讯	电子通讯	行为	商务部有权通过监督受托人或自行监督检查	未采用
26	恩智浦/飞思卡尔	电子信息	结构	商务部有权通过监督受托人或自行监督检查	未采用，已提前确定北建作为购买人
27	百威英博/南非米勒	食品行业	结构	商务部有权通过监督受托人或自行监督检查	未采用，已提前确定华润作为购买人
28	雅培/圣犹达	医疗器械	结构	商务部有权通过监督受托人或自行监督检查	未采用，已提前确定泰尔茂株式会社作为购买人
29	陶氏化学/杜邦	化工行业	混合	商务部有权通过监督受托人或自行监督检查	待考证[1]
30	博通/博科	电子通讯	行为	商务部有权通过监督受托人或自行监督检查	未采用
31	惠普/三星电子	机械制造	行为	商务部有权通过监督受托人或自行监督检查	未采用
32	加阳/萨钾	化工行业	混合	商务部有权通过监督受托人或自行监督检查	未采用

---

〔1〕　商务部公告 2017 年第 25 号《关于附加限制性条件批准陶氏化学公司与杜邦公司合并案经营者集中反垄断审查决定的公告》未提到剥离受托人，但其附件《陶氏化学公司和杜邦公司合并案附加限制性条件建议及相关附件最终稿（公开版）》明确表示在首次剥离期限结束之前一个月，陶氏仍未签订有关剥离业务的有约束力的买卖协议，或者商务部届时或其后拒绝了交易双方提出的买方，交易双方应根据商务部的《救济规定》委托剥离受托人。

续表

序号	经营者集中方	行业领域	附加条件	监督受托人	剥离受托人
33	马士基/汉堡南美	运输服务	行为	商务部有权通过监督受托人或自行监督检查	未采用
34	日月光/矽品	机械制造	行为	商务部有权通过监督受托人或自行监督检查	未采用
35	贝克顿/巴德	医疗器械	结构	商务部有权通过监督受托人或自行监督检查	未采用
36	拜耳/孟山都	医药行业	混合	商务部有权通过监督受托人或自行监督检查	未采用
37	依视路国际/陆逊梯卡	零售业	行为	本执法机构有权通过监督受托人或自行监督检查	未采用
38	林德/普莱克斯	化工行业	混合	本执法机构有权通过监督受托人或自行监督检查	如果未能在上述规定期限内提出买方人选并提交相应的协议，将由剥离受托人在上述期限届满后六个月内寻找买方
39	联合技术/罗克韦尔柯林斯	机械制造	混合	本执法机构有权通过监督受托人或自行监督检查	如果未能在上述六个月期限内找到一个或多个合格买方并签订出售协议，由剥离受托人在上述期限届满后六个月内寻找买方
40	科天/奥宝科技	电子通讯	行为	国家市场监督管理总局有权通过监督受托人或自行监督检查	未采用

续表

序号	经营者集中方	行业领域	附加条件	监督受托人	剥离受托人
41	卡哥特科/德瑞斯	运输服务	行为	国家市场监督管理总局有权通过监督受托人或自行监督检查	未采用
42	高意股份/菲尼萨	电子通讯	行为	国家市场监督管理总局有权通过监督受托人或自行监督检查	未采用
43	浙江花园生物高科/皇家帝斯曼	医药行业	行为	国家市场监督管理总局有权通过监督受托人或自行监督检查	未采用
44	诺贝丽斯/爱励	化工行业	混合	国家市场监督管理总局有权通过监督受托人或自行监督检查	待考证〔1〕
45	丹纳赫/通用电气	医药行业	结构	国家市场监督管理总局有权通过监督受托人或自行监督检查	未采用
46	英飞凌/赛普拉斯	医药行业	行为	国家市场监督管理总局有权通过监督受托人或自行监督	未采用
47	英伟达/迈络思	电子通讯	行为	国家市场监督管理总局有权通过监督受托人或自行监督检查	未采用

---

〔1〕　在《市场监管总局关于附加限制性条件批准诺贝丽斯公司收购爱励公司股权案反垄断审查决定的公告》中未出现剥离受托人，但在《关于诺贝丽斯公司收购爱励公司股权案致国家市场监督管理总局的附加限制性条件方案》中出现了视情况设立剥离受托人。

续表

序号	经营者集中方	行业领域	附加条件	监督受托人	剥离受托人
48	采埃孚股份/威伯科	机械制造	行为	国家市场监督管理总局有权通过监督受托人或自行监督检查	未采用
49	思科/阿卡夏通信	电子通讯	行为	国家市场监督管理总局有权通过监督受托人或自行监督检查	未采用
50	丹佛斯/伊顿	机械制造	结构	国家市场监督管理总局有权通过监督受托人或自行监督检查	未采用
51	伊利诺斯/美特斯	机械制造	行为	国家市场监督管理总局有权通过监督受托人或自行监督检查	未采用
52	SK海力士株式会社/英特尔	电子通讯	混合	国家市场监督管理总局有权通过监督受托人或自行监督检查	未采用

商务部在2010年的诺华收购爱尔康一案中首次引入"监督受托人"概念,在此后的案件中频繁适用监督受托人制度。[1]2012年的沃尔玛收购纽海一案中,首次采用了监督受托人或自行监督检查两种方式。

就剥离受托人而言,商务部在2009年三菱丽阳收购璐彩特一案中,就已经提到了"如果在剥离期限内产能剥离未能完成,集中双方同意商务部有权指派独立的受托人将璐彩特中国公司的100%股权出售给独立第三方"。但由于当时还没有关于剥离受托人的明确规定,所以采用了"独立的受托人"的表述,但从受托人工作内容的表述来看,就是剥离受托人的角色。此后的辉瑞收购惠氏案、松下收购三洋案中也均使用了"独立受托人"的说法。在

---

〔1〕 通用电气并购中国神华案除外。

2011 年的佩内洛普有限责任公司收购萨维奥纺织机械股份有限公司一案中，商务部首次引入了剥离受托人的概念，但此后的出现频率较低。可能是因为在某些结构性救济案件中，适用了买方前置的规则，无须剥离义务人介入。例如在恩智浦收购飞思卡尔、百威英博收购南非米勒、雅培收购圣犹达这三个案件中，在做出案件审查决定时已经分别确定了北建、华润和泰尔茂株式会社作为剥离资产的买家。通过表4-4亦可见早期在用词表述上并不一致。

2. 受托人制度存在的问题

合并方提交的承诺方案往往与其自身利益最大化相背离，是为了确保集中得以顺利施行的妥协行为。利益冲突的客观现实使合并方在执行限制性条件时具有不积极履行义务的动机，需要接受执法机构或其指定受托人的监督。如果经营者发现监督机制薄弱，会更加缺乏积极履行承诺的动力。但在监督过程中的判断规则是比较复杂的，诸多问题在反垄断法意义上的判断标准不同于传统的民法、公司法视角。比如前述买受人问题，在买受方都符合基本条件的前提下，遴选的标准并非价高者得，而是要综合考量，最终以实现"有效竞争"作为判断标准。此时，并不完全是一个商业性的判断标准，而是以市场竞争秩序、消费者福利为终极追求目标，执法目标一定程度上要通过剥离受托人、监督受托人实现。而他们在能力和意愿方面是否有潜在问题需要在审批、确认受托人时重点考察。

在实践中，监督受托人的缺位、合并方缺乏积极履行行为性条件的内在动机、执法部门主动监督的能力不足，可能使限制性条件的全面执行面临困难。

首先，在中国现行救济实施机制中，存在着悖论。根据《经营者集中审查暂行规定》中有关集中救济机制设计的基本原理、制度安排等规定，执法机构与经营者的利益诉求并不一致，两者是监督者与实施者的关系，虽然并不必然对立，但并非时时处处一致。《经营者集中审查暂行规定》第44条还规定，未经执法机构同意，监督受托人不得披露其在履行职责过程中提交的各种报告及相关信息。在此情况下，受托人在与义务人有协议、又代位执法机构实现监督职能的双重矛盾中，如何定位并履行职责是个难题。实践中曾发生受托人勤勉履职，工作量增加，报酬额提高，导致增加义务人负担的情况。这种机制逻辑实有悖论。

其次，受托人的适用条件和标准不明晰。根据《经营者集中审查暂行规定》，监督受托人需要具有独立性，具备专业知识、技能及相关经验以及必要的资源和能力；[1]剥离受托人应当独立，拥有必要的资源、能力和意愿等。[2]但独立性如何确定，专业知识和资源如何体现，语焉不详。

最后，受托人的法律责任不明确。如前所述，受托人是经营者集中审查制度里非常关键的角色，特别是对救济措施的有效性发挥着至关重要的作用。从职责定位来说有一部分公共属性；而且，受托人并非提供免费服务，而是有对价的、商业化的标准。因此，如果未履行，或者不当履行其义务，应当承担相应的法律责任。然而，根据《经营者集中审查暂行规定》第59条规定，"受托人未按要求履行职责的，由市场监管总局责令改正；情节严重的，可以要求义务人更换受托人，并对受托人处三万元以下的罚款"。其法律责任与职责、权利明显不对等。

3. 受托人制度的改进

针对上述三个问题，笔者提出如下改进建议。

第一，理顺执法机构、受托人和义务人的三方关系。执法机构和受托人之间虽然并无直接的委托关系，但受托人本质上是代反垄断执法机构履行一定的监督职能，负责监督集中方实施限制性条件的情况并向反垄断执法机构报告，同时接受执法机构的指导，即实质上起到了"公共权力部分委托私人行使"的效果。[3]出于执法成本和专业能力的局限，通过受托人动态监督限制性条件实施情况具有现实必要性。随着更多案件适用行为性条件，主要司法辖区亦逐步重视受托人制度的价值，如美国司法部在2011年修订的《合并救济政策指南》中删除"监督受托人在极特殊的案件中适用"的规定，[4]以便在更大范围内发挥受托人的作用。再如欧盟于2006年至2010年附条件批准的99起案件中，有91起案件任命了监督受托人。[5]英国CMA在近期的并

---

〔1〕《经营者集中审查暂行规定》第37条。

〔2〕《经营者集中审查暂行规定》第38条。

〔3〕 参见李俊峰："经营者集中救济措施的委托实施机制研究"，载《上海财经大学学报》2015年第5期。

〔4〕 U. S. Department of Justice Antitrust Division, Antitrust Division Policy Guide to Merger Remedies (2011).

〔5〕 参见刘武朝、时建中："论经营者集中反垄断审查中的监督受托人——欧美的经验及借鉴"，载《河北法学》2014年第5期。

购案例中均设置了监督受托人，通过案例研究表明，监督受托人在相关领域具有丰富的经验和技能，能够就附加的限制性条件持续进行合规的监控。[1]因此，可以预见的是在执法监督过程中受托人会发挥更为重要的作用。为了解决前述机制悖论的问题，可以通过修正报酬支付路径的方式理顺执法机构、受托人、义务人的关系。受托人因拥有专业性而受托于执法机构，履行对义务人的监督职能，这是一种准公共职能，应当根据统一标准据实收取报酬。与现行规则不同的是，该报酬应由执法机构向义务人收取并支付给受托人。

　　第二，明确受托人的独立性、专业性标准。在独立性方面，以实质性独立为标准。[2]比如，监督受托人和参与集中的经营者之间存在商业上的服务关系或债权债务关系，则应界定为存在实质利害关系；这种关系如果在受任之前尚未结束或者虽然已经结束，但依然对独立性产生影响的，也应界定为存在实质利害关系。对此可引入委任前的"独立性审查"措施，受托人负有披露义务，并配套规定受托人与之相应的法律责任，比如未如实披露造成严重后果的责任。对比同样要求具有较高独立性的"独立董事"规则，规定了相对全面的个人的消极性条件，[3]具有一定的参考价值。在专业性方面，实践中各辖区的做法不尽相同，欧盟倾向于任命会计师事务所、投资银行、管理咨询机构、律师事务所等机构作为监督受托人；而美国则倾向于任命诸如职业经理人、科学家或顾问等机构或个人。特别是美国联邦贸易委员会，对于律师事务所单独作为监督受托人基本上持否定立场。我国目前对此尚无明

---

　　[1]　See Understanding past merger remedies（Dec. 31, 2021），available at https://www.gov.uk/government/publications/understanding-past-merger-remedies.

　　[2]　参见刘武朝、时建中："论经营者集中反垄断审查中的监督受托人——欧美的经验及借鉴"，载《河北法学》2014年第5期。

　　[3]　《上市公司独立董事规则》第6条规定，"独立董事必须具有独立性。独立董事应当独立履行职能，不受上市公司主要股东、实际控制人或者其他与上市公司存在利害关系的单位或个人的影响。独立董事原则上最多在五家上市公司兼任独立董事，并确保有足够的时间和精力有效地履行独立董事的职责"。第7条规定，"下列人员不得担任独立董事：（一）在上市公司或者其附属企业任职的人员及其直系亲属、主要社会关系（直系亲属是指配偶、父母、子女等；主要社会关系是指兄弟姐妹、配偶的父母、子女的配偶、兄弟姐妹的配偶、配偶的兄弟姐妹等）；（二）直接或间接持有上市公司已发行股份百分之一以上或者是上市公司前十名股东中的自然人股东及其直系亲属；（三）在直接或间接持有上市公司已发行股份百分之五以上的股东单位或者在上市公司前五名股东单位任职的人员及其直系亲属；（四）最近一年内曾经具有前三项所列举情形的人员；（五）为上市公司或者其附属企业提供财务、法律、咨询等服务的人员；（六）法律、行政法规、部门规章等规定的其他人员；（七）公司章程规定的其他人员；（八）中国证券监督管理委员会（以下简称中国证监会）认定的其他人员"。

确规定，实践中有行业专家、会计师事务所、法律专家作为受托人。笔者认为，对于资产剥离类的结构性救济措施，行业专家、会计、法律专家的参与是必要的；对于行为性救济措施，行业专家、法律专家应当更多参与，发挥专业特长。

第三，完善受托人的法律责任规则。由于《监督受托人委托协议示范文本》的底层法理逻辑是监督受托人与义务人之间的委托关系，所以在法律责任部分，即第 53 条中仅约定了监督委托人违约的，委托人可以向执法机关报告并请求责令受托人限期改正。这一规定的问题在于委托协议的定性。如果委托协议仅是一个双务合同，一方违约却需要第三人（即使是政府部门）来责令改正，这在逻辑上就有根本的矛盾。当然，基于对执法机构、受托人、义务人三方关系的认识，笔者认为监督事项具有公权力属性，因此并不赞同定性为民事上的委托关系的结论。所以，完善受托人的法律责任应当从两个方面着手：一是受托人的违法限于违反独立性、专业性。对独立性的判断可能发生于遴选时，也可能发生在选任后的履职过程中，也就是可能发生在任何有碍独立性的事项时。如果在遴选时受托人真实、完整地披露了可能影响独立性的事由，如果被选任则不违反独立性；如果没有法定除外情形，在履职过程中发生非独立性情况的，应当承担法律责任。在专业性方面，因为受托人对救济措施做出判断需要依赖于集中各方以及其他的基础材料，对他人的依赖性较强，故而只要尽合理的勤勉谨慎义务即可免责。二是受托人违反独立性、专业性的法律责任不限于民事责任。由于对救济措施的监督在本质上是为了维护市场竞争秩序，其间花费了大量的成本，这些成本不仅包括集中方向受托人支付的报酬，还包括在选任受托人过程中的行政成本。此外，受托人的违法行为很可能导致救济措施不能全面履行甚至完全不能履行，进而造成市场竞争损害，导致消费者福利减损和社会公共利益损失，所侵害的是一种公法法益。这种公共属性决定了笔者并不认可《监督受托人委托协议示范文本》第 48 条、第 49 条的规定。申言之，履职过程中的非独立性并不能仅通过解除合同来解决。

第五章
经营者集中相关法律责任问题的检视与完善

从全球反垄断执法的情况来看，实行经营者集中的强制性申报是较为普遍的做法。这有两方面原因：一是经营者事前审查能够有效过滤对竞争有损害的集中，借此根据实际情况采取有针对性的救济措施，甚至是禁止集中，以实现预防功能；二是从审查结果来看，虽然有反竞争效果的案件比例并不高，根据本书前面的分析，经验数据是98%以上的案件并没有竞争问题，可以无条件通过；但这并不能否定审查的积极作用。相反，美国 AT&T 拆分案、[1]标准石油公司拆分案、[2]微软旷日持久的拆分诉讼都说明事后措施的难度和社会成本是极高的。因此，经营者事前申报制度是有效维护市场竞争的重要机制。从维护经济效率和社会公共利益的角度出发，在立法层面要有规则来保证适格经营者主动申报。

所以，不仅在申报条件上要明确、清晰、客观，以易于识别；此外，为确保相关规定的有效运作，经营者集中的法律责任制度也是重要一环，这种反向的惩罚机制既能够有效遏止经营者铤而走险，也能向市场传达维护竞争的正面信号。

一、经营者集中相关法律责任规则剖析

我国自 2003 年以来对外资企业并购境内企业进行审查，此时的审查有主体上的特殊要求，普遍性的集中审查是从 2007 年《反垄断法》施行开始的。

（一）违法行为类型化解构

我国 2007 年《反垄断法》就经营者集中有关的违法行为规定了法律责任，从违法主体视角来看，有申报义务人违法、受托人违法、执法机构工作

---

〔1〕 United States vs. American Tel. and Tel. Co., 552 F. Supp. 131（D. D. C. 1982）.

〔2〕 Standard Oil Co. of New Jersey v. U. S., 221 U. S. 1, 60（1911）.

人员违法三种情况。

对义务人违法实施经营者集中规定的样态主要可以划分为两种：一是程序性违法，即在审查或调查过程中的违法行为，例如虚假陈述、提交虚假材料、干扰调查等。有关规定见于 2007 年《反垄断法》第 52 条，这是对所有涉嫌垄断行为普遍适用的，而非仅针对经营者集中审查的规定。二是实体性违法，即违法实施集中的行为。根据 2007 年《反垄断法》第 48 条的规定，对违法行为的情形概括性地表述为"违法实施经营者集中"（详见表 5-1）。

表 5-1 中国违法实施经营者集中相关规定

违法主体	规定名称	违法集中行为	程序性违法行为
申报义务人	2007 年《反垄断法》	第 48 条 经营者违反本法规定实施集中的，由国务院反垄断执法机构责令停止实施集中、限期处分股份或者资产、限期转让营业以及采取其他必要措施恢复到集中前的状态，可以处五十万元以下的罚款	第 52 条 对反垄断执法机构依法实施的审查和调查，拒绝提供有关材料、信息，或者提供虚假材料、信息，或者隐匿、销毁、转移证据，或者有其他拒绝、阻碍调查行为的，由反垄断执法机构责令改正，对个人可以处二万元以下的罚款，对单位可以处二十万元以下的罚款；情节严重的，对个人处二万元以上十万元以下的罚款，对单位处二十万元以上一百万元以下的罚款；构成犯罪的，依法追究刑事责任
	《经营者集中审查暂行规定》	第 57 条 经营者违反反垄断法规定实施集中的，依照反垄断法第四十八条规定予以处罚	第 58 条 申报人隐瞒有关情况或者提供虚假材料的，市场监管总局对经营者集中申报不予立案或者撤销立案，并可以依照反垄断法第五十二条规定予以处罚
		第 60 条 剥离业务的买方未按规定履行义务，影响限制性条件实施的，由市场监管总局责令改正，并可以处三万元以下的罚款	

续表

违法主体	规定名称	违法集中行为	程序性违法行为
受托人	《经营者集中审查暂行规定》	**第59条**　受托人未按要求履行职责的，由市场监管总局责令改正；情节严重的，可以要求义务人更换受托人，并对受托人处三万元以下的罚款	
执法人员	2007年《反垄断法》	**第54条**　反垄断执法机构工作人员滥用职权、玩忽职守、徇私舞弊或者泄露执法过程中知悉的商业秘密，构成犯罪的，依法追究刑事责任；尚不构成犯罪的，依法给予处分	
	《经营者集中审查暂行规定》	**第61条**　市场监管总局以及其他单位和个人对于知悉的商业秘密、未披露信息或者保密商务信息承担保密义务，但根据法律法规规定应当披露的或者事先取得权利人同意的除外	

　　本书第四章讨论了附加限制性条件规则中受托人的问题，故不在本章重复。执法人员的违法犯罪问题是基于公务人员执法之公共属性的基本原则规定的，并非反垄断法执法所特有的，本书对此不做专门论述。因此，本章探讨的法律责任是指经营者集中规则中申报义务人的法律责任，以下从责任类型、责任程度这两个视角进行分析。

　　从理论角度来看，申报义务人的违法行为共计五种类型，分别是：（1）依法应当申报而未申报即实施集中；（2）已申报但未经批准即实施集中；（3）实施集中过程中违反执法机关附加之限制条件；（4）违反禁止集中之行政决定实施集中；（5）所申报资料、信息不完整或者虚假。从实践情况来看，我国目前尚无违反禁止决定实施集中的案件。与义务人法律责任相关的规定见于2007年《反垄断法》第48条、第52条。根据该法第48条规定，将违反实体性规则的行为泛称为"违法实施集中的行为"，并未具体类型化。

　　在处罚力度方面，2007年《反垄断法》对未依法申报经营者集中行为的罚款上限为50万元，并且是"可以"处罚款。对隐瞒有关情况或者提供虚假材料的，处罚上限是单位100万元、个人10万元。

(二) 经营者集中行政执法情况及其效果

我国反垄断执法机构在对经营者集中申报案件进行审查的同时，还依法查处了未依法申报的案件，2008年8月1日至2013年上半年共有8件违法案件，分别给予警告、罚款等处罚。[1]自2014年5月1日起，商务部对立案调查的未依法申报集中的案件通过商务部官方网站向社会公布行政处罚决定。[2]国家市场监督管理总局自2018年开始反垄断执法以来，也陆续公布违法处罚案件。综上，因2003年下半年至2014年4月30日未依法申报案件数据不确定，并且这8件案件的处罚具体情况不明，笔者排除这些案件，将2014年5月1日至2021年12月31日处罚案件的数量、金额、违法案件率情况进行统计，情况如表5-2所示。[3]

表5-2　中国违法实施经营者集中案件处罚情况统计（单位：人民币）

（2014年5月1日至2021年12月31日）

	2014年	2015年	2016年	2017年	2018年	2019年	2020年	2021年
当年审结案件数[4]	245	332	395	346	468	465	473	723
未依法申报处罚案件数[5]	1	4	6	6	13	17	13	106
违反履行限制性条件处罚案件数	2	0	0	0	1	0	0	0
最高罚款金额（万元）	30	20	40	30	30	35	50	50

---

〔1〕　参见万欣："我国经营者集中反垄断审查回顾与展望"，载《中国物价》2013年第10期。

〔2〕　"商务部将公布违法实施经营者集中的行政处罚决定"，载 http://www.gov.cn/xinwen/2014-03/20/content_2642405.htm，最后访问日期：2021年12月31日。

〔3〕　笔者根据执法机构公告统计梳理。

〔4〕　"当年审结案件数"中的案件限于经营者集中申报案件，不含因违法被立案调查的案件数。

〔5〕　"未依法申报处罚案件数"是指应申报未申报即实施集中以及申报后未经批准实施集中两种情况的统计。在年度方面，以作出行政处罚决定书的日期为标准，而非违法行为发生日为标准统计。

	2014 年	2015 年	2016 年	2017 年	2018 年	2019 年	2020 年	2021 年
最低罚款金额（万元）	30	15	15	15	15	20	30	15
罚款金额总计（万元）	30（90）	105	165	150	510（525）	605	575	7135
每起案件平均罚款金额（万元）	30	26.25	23.6	17.5	39.23（37.5）	35.6	44.2	67.3
被处罚当事人平均罚款金额（万元）	30	17.5	18.3	11.67	25.5（25）	30.25	33.8	45.2
违法案件率[1]	1.2%	1.2%	1.5%	1.7%	2.9%	3.5%	2.7%	12.8%

这里需要说明的是，统计表中的平均罚款金额做了两个口径的计算，一是按照年度案件数为单位计算平均金额；二是累计各年度全部案件中被处罚的行政相对人总数，据此计算平均罚款金额。二者的差异在于，有的案件，比如设立合营企业的集中，义务人不止一个，行政处罚一般是各处罚一定金额，这种情况下两个口径的计算结果就会有明显差异。因此，在 2021 年的统计中，以案件口径计算的平均罚款金额为 67.3 万元，远远超过以当事人为口径计算的平均罚款金额 45.2 万元。另外，由于 2004 年、2018 年分别就违反限制性条件案件作出行政罚款，故括号中的计算结果是包含该类案件情况下修正后计算结果；非括号数据是仅因未依法申报被处罚的情况。

为了进一步分析未依法申报案件、未履行限制性条件两种违法行为的处罚情况，笔者将表 5-2 所涉案例的具体情况进行了全面的统计梳理，见表 5-3 所示。

---

[1]　违法案件率=违法案件数/（当年审结案件数+当年公告的违法案件数）。

表 5-3　中国违法实施经营者集中案件处罚情况

（2014 年 5 月 1 日至 2021 年 12 月 31 日）

序号	处罚日期	处罚文号	被处罚主体	处罚事由	罚款金额	案件事实
1	2014 年 12 月 2 日	商法函〔2014〕788 号	紫光集团有限公司	以总价 9.07 亿美元收购锐迪科全部股份，未依法申报	30 万元人民币	该项经营者集中不会产生排除、限制竞争的影响
2	2014 年 12 月 2 日	商法函〔2014〕786 号	西部数据公司	公司撤销 Viviti/HGST 公司发展部门等经营行为违反收购附加限制性条件	30 万元人民币	提交了《关于解决 WDC 公司发展部门问题的提议》，并立即采取相关措施改正违法行为
3	2014 年 12 月 2 日	商法函〔2014〕787 号	西部数据公司	公司转移 Viviti/HGST 美国公司违反所承诺的附加限制性条件	30 万元人民币	提交了《关于解决 Viviti/HGST 美国实体税务安排问题的提议》，并采取相关措施改正违法行为
4	2015 年 9 月 16 日	商法函〔2015〕668 号	福建省电子信息（集团）有限责任公司	收购深圳市中诺通讯有限公司 35% 股权，未依法申报	15 万元人民币	系控股公司集中申报期间由第三方提出。该项经营者集中不会产生排除、限制竞争的影响
5	2015 年 9 月 16 日	商法函〔2015〕669 号	上海复星医药产业发展有限公司	收购苏州二叶制有限公司 35% 股权，未依法申报	20 万元人民币	该项经营者集中不会产生排除、限制竞争的影响

序号	处罚日期	处罚文号	被处罚主体	处罚事由	罚款金额	案件事实
6	2015 年 9 月 16 日	商法函〔2015〕670 号	南车南京浦镇车辆有限公司、庞巴迪运输集团瑞典有限公司	分别出资 1.25 亿元人民币设立合营企业，未依法申报	各 15 万元人民币	本案不具有排除、限制竞争的效果。设立合营企业后主动补报，且能积极配合调查
7	2015 年 9 月 16 日	商法函〔2015〕671 号	百视通新媒体股份有限公司、微软公司	设立合营企业上海百家合信息技术发展有限公司	各 20 万元人民币	该项经营者集中不会产生排除、限制竞争的影响
8	2016 年 4 月 21 日	商法函〔2016〕173 号	大得控股有限公司	收购吉林四长制药有限公司 50% 股权，未依法申报	15 万元人民币	主动进行了补报，且能积极配合调查。本案不具有排除、限制竞争的效果
9	2016 年 4 月 21 日	商法函〔2016〕174 号	新誉集团有限公司、庞巴迪运输集团瑞典有限公司	设立合营企业，未依法申报	对新誉集团处以 30 万元人民币罚款，对庞巴迪瑞典处以 40 万元人民币罚款	由于合营企业急于参与某地铁项目投标未依法申报，交易双方主观故意明显；交易一方庞巴迪瑞典曾因未依法申报受过行政处罚，此次系再次违法。本案不具有排除、限制竞争的效果

续表

序号	处罚日期	处罚文号	被处罚主体	处罚事由	罚款金额	案件事实
10	2016 年 4 月 21 日	商法函〔2016〕175 号	北京北车投资有限公司（后更名为中车金证投资有限公司）、株式会社日立制作所	设立合营企业，未依法申报	各 15 万元人民币	合营企业设立后主动补报，且能积极配合调查。本案不具有排除、限制竞争的效果
11	2016 年 8 月 31 日	商法函〔2016〕681 号	中山大洋电机股份有限公司	收购北京佩特来电器有限公司股权，未依法申报	15 万元人民币	后来主动补报，且能积极配合调查工作。本案不具有排除、限制竞争的效果
12	2016 年 8 月 31 日	商法函〔2016〕682 号	大陆汽车投资（上海）有限公司、华域汽车系统股份有限公司	设立合营企业，未依法申报	各 20 万元人民币	明知应申报且已准备材料但未申报；虽主动补报，但在递交申报资料时未披露其已实施完成的事实。本案不具有排除、限制竞争的效果
13	2016 年 12 月 16 日	商法函〔2016〕965 号	佳能株式会社	收购东芝医疗系统株式会社全部股权，未依法申报	30 万元人民币	第一，本案中佳能和东芝约定分两步实施集中，在实施步骤二前应取得包括中国在内的司法辖区执法机构的批准，且在第一步完成后主动进行了申报；

序号	处罚日期	处罚文号	被处罚主体	处罚事由	罚款金额	案件事实
						第二，当事方分步骤实施交易的直接目的是使东芝尽快取得全部价款以渡过财务危机，但这也表明当事方明知负有申报义务而故意规避以推迟履行申报义务；第三，本案申报时经营者集中已开始实施，但尚未最终实施完成
14	2017年1月9日	商法函〔2017〕6号	康明斯（中国）投资有限公司、襄阳康豪机电工程有限公司	设立合营企业，未依法申报	各15万元人民币	主动补报，且能积极配合调查工作。本案不具有排除、限制竞争的效果
15	2017年4月21日	商法函〔2017〕171号	韩国奥瑟亚株式会社	收购德山马来西亚公司，未依法申报	15万元人民币	在交易实施后主动进行补报，交易项目已暂停。本案不具有排除、限制竞争的效果
16	2017年5月5日	商法函〔2017〕205号	广东省广晟香港控股有限公司	收购澳大利亚泛澳有限公司，未依法申报	15万元人民币	在调查过程中能够积极配合调查。本案不具有排除、限制竞争的效果

续表

序号	处罚日期	处罚文号	被处罚主体	处罚事由	罚款金额	案件事实
17	2017 年 5 月 5 日	商法函〔2017〕206 号	美年大健康产业（集团）有限公司	先后收购慈铭健康体检管理集团有限公司股权，未依法申报	30 万元人民币	第三方举报。在调查过程中能够配合调查。本案不具有排除、限制竞争的效果
18	2017 年 7 月 11 日	商法函〔2017〕408 号	芜湖市建设投资有限公司、奇瑞新能源汽车技术有限公司	设立合营企业，未依法申报	各 15 万元人民币	在交易实施后主动进行补报，交易项目已暂停。本案不具有排除、限制竞争的效果
19	2017 年 7 月 11 日	商法函〔2017〕410 号	斯维策亚洲私人有限公司、滨海县滨海港投资开发有限公司	新设合营企业，未依法申报	各 15 万元人民币	意识到集中可能涉嫌构成未依法申报后主动书面咨询，在调查过程中承认违法并能够配合调查。本案不具有排除、限制竞争的效果
20	2018 年 1 月 10 日	商法函〔2018〕11 号	赛默飞世尔科技公司	降低给予中国经销商的折扣，违反收购附加限制性条件	15 万元人民币罚款	不会产生排除、限制竞争的影响，对中国经销商损害不大，且赛默飞世尔立即采取措施补偿差额
21	2018 年 1 月 10 日	商法函〔2018〕12 号	广汇宝信汽车集团有限公司	收购四川港宏企业管理有限公司，未依法申报	30 万元人民币	本案不具有排除、限制竞争效果

续表

序号	处罚日期	处罚文号	被处罚主体	处罚事由	罚款金额	案件事实
22	2018 年 1 月 19 日	商法函〔2018〕32 号	益海嘉里投资有限公司、希杰第一制糖株式会社	设立合营企业，未依法申报	各 15 万元人民币	在调查过程中能够积极配合调查。本案不具有排除、限制竞争效果
23	2018 年 1 月 19 日	商法函〔2018〕33 号	山东太阳控股集团有限公司	收购万国纸业太阳白卡公司股权，未依法申报	30 万元人民币	初次申报文件资料因不符合法定要求被退回，重新申报前实施了经营者集中，明知负有申报义务并了解申报的相关规定和程序，主观故意明显。该案不具有排除、限制竞争的效果
24	2018 年 4 月 4 日	商法函〔2018〕129 号	青岛港招商局国际集装箱码头有限公司、青岛港（集团）有限公司	设立合营企业，未依法申报	各 20 万元人民币	在调查过程中能够积极配合调查。本案不具有排除、限制竞争效果
25	2018 年 4 月 4 日	商法函〔2018〕130 号	青岛港招商局国际集装箱码头有限公司、青岛新前湾集装箱码头有限责任公司	设立合营企业，未依法申报	各 20 万元人民币	在调查过程中能够积极配合调查。本案不具有排除、限制竞争效果

续表

序号	处罚日期	处罚文号	被处罚主体	处罚事由	罚款金额	案件事实
26	2018 年 4 月 26 日	商法函〔2018〕180 号	天津海光先进技术投资有限公司、超威半导体	设立合营企业，未依法申报	各 15 万元人民币	天津海光与超威半导体意识到集中可能涉嫌构成未依法申报，违法实施经营者集中后主动书面报告，在调查过程中承认违法并能够配合调查。该案不具有排除、限制竞争效果
27	2018 年 4 月 26 日	商复字〔2018〕22 号	云南城投置业股份有限公司	收购天津银润等八家公司股权，未依法申报	15 万元人民币	主动报告、主动承认违法，配合调查
28	2018 年 8 月 30 日	国市监处〔2018〕11 号	格林美（武汉）城市矿产循环产业园开发有限公司	收购武汉三永格林美汽车零部件再制造有限公司 30% 股权，未依法申报	30 万元人民币	本案不具有排除、限制竞争效果
29	2018 年 9 月 11 日	国市监处〔2018〕12 号	林德气体（香港）有限公司、上海华谊	设立合营企业林德芜湖，未依法申报	各 30 万元人民币	本案不具有排除、限制竞争效果
30	2018 年 10 月 10 日	国市监处〔2018〕13 号	林德气体（香港）有限公司、大化集团有限责任公司	设立合营企业林德大化（大连）气体有限公司，未依法申报	各 30 万元人民币	本案不具有排除、限制竞争效果

序号	处罚日期	处罚文号	被处罚主体	处罚事由	罚款金额	案件事实
31	2018 年 11 月 21 日	国市监处〔2018〕15 号	中国免税品（集团）有限责任公司	收购日上免税行（中国）有限公司股份	30 万元人民币	本案不具有排除、限制竞争效果
32	2018 年 12 月 4 日	国市监处〔2018〕16 号	林德气体（香港）有限公司、广州钢铁股份有限公司	与广州钢铁股份有限公司设立合营企业	各 30 万元人民币	本案不具有排除、限制竞争效果
33	2018 年 12 月 21 日	国市监处〔2018〕20 号	高济医药有限公司	收购河南百家好一生医药连锁有限公司，未依法申报	40 万元人民币	本案不具有排除、限制竞争效果
34	2019 年 2 月 14 日	国市监处〔2019〕1 号	江苏德威新材料股份有限公司	收购江苏和时立新股份有限公司，未依法申报	30 万元人民币	本案不具有排除、限制竞争效果
35	2019 年 2 月 25 日	国市监处〔2019〕2 号	引力传媒股份有限公司	引力传媒通过交易取得上海致趣 60% 的股权，未依法申报	20 万元人民币	该项经营者集中不会产生排除、限制竞争的效果
36	2019 年 2 月 26 日	国市监处〔2019〕3 号	海外香港投资有限公司	海外香港通过交易取得潍坊森达美液化品码头 50% 的股权，未依法申报	30 万元人民币	该项经营者集中不会产生排除、限制竞争的效果
37	2019 年 6 月 25 日	国市监处〔2019〕19 号	国巨股份有限公司	收购君耀控股股份有限公司股权，未依法申报	30 万元人民币	该项经营者集中不会产生排除、限制竞争的效果

续表

序号	处罚日期	处罚文号	被处罚主体	处罚事由	罚款金额	案件事实
38	2019 年 8 月 16 日	国市监处〔2019〕37 号	天能电池集团股份有限公司	收购安徽轰达电源有限公司股权，未依法申报	30 万元人民币	该项经营者集中不会产生排除、限制竞争效果
39	2019 年 9 月 3 日	国市监处〔2019〕38 号	哈尔滨电气股份有限公司、通用电气（中国）有限公司	新设合营企业，未依法申报	各 30 万元人民币	该项经营者集中不会产生排除、限制竞争效果
40	2019 年 9 月 16 日	国市监处〔2019〕38 号	高顺发展有限公司	收购哈尔滨地利生鲜农产品企业管理有限公司 100% 股权，未依法申报案	30 万元人民币	该项经营者集中不会产生排除、限制竞争效果
41	2019 年 9 月 16 日	国市监处〔2019〕40 号	中邮资本管理有限公司	收购成都我来啦网格信息技术有限公司股权，未依法申报	30 万元人民币	该项经营者集中不会产生排除、限制竞争效果
42	2019 年 9 月 16 日	国市监处〔2019〕42 号	广西柳州钢铁集团有限公司	收购广西中金金属科技有限公司股权，未依法申报	35 万元人民币	该项经营者集中不会产生排除、限制竞争的效果
43	2019 年 9 月 29 日	国市监处〔2019〕43 号	西藏德锦企业管理有限责任公司	收购上海汇通能源股份有限公司股权，未依法申报	30 万元人民币	该项经营者集中不会产生排除、限制竞争的效果
44	2019 年 9 月 29 日	国市监处〔2019〕44 号	苏州全亿健康药房连锁有限公司	收购苏州健生源医药连锁有限公司股权，未依法申报	30 万元人民币	该项经营者集中不会产生排除、限制竞争的效果

续表

序号	处罚日期	处罚文号	被处罚主体	处罚事由	罚款金额	案件事实
45	2019 年 9 月 27 日	国市监处〔2019〕45 号	北京汽车股份有限公司、现代金融株式会社和现代汽车（中国）投资有限公司	设立合营企业，未依法申报	各 35 万元人民币	该项经营者集中不会产生排除、限制竞争的效果
46	2019 年 11 月 1 日	国市监处〔2019〕46 号	皮尔博格泵技术有限公司、上海幸福摩托车有限公司	设立合营企业，未依法申报	各 30 万元人民币	该项经营者集中不会产生排除、限制竞争的效果
47	2019 年 12 月 9 日	国市监处〔2019〕49 号	广州港股份有限公司	收购中山港航集团股份有限公司股权，未依法申报	30 万元人民币	该项经营者集中不会产生排除、限制竞争的效果
48	2019 年 12 月 9 日	国市监处〔2019〕48 号	辽宁港口集团	取得大连港集团和营口港务集团股权，未依法申报	30 万元人民币	该项经营者集中不会产生排除、限制竞争的效果
49	2019 年 12 月 20 日	国市监处〔2019〕51 号	安博凯直接投资基金 JC 第四有限公司	收购上海思妍丽实业股份有限公司股权，未依法申报	30 万元人民币	该项经营者集中不会产生排除、限制竞争的效果
50	2019 年 12 月 13 日	国市监处〔2019〕51 号	新希望投资集团有限公司	收购兴源环境科技股份有限公司股权，违法实施经营者集中	30 万元人民币	该项经营者集中不会产生排除、限制竞争的效果

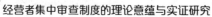

续表

序号	处罚日期	处罚文号	被处罚主体	处罚事由	罚款金额	案件事实
51	2020 年 3 月 30 日	国市监处〔2020〕7 号	卓尔发展（BVI）控股有限公司	收购深圳市中农网有限公司股权，未依法申报	30 万元人民币	该项经营者集中不会产生排除、限制竞争的效果
52	2020 年 6 月 9 日	国市监处〔2020〕9 号	广东三和管桩股份有限公司、广东建华管桩有限公司	新设合营企业广东和建建材有限公司，未依法申报	各 30 万元人民币	该项经营者集中不会产生排除、限制竞争的效果
53	2020 年 6 月 9 日	国市监处〔2020〕10 号	广东三和管桩股份有限公司、广东建华管桩有限公司	新设合营企业广东拓纳建材有限公司，未依法申报	各 30 万元人民币	该项经营者集中不会产生排除、限制竞争的效果
54	2020 年 6 月 25 日	国市监处〔2020〕12 号	台湾水泥股份有限公司与 Ordu Yardimlasma Kurumu	设立合营企业 Dutch O-yak TCC Holdings B. V.，未依法申报	各 30 万元人民币	该项经营者集中不会产生排除、限制竞争的效果
55	2020 年 6 月 25 日	国市监处〔2020〕11 号	江西济民可信医药产业投资有限公司	收购南京恒生制药有限公司 83.35% 股权，未依法申报	30 万元人民币	该项经营者集中不会产生排除、限制竞争的效果
56	2020 年 6 月 25 日	国市监处〔2020〕13 号	鄂尔多斯市君正能源化工有限公司	收购中化国际物流有限公司股权，未依法申报	30 万元人民币	该项经营者集中不会产生排除、限制竞争的效果

续表

序号	处罚日期	处罚文号	被处罚主体	处罚事由	罚款金额	案件事实
57	2020 年 9 月 3 日	国市监处〔2020〕14 号	浙江省建设投资集团股份有限公司	收购多喜爱集团股份有限公司29.83%股权，未依法申报	35 万元人民币	该项经营者集中不会产生排除、限制竞争的效果
58	2020 年 10 月 23 日	国市监处〔2020〕24 号	ANE Fast Logistics（Hong Kong）Limited	收购常山众卡运力供应链管理有限公司 100%股权，未依法申报	30 万元人民币	该项经营者集中不会产生排除、限制竞争的效果
59	2020 年 11 月 6 日	国市监处〔2020〕25 号	悦达投资、长久物流	设立合营企业悦达长久物流，未依法申报	各 30 万元人民币	该项经营者集中不会产生排除、限制竞争的效果
60	2020 年 12 月 14 日	国市监处〔2020〕28 号	深圳市丰巢网络技术有限公司	收购中邮智递科技有限公司股权，未依法申报	50 万元人民币	该项经营者集中不会产生排除、限制竞争的效果
61	2020 年 12 月 14 日	国市监处〔2020〕27 号	阅文集团	收购新丽传媒控股有限公司股权，未依法申报	50 万元人民币	该项经营者集中不会产生排除、限制竞争的效果
62	2020 年 12 月 14 日	国市监处〔2020〕26 号	阿里巴巴投资有限公司	收购银泰商业（集团）有限公司股权，未依法申报	50 万元人民币	该项经营者集中不会产生排除、限制竞争的效果
63	2020 年 12 月 30 日	国市监处〔2020〕38 号	新疆雪峰投资控股有限责任公司	收购新疆玉象胡杨化工有限公司股权，未依法申报	30 万元人民币	该项经营者集中不会产生排除、限制竞争的效果

续表

序号	处罚日期	处罚文号	被处罚主体	处罚事由	罚款金额	案件事实
64	2021 年 1 月 27 日	国市监处〔2021〕2 号	珠海华发物业管理服务有限公司、北京仲量联行物业管理服务有限公司	设立合营企业珠海华发仲量联行物业服务有限公司，未依法申报	各 50 万元人民币	该项经营者集中不会产生排除、限制竞争的效果
65	2021 年 2 月 23 日	国市监处〔2021〕4 号	宝能汽车集团有限公司	收购观致汽车有限公司股权，未依法申报	35 万元人民币	该项经营者集中不会产生排除、限制竞争的效果
66	2021 年 2 月 23 日	国市监处〔2021〕5 号	中山乐兴企业管理咨询有限公司	取得深圳市索菱实业股份有限公司控制权，未依法申报	30 万元人民币	该项经营者集中不会产生排除、限制竞争的效果
67	2021 年 2 月 24 日	国市监处〔2021〕11 号	武汉金宇综合保税发展有限公司、丰豪物流(北京)有限公司	设立合营企业，未依法申报	各 15 万元人民币	该项经营者集中不会产生排除、限制竞争的效果
68	2021 年 3 月 12 日	国市监处〔2021〕12 号	银泰商业（集团）有限公司	收购开元商业有限公司股权，未依法申报	50 万元人民币	该项经营者集中不会产生排除、限制竞争的效果
69	2021 年 3 月 12 日	国市监处〔2021〕13 号	腾讯控股有限公司	收购猿辅导股权，未依法申报	50 万元人民币	该项经营者集中不会产生排除、限制竞争的效果
70	2021 年 3 月 12 日	国市监处〔2021〕14 号	成都美更美信息技术有限公司	收购望家欢农产品集团有限公司股权，未依法申报	50 万元人民币	该项经营者集中不会产生排除、限制竞争的效果

续表

序号	处罚日期	处罚文号	被处罚主体	处罚事由	罚款金额	案件事实
71	2021 年 3 月 12 日	国市监处〔2021〕15 号	宿迁涵邦投资管理有限公司	收购江苏五星电器有限公司股权，未依法申报	50 万元人民币	该项经营者集中不会产生排除、限制竞争的效果
72	2021 年 3 月 12 日	国市监处〔2021〕16 号	百度控股有限公司	收购小鱼集团股权，未依法申报	50 万元人民币	该项经营者集中不会产生排除、限制竞争的效果
73	2021 年 3 月 12 日	国市监处〔2021〕17 号	苏宁润东股权投资管理有限公司	收购上海博泰悦臻电子设备制造有限公司股权，未依法申报	50 万元人民币	该项经营者集中不会产生排除、限制竞争的效果
74	2021 年 3 月 12 日	国市监处〔2021〕18 号	滴滴移动私人有限公司、软银股份有限公司	设立合营企业，未依法申报	各 50 万元人民币	该项经营者集中不会产生排除、限制竞争的效果
75	2021 年 3 月 12 日	国市监处〔2021〕19 号	好未来教育集团	收购哒哒教育集团股权，未依法申报	50 万元人民币	该项经营者集中不会产生排除、限制竞争的效果
76	2021 年 3 月 12 日	国市监处〔2021〕20 号	上海东方报业有限公司、北京量子跃动科技有限公司	设立合营企业，未依法申报	各 50 万元人民币	该项经营者集中不会产生排除、限制竞争的效果
77	2021 年 3 月 12 日	国市监处〔2021〕21 号	北京牛卡福网络科技有限公司	收购河北宝兑通电子商务有限公司股权，未依法申报	50 万元人民币	该项经营者集中不会产生排除、限制竞争的效果

续表

序号	处罚日期	处罚文号	被处罚主体	处罚事由	罚款金额	案件事实
78	2021 年 3 月 22 日	国市监处〔2021〕27 号	弘云久康数据技术（北京）有限公司、上海云鑫创业投资有限公司	设立合营企业，未依法申报	各 50 万元人民币	该项经营者集中不会产生排除、限制竞争的效果
79	2021 年 4 月 28 日	国市监处〔2021〕37 号	苏宁润东股权投资管理有限公司	收购上海易果电子商务有限公司股权，未依法申报	50 万元人民币	该项经营者集中不会产生排除、限制竞争的效果
80	2021 年 4 月 28 日	国市监处〔2021〕36 号	滴滴智慧交通科技有限公司、济南浪潮智投智能科技有限公司	设立合营企业，未依法申报	各 50 万元人民币	该项经营者集中不会产生排除、限制竞争的效果
81	2021 年 4 月 28 日	国市监处〔2021〕35 号	嘉兴创业环球有限公司	收购赢时通汽车租赁有限公司股权，未依法申报	50 万元人民币	该项经营者集中不会产生排除、限制竞争的效果
82	2021 年 4 月 28 日	国市监处〔2021〕34 号	嘉兴创业环球有限公司、丰田汽车公司	设立合营企业，未依法申报	各 50 万元人民币	该项经营者集中不会产生排除、限制竞争的效果
83	2021 年 4 月 28 日	国市监处〔2021〕33 号	上海汉涛信息咨询有限公司	收购上海领健信息技术有限公司股权，未依法申报	50 万元人民币	该项经营者集中不会产生排除、限制竞争的效果

续表

序号	处罚日期	处罚文号	被处罚主体	处罚事由	罚款金额	案件事实
84	2021年4月28日	国市监处〔2021〕32号	林芝腾讯科技有限公司、大连万达商业管理集团股份有限公司	设立合营企业，未依法申报	各50万元人民币	该项经营者集中不会产生排除、限制竞争的效果
85	2021年4月28日	国市监处〔2021〕31号	腾讯控股有限公司	收购上海阘途信息技术有限公司股权，未依法申报	50万元人民币	该项经营者集中不会产生排除、限制竞争的效果
86	2021年4月28日	国市监处〔2021〕30号	腾讯控股有限公司	收购Bitauto Holdings Limited股权，未依法申报	50万元人民币	该项经营者集中不会产生排除、限制竞争的效果
87	2021年6月3日	国市监处〔2021〕39号	中国银泰投资有限公司	收购杭银消费金融股份有限公司股权，未依法申报	50万元人民币	该项经营者集中不会产生排除、限制竞争的效果
88	2021年7月6日	国市监处〔2021〕64号	北京三快科技有限公司	收购奥琦玮信息科技（北京）有限公司股权，未依法申报	50万元人民币	该项经营者集中不会产生排除、限制竞争的效果
89	2021年7月6日	国市监处〔2021〕63号	苏宁易购集团股份有限公司、三菱重工业株式会社	设立合营企业，违法实施经营者集中	各50万元人民币	该项经营者集中不会产生排除、限制竞争的效果

续表

序号	处罚日期	处罚文号	被处罚主体	处罚事由	罚款金额	案件事实
90	2021 年 7 月 6 日	国市监处〔2021〕62 号	苏宁易购集团股份有限公司、南京银行股份有限公司	设立合营企业，违法实施经营者集中	各 50 万元人民币	该项经营者集中不会产生排除、限制竞争的效果
91	2021 年 7 月 6 日	国市监处〔2021〕61 号	腾讯控股有限公司	收购蘑菇街股权，未依法申报	50 万元人民币	该项经营者集中不会产生排除、限制竞争的效果
92	2021 年 7 月 6 日	国市监处〔2021〕60 号	腾讯控股有限公司	收购 Kingsoft Internet Security Software Holdings Limited 股权，未依法申报	50 万元人民币	该项经营者集中不会产生排除、限制竞争的效果
93	2021 年 7 月 6 日	国市监处〔2021〕65 号	腾讯控股有限公司	收购搜狗公司股权，未依法申报	50 万元人民币	该项经营者集中不会产生排除、限制竞争的效果
94	2021 年 7 月 6 日	国市监处〔2021〕59 号	腾讯控股有限公司	收购 Xingin International Holding Limited 股权，未依法申报	50 万元人民币	该项经营者集中不会产生排除、限制竞争的效果
95	2021 年 7 月 6 日	国市监处〔2021〕58 号	腾讯控股有限公司	收购 58 同城股权，未依法申报	50 万元人民币	该项经营者集中不会产生排除、限制竞争的效果
96	2021 年 7 月 6 日	国市监处〔2021〕57 号	杭州阿里创业投资有限公司、浙江省创新发展投资有限公司	设立合营企业，未依法申报	各 50 万元人民币	该项经营者集中不会产生排除、限制竞争的效果

续表

序号	处罚日期	处罚文号	被处罚主体	处罚事由	罚款金额	案件事实
97	2021 年 7 月 6 日	国市监处〔2021〕56 号	杭州阿里创业投资有限公司	收购五矿电子商务有限公司股权，未依法申报	50 万元人民币	该项经营者集中不会产生排除、限制竞争的效果
98	2021 年 7 月 6 日	国市监处〔2021〕55 号	阿里巴巴（中国）网络技术有限公司	收购广州恒大足球俱乐部股份有限公司股权，未依法申报	50 万元人民币	该项经营者集中不会产生排除、限制竞争的效果
99	2021 年 7 月 6 日	国市监处〔2021〕53 号	阿里巴巴（中国）网络技术有限公司	收购纽仕兰新云（上海）电子商务有限公司股权，未依法申报	50 万元人民币	该项经营者集中不会产生排除、限制竞争的效果
100	2021 年 7 月 6 日	国市监处〔2021〕54 号	杭州阿里创业投资有限公司、上海市商业投资（集团）有限公司	设立合营企业，未依法申报	各 50 万元人民币	该项经营者集中不会产生排除、限制竞争的效果
101	2021 年 7 月 6 日	国市监处〔2021〕52 号	阿里巴巴（中国）网络技术有限公司	收购天鲜配（上海）科技有限公司股权，未依法申报	50 万元人民币	该项经营者集中不会产生排除、限制竞争的效果
102	2021 年 7 月 6 日	国市监处〔2021〕51 号	北京车胜科技有限公司、时空电动汽车股份有限公司	设立合营企业，未依法申报	各 50 万元人民币	该项经营者集中不会产生排除、限制竞争的效果

经营者集中审查制度的理论意蕴与实证研究

续表

序号	处罚日期	处罚文号	被处罚主体	处罚事由	罚款金额	案件事实
103	2021 年 7 月 6 日	国市监处〔2021〕50 号	惠迪（天津）商务服务有限公司、西藏奥通创业投资有限责任公司	设立合营企业，未依法申报	各 50 万元人民币	该项经营者集中不会产生排除、限制竞争的效果
104	2021 年 7 月 6 日	国市监处〔2021〕48 号	北京小桔新能源汽车科技有限公司、海南省交通投资控股有限公司、南方电网电动汽车服务有限公司、海南电网有限责任公司	设立合营企业，未依法申报	各 50 万元人民币	该项经营者集中不会产生排除、限制竞争的效果
105	2021 年 7 月 6 日	国市监处〔2021〕47 号	惠迪（天津）商务服务有限公司、特来电新能源股份有限公司	设立合营企业，未依法申报	各 50 万元人民币	该项经营者集中不会产生排除、限制竞争的效果
106	2021 年 7 月 6 日	国市监处〔2021〕46 号	北京小桔智能汽车科技有限公司、北京新能源汽车股份有限公司	设立合营企业，未依法申报	各 50 万元人民币	该项经营者集中不会产生排除、限制竞争的效果

续表

序号	处罚日期	处罚文号	被处罚主体	处罚事由	罚款金额	案件事实
107	2021 年 7 月 6 日	国市监处〔2021〕45 号	惠迪（天津）商务服务有限公司、华夏出行有限公司	设立合营企业，未依法申报	各 50 万元人民币	该项经营者集中不会产生排除、限制竞争的效果
108	2021 年 7 月 6 日	国市监处〔2021〕44 号	惠迪（天津）商务服务有限公司、中国第一汽车集团有限公司	设立合营企业，未依法申报	各 50 万元人民币	该项经营者集中不会产生排除、限制竞争的效果
109	2021 年 7 月 24 日	国市监处〔2021〕67 号	腾讯控股有限公司	收购中国音乐集团股权，未依法申报	50 万元人民币	该项经营者集中具有或者可能具有排除、限制竞争的效果。责令腾讯及其关联公司采取三项措施恢复相关市场竞争状态
110	2021 年 7 月 5 日	国市监处〔2021〕42 号	萃联（中国）消防设备制造有限公司	收购沈阳捷通消防车有限公司股权，未依法申报	50 万元人民币	该项经营者集中不会产生排除、限制竞争的效果
111	2021 年 7 月 5 日	国市监处〔2021〕43 号	中国国际海运集装箱（集团）股份有限公司	收购中国消防企业集团控股有限公司股权，未依法申报	30 万元人民币	该项经营者集中不会产生排除、限制竞争的效果

续表

序号	处罚日期	处罚文号	被处罚主体	处罚事由	罚款金额	案件事实
112	2021 年 11 月 13 日	国市监处〔2021〕116 号	百度在线网络技术（北京）有限公司、浙江吉利控股集团有限公司	设立合营企业，未依法申报	各 50 万元人民币	该项经营者集中不会产生排除、限制竞争的效果
113	2021 年 11 月 16 日	国市监处〔2021〕86 号	天津瑞庭房地产经纪有限公司	收购重庆广积粮企业管理有限公司股权，未依法申报	50 万元人民币	该项经营者集中不会产生排除、限制竞争的效果
114	2021 年 11 月 13 日	国市监处〔2021〕87 号	淘宝中国控股有限公司	收购高鑫零售有限公司股权，未依法申报	50 万元人民币	该项经营者集中不会产生排除、限制竞争的效果
115	2021 年 11 月 16 日	国市监处〔2021〕88 号	江苏聚成空间科技有限公司	收购苏州工品汇信息科技有限公司股权，未依法申报	50 万元人民币	该项经营者集中不会产生排除、限制竞争的效果
116	2021 年 11 月 16 日	国市监处〔2021〕85 号	宿迁京东博海企业管理有限公司	收购跨越速运集团有限公司股权，未依法申报	50 万元人民币	该项经营者集中不会产生排除、限制竞争的效果
117	2021 年 11 月 16 日	国市监处〔2021〕89 号	北京小桔智能汽车科技有限公司、比亚迪汽车工业有限公司	设立合营企业，未依法申报	各 50 万元人民币	该项经营者集中不会产生排除、限制竞争的效果

序号	处罚日期	处罚文号	被处罚主体	处罚事由	罚款金额	案件事实
118	2021 年 11 月 18 日	国市监处〔2021〕90 号	腾讯控股有限公司	收购北京易酒批电子商务有限公司股权，未依法申报	50 万元人民币	该项经营者集中不会产生排除、限制竞争的效果
119	2021 年 11 月 17 日	国市监处〔2021〕9 号	腾讯控股有限公司、中隆投资有限公司	设立合营企业，未依法申报	各 50 万元人民币	该项经营者集中不会产生排除、限制竞争的效果
120	2021 年 11 月 16 日	国市监处〔2021〕117 号	腾讯控股有限公司	收购重庆谊品弘科技有限公司股权，未依法申报	50 万元人民币	该项经营者集中不会产生排除、限制竞争的效果
121	2021 年 11 月 17 日	国市监处〔2021〕84 号	北京三快在线科技有限公司	收购青萍科技（北京）有限公司股权，未依法申报	50 万元人民币	该项经营者集中不会产生排除、限制竞争的效果
122	2021 年 11 月 16 日	国市监处〔2021〕91 号	北京微梦创科创业投资管理有限公司	收购金华睿安投资管理公司股权，未依法申报	50 万元人民币	该项经营者集中不会产生排除、限制竞争的效果
123	2021 年 11 月 18 日	国市监处〔2021〕92 号	上海瑞家信息技术有限公司	收购深圳市深家装装饰有限公司股权，未依法申报	50 万元人民币	该项经营者集中不会产生排除、限制竞争的效果
124	2021 年 11 月 16 日	国市监处〔2021〕111 号	腾讯控股有限公司	收购北京东方金信科技股份有限公司股权，未依法申报	50 万元人民币	该项经营者集中不会产生排除、限制竞争的效果

续表

序号	处罚日期	处罚文号	被处罚主体	处罚事由	罚款金额	案件事实
125	2021年11月17日	国市监处〔2021〕110号	阿里巴巴（中国）网络技术有限公司	收购壹玖壹玖酒类平台科技股份有限公司股权，未依法申报	50万元人民币	该项经营者集中不会产生排除、限制竞争的效果
126	2021年11月17日	国市监处〔2021〕83号	北京量子跃动科技有限公司	收购深圳市云动创想科技有限公司股权，未依法申报	50万元人民币	该项经营者集中不会产生排除、限制竞争的效果
127	2021年11月16日	国市监处〔2021〕81号	天津三快科技有限公司	收购北京易酒批电子商务有限公司股权，未依法申报	50万元人民币	该项经营者集中不会产生排除、限制竞争的效果
128	2021年11月16日	国市监处〔2021〕104号	阿里健康科技（中国）有限公司	收购贵州一树连锁药业有限公司股权，未依法申报	50万元人民币	该项经营者集中不会产生排除、限制竞争的效果
129	2021年11月16日	国市监处〔2021〕105号	阿里巴巴（中国）网络技术有限公司	收购深圳回收宝科技有限公司股权，未依法申报	50万元人民币	该项经营者集中不会产生排除、限制竞争的效果
130	2021年11月16日	国市监处〔2021〕93号	腾讯控股有限公司	收购成都超有爱科技有限公司股权，未依法申报	50万元人民币	该项经营者集中不会产生排除、限制竞争的效果
131	2021年11月18日	国市监处〔2021〕94号	五八有限公司、同策房产咨询股份有限公司	设立合营企业，未依法申报	各50万元人民币	该项经营者集中不会产生排除、限制竞争的效果

序号	处罚日期	处罚文号	被处罚主体	处罚事由	罚款金额	案件事实
132	2021 年 11 月 16 日	国市监处〔2021〕95 号	腾讯控股有限公司	收购天津五八金服有限公司股权，未依法申报	50 万元人民币	该项经营者集中不会产生排除、限制竞争的效果
133	2021 年 11 月 16 日	国市监处〔2021〕96 号	腾讯控股有限公司	收购沈阳美行科技有限公司股权，未依法申报	50 万元人民币	该项经营者集中不会产生排除、限制竞争的效果
134	2021 年 11 月 15 日	国市监处〔2021〕80 号	淘宝中国控股有限公司	收购饿了么股权，未依法申报	50 万元人民币	该项经营者集中不会产生排除、限制竞争的效果
135	2021 年 11 月 18 日	国市监处〔2021〕97 号	腾讯控股有限公司	收购北京云迹科技有限公司股权，未依法申报	50 万元人民币	该项经营者集中不会产生排除、限制竞争的效果
136	2021 年 11 月 15 日	国市监处〔2021〕114 号	腾讯控股有限公司	收购北京拍店电子商务有限公司股权，未依法申报	50 万元人民币	该项经营者集中不会产生排除、限制竞争的效果
137	2021 年 11 月 17 日	国市监处〔2021〕92 号	阿里巴巴投资有限公司	收购大搜车控股有限公司股权，未依法申报	50 万元人民币	该项经营者集中不会产生排除、限制竞争的效果
138	2021 年 11 月 15 日	国市监处〔2021〕79 号	福建百度博瑞网络科技有限公司、中信银行股份有限公司	设立合营企业，未依法申报	各 50 万元人民币	该项经营者集中不会产生排除、限制竞争的效果

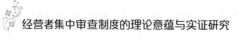

续表

序号	处罚日期	处罚文号	被处罚主体	处罚事由	罚款金额	案件事实
139	2021 年 11 月 15 日	国市监处〔2021〕78 号	饿了么	收购小度生活科技有限公司股权，未依法申报	50 万元人民币	该项经营者集中不会产生排除、限制竞争的效果
140	2021 年 11 月 18 日	国市监处〔2021〕106 号	阿里旅行控股有限公司、万豪国际控股公司	设立合营企业，未依法申报	各 50 万元人民币	该项经营者集中不会产生排除、限制竞争的效果
141	2021 年 11 月 13 日	国市监处〔2021〕98 号	滴滴商业服务有限公司	收购优点网络科技（深圳）有限公司股权，未依法申报	50 万元人民币	该项经营者集中不会产生排除、限制竞争的效果
142	2021 年 11 月 15 日	国市监处〔2021〕99 号	杭州百世网络技术有限公司	收购四川哦哦超市连锁管理有限公司股权，未依法申报	50 万元人民币	该项经营者集中不会产生排除、限制竞争的效果
143	2021 年 11 月 15 日	国市监处〔2021〕77 号	腾讯控股有限公司	收购转转股权，未依法申报	50 万元人民币	该项经营者集中不会产生排除、限制竞争的效果
144	2021 年 11 月 17 日	国市监处〔2021〕108 号	华联合保险集团股份有限公司、上海云鑫创业投资有限公司	设立合营企业，未依法申报	各 50 万元人民币	该项经营者集中不会产生排除、限制竞争的效果
145	2021 年 11 月 13 日	国市监处〔2021〕100 号	腾讯控股有限公司	收购中国医疗在线公司股权，未依法申报	50 万元人民币	该项经营者集中不会产生排除、限制竞争的效果

序号	处罚日期	处罚文号	被处罚主体	处罚事由	罚款金额	案件事实
146	2021年11月15日	国市监处〔2021〕113号	苏宁易购集团股份有限公司	收购南京八天贸易有限公司股权，未依法申报	50万元人民币	该项经营者集中不会产生排除、限制竞争的效果
147	2021年11月17日	国市监处〔2021〕82号	腾讯控股有限公司、基汇管理咨询（上海）有限公司	收购北京腾康汇医科技有限公司股权，未依法申报	各50万元人民币	该项经营者集中不会产生排除、限制竞争的效果
148	2021年11月13日	国市监处〔2021〕101号	苏宁易购集团南京苏宁易购投资有限公司、阿里巴巴（中国）网络技术有限公司	设立合营企业，未依法申报	各50万元人民币	该项经营者集中不会产生排除、限制竞争的效果
149	2021年11月17日	国市监处〔2021〕105号	上海汉涛信息咨询有限公司	收购上海商米科技集团股份有限公司股权，未依法申报	50万元人民币	该项经营者集中不会产生排除、限制竞争的效果
150	2021年11月17日	国市监处〔2021〕105号	北京京东尚科信息技术有限公司、科大讯飞股份有限公司	设立合营企业，未依法申报	各50万元人民币	该项经营者集中不会产生排除、限制竞争的效果
151	2021年11月15日	国市监处〔2021〕107号	阿里巴巴（中国）网络技术有限公司	收购魅族科技有限公司股权，未依法申报	50万元人民币	该项经营者集中不会产生排除、限制竞争的效果

续表

序号	处罚日期	处罚文号	被处罚主体	处罚事由	罚款金额	案件事实
152	2021 年 11 月 13 日	国市监处〔2021〕102 号	阿里巴巴投资有限公司	收购高德软件控股有限公司股权，未依法申报	50 万元人民币	该项经营者集中不会产生排除、限制竞争的效果
153	2021 年 11 月 15 日	国市监处〔2021〕103 号	阿里巴巴（中国）网络技术有限公司、腾讯控股有限公司	收购永杨安风（北京）科技有限公司股权，未依法申报	50 万元人民币	该项经营者集中不会产生排除、限制竞争的效果
154	2021 年 11 月 15 日	国市监处〔2021〕75 号	北京百度网讯科技有限公司、南京网典科技有限公司	收购南京信风网络科技有限公司股权，未依法申报	各 50 万元人民币	该项经营者集中不会产生排除、限制竞争的效果
155	2021 年 12 月 29 日	国市监处〔2021〕119 号	龙湖嘉悦物业服务有限公司	收购亿达物业服务集团有限公司股权，未依法申报	30 万元人民币	该项经营者集中不会产生排除、限制竞争的效果
156	2021 年 12 月 22 日	国市监处〔2021〕118 号	三花控股集团有限公司	收购北京威卡威汽车零部件股份有限公司有关业务，未依法申报	30 万元人民币	该项经营者集中不会产生排除、限制竞争的效果
157	2021 年 12 月 31 日	国市监处〔2021〕120 号	腾讯控股有限公司、河南和谐汽车贸易有限公司	设立合营企业，未依法申报	各 50 万元人民币	该项经营者集中不会产生排除、限制竞争的效果

续表

序号	处罚日期	处罚文号	被处罚主体	处罚事由	罚款金额	案件事实
158	2021 年 12 月 31 日	国市监处〔2021〕121 号	杭州阿里创业投资有限公司、郑州市讯捷贸易有限公司、贵阳广电传媒集团有限公司	收购贵州泛亚信通网络科技有限公司股权，未依法申报	各 50 万元人民币	该项经营者集中不会产生排除、限制竞争的效果
159	2021 年 12 月 31 日	国市监处〔2021〕122 号	宁波誉衡健康投资有限公司、江苏京东邦能投资管理有限公司	设立合营企业，未依法申报	各 50 万元人民币	该项经营者集中不会产生排除、限制竞争的效果
160	2021 年 12 月 31 日	国市监处〔2021〕123 号	腾讯控股有限公司	收购 Ingage-App Global Limited 股权，未依法申报	50 万元人民币	该项经营者集中不会产生排除、限制竞争的效果
161	2021 年 12 月 31 日	国市监处〔2021〕124 号	腾讯控股有限公司、上海华晟领飞股权投资合伙企业（有限合伙）	收购北京明略软件系统有限公司股权，未依法申报	各 50 万元人民币	该项经营者集中不会产生排除、限制竞争的效果
162	2021 年 12 月 31 日	国市监处〔2021〕125 号	腾讯控股有限公司	收购北京有狐科技发展有限公司股权，未依法申报	50 万元人民币	该项经营者集中不会产生排除、限制竞争的效果

续表

序号	处罚日期	处罚文号	被处罚主体	处罚事由	罚款金额	案件事实
163	2021 年 12 月 31 日	国市监处〔2021〕126 号	阿里巴巴（中国）网络技术有限公司、贵阳星力百货集团有限公司	设立合营企业，未依法申报	各 50 万元人民币	该项经营者集中不会产生排除、限制竞争的效果
164	2021 年 12 月 31 日	国市监处〔2021〕127 号	腾讯控股有限公司	收购永辉云创科技有限公司股权，未依法申报	50 万元人民币	该项经营者集中不会产生排除、限制竞争的效果
165	2021 年 12 月 31 日	国市监处〔2021〕128 号	腾讯控股有限公司	收购 VERS-A Inc. 股权，未依法申报	50 万元人民币	该项经营者集中不会产生排除、限制竞争的效果
166	2021 年 12 月 31 日	国市监处〔2021〕129 号	腾讯控股有限公司	收购北京念念分享科技发展有限公司股权，未依法申报	50 万元人民币	该项经营者集中不会产生排除、限制竞争的效果
167	2021 年 12 月 31 日	国市监处〔2021〕130 号	哔哩哔哩股份有限公司	收购 VERS-A Inc. 股权，未依法申报	50 万元人民币	该项经营者集中不会产生排除、限制竞争的效果
168	2021 年 12 月 31 日	国市监处〔2021〕131 号	青岛海信网络科技股份有限公司、腾讯控股有限公司	设立合营企业，未依法申报	各 50 万元人民币	该项经营者集中不会产生排除、限制竞争的效果

续表

序号	处罚日期	处罚文号	被处罚主体	处罚事由	罚款金额	案件事实
169	2021 年 12 月 31 日	国市监处〔2021〕号	腾讯控股有限公司、深圳市红杉煜辰股权投资合伙企业（有限合伙）	收购广西叫酒网络科技有限公司股权，未依法申报	各 50 万元人民币	该项经营者集中不会产生排除、限制竞争的效果

(三) 我国现行执法困境解析

根据以上数据，可以作出以下分析结论：

第一，在实践中有关经营者集中的处罚有两类：一是未履行行政许可所附加限制条件的违法，合计 3 件。其中两件是 2014 年西部数据公司未履行承诺，各被处以罚款 30 万元，[1]第三件是 2018 年对赛默飞世尔科技公司未执行附加条件的惩处，罚款 15 万元。[2]二是未经批准即实施集中的案件，在上述统计的 169 起案件中有 166 起，这种违法是主要类型。

第二，对应申报而未申报案件的查处力度逐步加强。具体表现在以下方面：一是在 2020 年 12 月 14 日对三家企业（表 5-3 第 60 号、第 61 号、第 62 号案件）首次作出顶格处罚，即行政罚款 50 万元，在当年被处罚的 13 件案件中占比为 23%。在此后的 2021 年全年，顶格处罚案件大幅增加，共计 100 件，占比为 94.4%，这一比例远超 2020 年。二是可以看到以违法主体为口径计算的平均罚款金额显著提高，不仅 2021 年的平均罚款金额达到 45.2 万元，非常接近于法定的最高罚款金额 50 万元；而且，从当事人平均罚款金额来看，自 2017 年至今持续提高，从增长率的视角观察（见表 5-4），这一趋势更加明显。三是在处罚广度上，2021 年发生了质的变化，由之前的年度处罚

---

〔1〕 "商务部行政处罚决定书（商法函〔2014〕787 号）"，载 http://tfs.mofcom.gov.cn/article/xzcf/201508/20150801082806.shtml，最后访问日期：2021 年 12 月 31 日；"商务部行政处罚决定书（商法函〔2014〕786 号）"，载 http://tfs.mofcom.gov.cn/article/xzcf/201508/20150801082800.shtml，最后访问日期：2021 年 12 月 31 日。

〔2〕 "商务部行政处罚决定书（商法函〔2018〕11 号）"，载 http://www.mofcom.gov.cn/article/xzcf/201801/20180102706299.shtml，最后访问日期：2021 年 12 月 31 日。

案件个位数、不足 20 起急速增至 106 起，其中绝大部分是申报义务人为 VIE 架构的案件。

表 5-4　当事人平均罚款金额年度增长率

	2018 年	2019 年	2020 年	2021 年
当事人平均罚款金额增长率	118.5%	18.6%	1.5%	47.2%

第三，在未依法申报案件中，经营者集中的类型不一而足。涉及股权收购、资产收购、设立合营企业等多种情形，其中设立合营企业的案件 54 个，在 166 个未依法申报集中案件中占比为 32.5%，而且合营类型的违法是对所有申报义务方进行处罚。在这些案件中，对同一案件不同当事人的处罚金额几乎是相同的，只有极少数例外，如表 5-3 中的第 9 号案件，新誉集团与庞巴迪设立合营企业案中，对新誉集团处罚 30 万元，对庞巴迪处罚 40 万元。

第四，同一当事人多次违法的情况较为普遍。比如上述第 9 号庞巴迪案是由商务部于 2016 年作出的行政处罚，之所以对庞巴迪处罚更重，是因为庞巴迪曾于 2015 年（参见表 5-3 第 6 号案例）因未依法申报受到过行政处罚，当时罚款金额是 15 万元，且对双方的罚款金额是一致的，可以理解为执法机构借前后两案的对比表明立场，属于从重情节。再如 2021 年以后查处的数起腾讯收购案件（参见表 5-3 第 85 号、第 91 号、第 109 号案例等）、阿里巴巴收购案件（参见表 5-3 第 62 号、第 137 号案例等）。又如表 5-3 第 2 号、第 3 号案例所反映的西部数据公司未履行对限制性条件的承诺。

第五，在以上案件中，有些经营者违法的主观故意明显。如前述第 9 号庞巴迪案中，因为新设合营企业急于参与某地铁项目投标，结合前案违法被处罚的事实，不申报的主观故意明显。又如第 12 号大陆汽车案中，义务人明知应申报且已准备材料但未申报。虽然在事后主动补报，却在递交申报资料时未披露其已完成集中的事实。再如第 13 号佳能收购东芝医疗案中，双方约定分步实施集中，并且在实施步骤二前应取得包括中国在内的司法辖区执法机构的批准，也就是说当事方明知负有申报义务。另如第 23 号太阳控股收购万国纸业案中，申报人初次申报文件资料因不符合法定要求被退回，在重新申报前实施了集中，充分说明其明知负有申报义务。但这些早期案件中，都没有给予顶格罚款。

第六，在这些未依法申报的案件中，最终的审查意见对"竞争影响"这一实体问题的结论几乎都是"不会产生排除、限制竞争的效果"，即没有竞争损害。但目前仅有一个例外，就是第 109 号案例——腾讯并购中国音乐集团案。本案经审查认定该项经营者集中具有或者可能具有排除、限制竞争的效果，并责令腾讯及其关联公司采取三项措施以恢复相关市场竞争状态。也就是说，未依法申报并不仅仅是一个程序性的违法，有可能在实体上产生影响市场竞争秩序的严重后果。

二、预防视角下法律责任规则的正当性定位

法律责任是由违法行为引起的。任何一个违法行为都是对法律所保护的利益、社会关系和社会秩序的侵害和破坏。一方面，根据道义责任论的观点，[1] 行为人如果根据自由的意志决定实施某种违法行为，对所造成的法益损害就应当承担法律后果；另一方面，国家追究违法者的过错并设定新的强制性义务的目的，就在于敦促、强制法律责任主体履行义务，补偿被侵害的利益，恢复被破坏的法律关系和法律秩序。

经营者集中审查制度的设计原理，是发挥其预防性功能。也就是说，惩戒本身并非目的而只是手段，手段服从于目标。责任制度与实体制度是一个问题的两个方面，提高反垄断法律责任的执行效能，是为了使静态的法律责任规定能够在动态的实际执行中取得更好的效果，从而能够促使反垄断法正确、有效地实施，确保法律目标顺利实现。其中的首要因素是法律责任规则本身的合理性。

(一) 经营者集中相关法律责任的功能考察

一般而言，法律责任具有惩戒、救济、预防的功能。[2]反垄断法律责任的威慑力是否充分，决定了其是否能够有效制止、威慑损害法益的行为，并对受到的损害进行补偿。根据 2007 年《反垄断法》的规定，经营者集中法律责任的类型包括行政责任、民事责任。在反垄断法的语境下，行政责任的目的是救济公共利益损害；民事责任是由垄断行为受害人启动的私人程序，其

---

〔1〕 参见黎宏："关于'刑事责任'的另一种理解"，载《清华法学》2009 年第 2 期。

〔2〕 参见张越：《法律责任设计原理》，中国法制出版社 2010 年版，第 32~35 页。

目的是补偿损失。二者的出发点、内在逻辑和责任机制都有不同。[1]目前尚无与经营者集中有关的民事诉讼案件，所以对违法主体的处罚集中于行政责任，责任形式是罚款。

处罚本身具有滞后性，也就是说违法行为发生在先，认定和处罚在后。因此，需要通过惩戒以实现救济和预防功能。反垄断法律责任的威慑力，受到"严厉性、确定性和及时性"三个方面的综合影响。三者的关系如下：

首先，严厉性、确定性和及时性的共同目标是实现威慑。在经营者集中法律责任体系中，威慑的价值考量是指行政罚款应当根本上以违法行为造成的损害为尺度，这与2007年《反垄断法》第49条规定的"反垄断执法机构确定具体罚款数额时，应当考虑违法行为的性质、程度和持续的时间等因素"是内在一致的。在此基础上，最终确定的个案处罚结果，必须要高于行为人获得的违法收益。这里的违法收益包括并不限于可计算的金钱，必须要保证"行为人不因其违法行为获利"。其中的难点在于经营者集中是预防性制度，义务人违法的获益难以计量，这种难度与实施垄断协议、滥用市场支配地位的行为相比更甚。[2]因此，法律责任应当在广度和深度两个维度上具有威慑力，与违法行为的性质相匹配。

其次，严厉性与确定性、及时性有内在一致性。就某一违法行为的法律责任而言，严厉性指向的是其严厉程度，即在被发现并受到追究的情况下可能承担的法律后果的上下极限和等级。确定性有两个层次，一是违法行为被发现并受到追究的实际可能性；二是某类违法行为所对应的具体责任的可预见性。及时性指向的是其从实施到被发现并受到追究之间的时间跨度。这里的"追究"不仅指权力机关作出确定性的结论，比如认定违法并下达行政处罚决定书，而且指行政相对人必须作出实质性的反应，以符合法律要求。因此，从执法机关的责任角度来说，作出处罚决定不是终点，还要监督义务人履行。以微软案为例，2009年微软与欧盟就向Windows系统用户提供浏览器选项一事达成和解，但事后欧盟委员会的调查结果显示，2011年5月至2012年7月期间微软违背了这一承诺。为此，欧盟委员会于2013年3月向微软作

---

[1] 参见张晨颖："损失视角下的垄断行为责任体系研究"，载《清华法学》2018年第5期。
[2] 参见张晨颖："损失视角下的垄断行为责任体系研究"，载《清华法学》2018年第5期。

出了罚款 5.61 亿欧元的处罚决定。[1]综上，作为法律威慑力这一综合效果整体的组成部分，严厉性、确定性与及时性的目标，具有根本上的一致性。例如，某一事实是否违法以及属于哪一类的违法，应当以法律和执行层面的确定性作为前提，才能继而判断处罚的严厉性。另一方面，严厉性也需要通过反复检验才能够实践它的确定性，比如在裁量区间内的考量要素及其最终结果。迟到的正义非正义，如果及时性不能得到保证，确定性和严厉性亦无从谈起。

最后，在给定的客观条件下，三者之间存在互补性。在处理个案时，受限于实体法的规定，严厉性的上限是确定的，此时如果要提高法律责任的威慑力，就需要从确定性和及时性上作出调整。以我国 2007 年《反垄断法》为例，对未依法申报行为予以处罚的上限是 50 万元，相较于交易额和市场影响，该金额过低。如果叠加处罚的确定性不足的因素，即违法逃逸的概率较高，那么对于经营者来说"理性违法"是可以预见的。这里要特别说明的是，对于经营者来说，行政处罚的后果不仅仅是罚款造成的金钱损失，还可能因此影响经营。根据我国《企业信息公示暂行条例》第 6 条规定，[2]通过企业信用信息公示系统公示的信息包括行政处罚信息。该条例第 18 条进一步规定了信用的约束机制，"在政府采购、工程招投标、国有土地出让、授予荣誉称号等工作中，将企业信息作为重要考量因素，对被列入经营异常名录或者严重违法企业名单的企业依法予以限制或者禁入"。在实践中可以看到有些企业在招股书等重要文件上特别强调虽然违法但不构成重大行政处罚。[3]所以，违法的确定性、及时性有助于加强严厉性。

---

〔1〕　Antitrust：Commission fines Microsoft for non-compliance with browser choice commitments（Dec. 31, 2021），available at https://ec. europa. eu/commission/presscorner/detail/en/IP_13_196.

〔2〕　《企业信息公示暂行条例》第 6 条规定，"工商行政管理部门应当通过企业信用信息公示系统，公示其在履行职责过程中产生的下列企业信息：……（四）行政处罚信息；……"。

〔3〕　例如在青岛港首次公开发行 A 股股票并上市披露的《补充法律意见书》中，对商务部于 2018 年 4 月 4 日作出的未依法申报行政处罚决定（表 5-3 第 24 号、第 25 号案例）作了补充说明，提出国家市场监督管理总局于 2018 年 9 月 18 日出具《关于青岛港（集团）有限公司等垄断行为的说明》，证明上述行政处罚不属于从重处罚，不构成重大行政处罚。与之相类似的还有中伦律师事务所出具的《关于天能电池集团股份有限公司首次公开发现股票并在科创板上市的法律意见书》，其中对 2019 年 8 月天能集团因未依法申报受到的行政处罚（表 5-3 第 38 号案例）作出说明，"2019 年 12 月 13 日，国家市场监督管理总局反垄断局出具《关于天能电池集团股份有限公司相关违法行为的说明》，确认'本机关作出的上述处罚不属于从重处罚，不构成重大行政处罚'"。

（二）经营者集中违法的法益侵害

对比现行法律责任的实践情况及其功能，应当说二者之间有较大的差距，制度作用不尽如人意。具体来说，在规则层面和执行层面都存在问题。

1. 违法行为定性方面，程序性违法与实体性违法的区分不当

2007 年《反垄断法》将与经营者集中有关的违法行为界定为实体性违法，规定在第 48 条；将虚假申报定性为程序性违法，属于第 52 条的规制范围，将程序违法与实体违法完全分割。这种情况对于垄断协议、滥用市场支配地位的违法处罚没有太大问题，但适用于经营者集中则有明显不足。特别是第 48 条规定的责任类型过于泛化，缺乏可操作性，并且不符合实际情况。这两个因素叠加，导致责任制度存在逻辑问题。

（1）不符合比例原则的基本法理。行政强制措施、行政处罚是手段，服从于目的。基于违法行为类型不同，应当采取相应的措施。而违法类型的泛化导致区分标准不明确、行政强制措施不具有针对性。比如应申报未申报与违反限制性措施实施的集中，哪种主观过错更严重？违法后果更强烈？相应的行政强制措施如何？根据 2007 年《反垄断法》第 48 条的规定，"经营者违反本法规定实施集中的，由国务院反垄断执法机构责令停止实施集中、限期处分股份或者资产、限期转让营业以及采取其他必要措施恢复到集中前的状态，可以处五十万元以下的罚款"。据此，对于违法实施集中的必然要采取强制措施，而罚款是或有事项，也就是说，矫正违法行为优先于违法惩戒。从预防制度的目的角度来看，形式上虽可自洽，但究其实质，这一规定有两个问题：一是不符合执法的实际情况。从经营者集中违法案件执法情况的统计来看，除腾讯并购中国音乐集团案以外，审查结果均认定集中不会产生排除、限制竞争的影响。适用其中任何一种强制措施均有过当之嫌。二是法律所列举的强制措施不当导致不具有现实可操作性。

（2）同一违法目的却适用不同规则导致内在逻辑混乱。前述五种违法行为都违反《行政许可法》的规定，违法实施集中必然扰乱市场经济秩序。2007 年《反垄断法》作为上位法并未明确"违法实施集中"的含义，目前最为接近的成文法依据是《经营者集中审查暂行规定》第 48 条规定："经营者集中达到申报标准，经营者未申报实施集中、申报后未经批准实施集中或者违反审查决定的，依照本章规定进行调查。"其规定了三种违法情形。《反垄

断法（征求意见稿）》第 55 条关于违法实施集中规定了四种行为：①应当申报而未申报即实施集中的；②申报后未经批准实施集中的；③违反附加限制性条件决定的；④违反禁止经营者集中的决定实施集中的。其中第 3 项和第 4 项可以理解为将《经营者集中审查暂行规定》中的"违反审查决定"进一步拆分为两种情形。由于经营者集中实行事前强制申报制，[1]未依法申报即实施集中无疑是一种违法行为。从违法目的来看，经营者提交虚假材料，具有很强的主观违法故意，必然是考虑到审查真实材料的结果于己不利，即所附加的限制性条件难以接受，或者极有可能被禁止交易，导致对审查结果造成实质性影响。这与 2007 年《反垄断法》第 48 条所规定的违法实施集中有内在一致性。根据《行政许可法》第 69 条第 2 款的规定，基于虚假材料做出的集中决定应当被撤销，即使在此之后当事人重新提交真实材料履行申报义务，也应当构成"未依法申报"。但《经营者集中审查暂行规定》第 48 条并未涵盖虚假申报的情况，造成规制漏洞。

（3）不同类型的违法后果与救济措施的匹配度低。如前述《经营者集中审查暂行规定》第 48 条对违法实施集中作出的分类，三种行为的违法后果不尽相同，矫正手段应当对症下药，因而亦有差异。对于应申报而未申报以及申报后未经批准而实施集中的这两种情形，一方面要对未经批准实施集中的行为进行处罚，另一方面要对集中进行实质性的审查，在此期间应当根据集中的进程采取有针对性的措施，比如未完成集中的，责令停止实施集中；已完成集中的，应当在集中有关的范围内限制经营行为，以审查集中对竞争的影响。必要时应当附加限制性条件，以降低集中对竞争产生不利影响。如前所述西部数据案，经营者因未执行所附加之限制性条件而违法，从适当性、必要性、均衡性来看，最合理的措施是责令相对人继续履行附加的限制性条件中的义务或变更附加的限制性条件，而非 2007 年《反垄断法》第 48 条所规定的强制措施；否则会构成行政执法干预过当，不仅不能消除竞争损害，反而侵犯了经营者的私权，损害了社会公共利益。

（4）混淆违法行为目的，造成行政措施失效。2007 年《反垄断法》第 52 条的规定同时适用于预防性措施的经营者集中和对垄断协议、滥用市场支配

---

[1]　2007 年《反垄断法》第 21 条规定，"经营者集中达到国务院规定的申报标准的，经营者应当事先向国务院反垄断执法机构申报，未申报的不得实施集中"。

地位、行政性垄断行为的事后调查。实践中，该条与 2007 年《反垄断法》第 42 条[1]规定的行政相对人配合执法机关调查的义务密切相关。如 2020 年 4 月，国家市场监督管理总局就普云惠医药公司及其工作人员等采用暴力拒绝、阻碍调查的行为，根据 2007 年《反垄断法》第 52 条对单位处以 100 万元、对个人处以 20 万元的顶格处罚。[2]笔者认为，经营者集中提供虚假材料、信息可能侵害两种法益，即第 48 条所保护的竞争秩序、竞争利益，以及第 52 条维护的行政执法权威性，其严重性要强于仅违反第 48 条的行为，而并不能以妨害调查一概而论。第 52 条列举了四种违法行为，相互之间是或有关系，即只要相对人有其中一种情形即构成违法。从本条表述以及实际处罚案例来看，这一条款的立法目的在于保障反垄断执法机构有效地行使执法权，及时查处违法案件。[3]所以关注重点是打击"抗拒执法"行为，该条"责令改正"的含义是责令当事人配合执法，这与集中申报中的提供虚假材料、信息在适用场景上有很大不同，在经营者集中审查语境下，"责令改正"的应有之义是提交真实、完整的申报资料以供审查，此时"撤销行政许可"既是前提，也是最为简单有效的处理方法。

综上，2007 年《反垄断法》及其部门规章应当明确违法行为的类型，并将集中申报中提交虚假材料的违法行为从阻碍涉嫌垄断协议、滥用市场支配地位行为的事后调查的规则中剥离出来，区分两种法益，继而针对不同的违法行为制定行之有效的行政措施、行政处罚规则。

2. 行政罚款金额过低，不足以体现惩罚性，导致法律责任的威慑功能落空

为了保障行政处罚的目的，在设定、实施过程中都应当遵循过罚相当原则。[4]与之相比，经营者集中违法的处罚力度不足：一方面，由于违法行为的特性，《行政处罚法》第 9 条规定的某些更严厉的处罚种类，比如责令停产停业、暂扣或吊销许可证或执照等措施可能妨碍市场运行效率；另一方面，

---

〔1〕 2007 年《反垄断法》第 42 条规定："被调查的经营者、利害关系人或者其他有关单位或者个人应当配合反垄断执法机构依法履行职责，不得拒绝、阻碍反垄断执法机构的调查。"

〔2〕《行政处罚决定书》（国市监处〔2019〕20 号-35 号）。

〔3〕 参见吴振国：《〈中华人民共和国反垄断法〉解读》，人民法院出版社 2010 年版，第 657 页。

〔4〕 全国人大常委会法制工作委员会国家法、行政法室编：《〈中华人民共和国行政处罚法〉释义》，法律出版社 1996 年版，第 9 页。

该条第 4 项规定的"限制开展生产经营活动"与 2007 年《反垄断法》第 48 条规定的责令停止实施集中、限期处分股份或者财产、限期转让营业等相对接近，但从实际情况来看，违法案件几乎没有实质限制竞争的效果，因而实践中的行政处罚手段比较单一，仅有罚款一种。[1]但以 50 万元为上限的罚款金额过低，计量方式也不合理。

（1）从违法实施集中行为的过错与处罚的关系考察，罚款金额明显偏低。如前所述，虽然当前打击违法集中行为的力度有所加大，但学术界多认为现行罚款无法有效遏止违法，与进行违法并购的企业数亿元、数十亿元、数百亿元的营业额相比，简直不值一提，这种过轻的处罚措施对违法企业来讲完全起不到震慑与制约的作用。[2]也有学者认为，不论是应当申报未申报，或者是不履行附条件承诺者，都属于公然藐视法律，扰乱市场秩序与经济秩序，然而就我国目前的处罚状况，难论该规定具有威慑违法者的力量。[3]从前述统计数字来看，我国违法实施经营者集中问题日益严重。比如 2021 年查处 106 件未依法申报的案件，案件量大约是 2020 年的 9 倍。固然其中绝大部分是对协议控制类型案件的查处，但这种增量也可以从侧面说明未依法申报的案件数量之巨。更有甚者，同一义务人多次违法，譬如庞巴迪、腾讯、阿里巴巴等，表明 2007 年《反垄断法》规定的罚款金额过低，未能通过罚款阻止义务人再度违法、阻却其他经营者违法，以实现一般威慑和特殊威慑。[4]此外，从经营者违反所限定的救济措施类违法来看也可以得出同样的结论。根据法律规定的程序，限制性条件是由经营者提出、经执法机构认可并公告的，是经营者应当履行的义务。这种违反承诺的行为，不仅有违行政义务，同时很大概率会造成市场竞争损害，因为对该项集中附加限制性条件的前提就是可能具有排除、限制竞争的效果，而救济措施正是针对这种反竞争后果的机理而设置的，违反该等义务就意味着所附加的限制性条件之效果落空，无法

---

[1]　迄今仅有腾讯并购中国音乐集团一案除外。

[2]　参见孙晋："论经营者集中审查制度在国有企业并购中的适用"，载《华东政法大学学报》2015 年第 4 期；林文：《中国反垄断行政执法报告（2008-2015）》，知识产权出版社 2016 年版，第 168 页。

[3]　参见王晓晔："我国反垄断法中的经营者集中控制：成就与挑战"，载《法学评论》2017 年第 2 期。

[4]　参见王健、方翔："威慑理念与我国反垄断制裁的有效协调"，载《经贸法律评论》2019 年第 2 期。

有效修复市场损害。现行法律规则下，以 50 万元人民币为处罚上限，在前述三个案件中，西部数据的两个违法行为各被处以 30 万元罚款，赛默飞世尔科技公司被处罚 15 万元。过罚不相当，不足以惩戒违法。

（2）与另外两种经济性垄断行为——实施垄断协议、滥用市场支配地位的处罚相比，罚款明显偏低。根据 2007 年《反垄断法》第 46 条、第 47 条的规定，对该两种垄断行为的行政处罚包括没收违法所得、罚款，并且罚款金额是上一年度销售额的 1%～10%。反观经营者集中处罚中 50 万元的上限，违法成本低、可能产生"理性违法"问题。如庞巴迪公司因应申报而未申报，于 2015 年、2016 年[1]分别被罚款 15 万元、40 万元。在第二次违法中，交易双方因急于参与某地铁项目投标而未进行申报，违法的主观故意明显。虽然经营者集中违法发生在事前审查阶段，对市场的负面影响相对于另外两种经济性垄断较轻，但如此低的罚款上限，惩戒力度明显不足；更何况在腾讯收购中国音乐集团案之后，证明未申报之集中对市场造成竞争损害的情况是现实存在的。

（3）与相同情况下的域外处罚相比，我国处罚力度明显偏低。就域外执法规则而言，欧美国家在处罚额度上多采用营业额比例制度作为惩罚上限，而亚洲国家（或地区）则多半采取定额上限的规定。具体而言，美国与日本不区分违法集中的实体性违法行为与程序性违法行为，而欧盟、德国等国家及地区，则采取与我国 2007 年《反垄断法》较为类似的规定，将违法集中行为与程序性违法行为的法律责任作区分规定。

美国的并购规制中以 HSR 法案为代表，规定违反申报义务的，单日最高可以处 43 280 美元，而违反禁止令的单日最高罚款额为 22 994 美元。[2]在欧盟方面则实行违法集中行为与程序性违法行为分别惩处的处罚体系。具体来说，美国《集中控制条例》第 14 条第 1 款系针对程序性违法行为，规定符合申报义务者提供虚假材料、拒绝配合调查或错误引导的，处以总营业额 1%以

---

〔1〕 "商务部行政处罚决定书（商法函〔2015〕670 号）"，载 http://tfs.mofcom.gov.cn/article/xzcf/201509/20150901124688.shtml，最后访问日期：2021 年 12 月 31 日；"商务部行政处罚决定书（商法函〔2016〕174 号）"，载 http://tfs.mofcom.gov.cn/article/xzcf/201605/20160501309802.shtml，最后访问日期：2021 年 12 月 31 日。

〔2〕 Adjustments to Civil Penalty Amounts (2014) (Jan. 20, 2022), available at https://www.federal-register.gov/documents/2014/03/11/2014-05266/adjustments-to-civil-penalty-amounts.

下金额的罚款。同条第 2 款则是针对违法集中法律责任的描述，规定未申报（故意或过失）、违反延期交易、违反附加条件、拒绝执行剥离、临时措施者处以总营业额 10% 以下金额的罚款。与之不同的是，日本属于违法集中行为与程序性违法行为合并惩处的处罚体系，对于违法实施经营者集中的法律责任主要规制在《日本独占禁止法》第 90 条以下，其处罚体系的特色在于注重个人责任，同时辅以对企业、法人以及其他相关人员的责任。此外，日本的处罚体系中还会针对特殊主体或违法行为增加刑事责任。

从统计资料来看，违法案件率较低的是日本、欧盟以及美国，分别是 0、0.16%、0.16%。[1]尽管处罚案件的数量与处罚金额并不具有直接因果关系，但不可否认的是，欧美国家对于打击违法实施的经营者集中行为更有成效，相较于我国现行 50 万元以下的罚款来说，欧美动辄数百万元甚至数千万元的罚款力度似乎更能够有效遏止经营者的违法集中问题。例如 2017 年 Facebook 并购 WhatsApp 案，[2]最终被欧盟委员会罚款 5500 万欧元；2019 年的佳能东芝并购案，被欧盟委员会罚款 1400 万欧元。[3]

综上，我国现行行政处罚力度并不足以起到惩戒违法、维护竞争秩序、警示经营者的作用，反而因罚款上限明显过低、风险可控，难以实现震慑从而保护竞争秩序的目的。根据过罚相当原则，建议将罚款模式修改为以营业额为上限的方式，与其他违法责任模式相统一，实现威慑功能。

3. 审查时限过长或者不明确，是未依法申报的案件居高不下的重要原因

从统计数据来看，未依法申报的违法案件中虽然有经举报被调查的案件（如第 17 号美年大健康收购慈铭体检案[4]），但绝大多数是义务人在实施集中后主动申报的。也就是说，虽然不能绝对排除义务人在完成集中后才认识

---

〔1〕　根据以下资料统计而成：公正取引委员年次报告（Dec. 31, 2021），available at https://www.jftc.go.jp/soshiki/nenpou/index.html；Hart-Scott-Rodino Annual Report（Fiscal Year 2008-2020）（May 20, 2021），available at https://www.ftc.gov/policy/reports/policy-reports/annual-competition-reports；European Mergers Statistics（Jan. 20, 2021），available at https://ec.europa.eu/competition/mergers/statistics.pdf。

〔2〕　Case M. 8228-Facebook/WhatsApp（Jan. 20, 2021），available at https://ec.europa.eu/competition/mergers/cases/decisions/m8228_493_3.pdf.

〔3〕　Case M. 8179-Canon/Toshiba Medical Systems Corporation（Jan. 20, 2021），available at https://ec.europa.eu/competition/mergers/cases/decisions/m8179_759_3.pdf.

〔4〕　"商务部行政处罚决定书（商法函〔2017〕206 号）"，载 http://www.mofcom.gov.cn/article/xzcf/201705/20170502573393.shtml，最后访问日期：2021 年 12 月 31 日。

到有申报义务的情况，但至少很大可能是明知有事前申报的义务，但经过综合考虑没有履行该等义务。具体来说有两种可能：一是未经申报而实施集中，以避免被附加限制性条件；二是经营者因审查时限不确定而不申报。从实证数据来看，166 个未依法申报的案件中，只有一个案件，即腾讯并购中国音乐集团案在事后审查中被附加了限制性条件。因此，就具有主观故意的不依法申报的情形，几乎都是基于时限原因。而这一问题在制度构造和执行层面，是应当被克服的。

（1）缩短审查时限符合企业利益和执法机构所代表的社会公共利益。集中是经营者基于商业理性的判断，各方认为参与集中是实现自我优化的路径，对于一个双（多）赢的交易，无论是从当事人的立场还是从增进社会总福利的立场出发，尽快实现资源整合都是提高效益的安排。但出于维护竞争秩序、公共利益的考量，行政机构应当依法对交易进行审查，这本身是公法利益与私法利益权衡的结果。因此，为了适应经营者集中审查的双重效应，最大程度发挥其正面价值，在确保审查效果的前提下，时限越短则越符合效率原则。

（2）审查时限不确定对经营者意味着商业风险。市场瞬息万变，交易的确定性是影响商业判断非常重要的因素，行政机关审查的时限越久对当事人的影响越大，所以在实践中不乏因为交易节点因素而未予申报的情形。例如在第 9 号新誉集团与庞巴迪设立合营企业一案中，[1]新设合营企业的目的是参与某地铁项目投标。根据处罚决定书披露的事实，双方于 2015 年 2 月 5 日签订协议，当年 6 月 11 日合营企业取得营业执照，历时四个月。依执法机构公布的数据，2020 年对经营者集中案件审查的情况是，从立案到审结平均24.2 个自然日，同比加快 14.5%。[2]笔者没有 2015 年的同比数据作为支撑，但结合此前庞巴迪因应申报未申报被处罚的事实（表 5-3 第 6 号案例）仅仅发生于一年前，即 2015 年 9 月，可以合理推断审查时限是合营企业决定是否依法申报的重要因素。又如在第 13 号佳能收购东芝医疗案中，双方在协议中约定分两步收购，其中一个直接目的便是使出让方东芝尽快取得全部交易价款以渡过财务危机。这一交易对于东芝而言不确定是否可以称为生死攸关，

---

〔1〕 "商务部行政处罚决定书（商法函［2016］174 号）"，载 http://tfs. mofcom. gov. cn/article/xzcf/201605/20160501309802. shtml，最后访问日期：2021 年 12 月 31 日。

〔2〕 国家市场监督管理总局反垄断局编：《中国反垄断执法年度报告（2020）》，法律出版社2021 年版，第 43 页。

但从交易安排来看其重要性自不待言。就处罚决定书披露的事实，双方的交易过程是非常紧凑的，2016 年 3 月 8 日成立特殊目的公司；3 月 9 日佳能获得此交易的排他谈判权；3 月 17 日特殊目的公司购买标的——东芝医疗的部分股权，佳能与东芝签署股份转让合同，当日上述协议履行完毕。由于涉密的原因并不知悉交易对价，但对于一个需要申报的交易而言，在短短十天时间完成第一步交易也是罕见的，足以说明卖方的急迫性。

（3）审查时限是经营者交易成本的重要部分。根据我国 2007 年《反垄断法》第 25 条、第 26 条的规定，一个经营者集中案件的最长审限是 180 天，但附加限制性条件的案件在 180 天内审结的比例只有 46.15%。[1] 如本书第四章所述，根据我国的审查机制，一旦立案即起算审限，不能停钟。因此出现了一些复杂的案件客观上难以在法定期限内审结的情况，于是有多次立案的情形，其中两次立案的占比为 44.23%，还有三个案件——思科案、林德案、诺贝丽斯案更是三次申报立案。结合中国的审查程序，每次立案要重新读表计时，一方面确实为执法机构赢得审查时间，另一方面却加大了集中审查完结时点的不确定性。

（4）审查时限过长影响全球申报背景下的审查效果。作为反垄断三大执法辖区之一，我国的经营者集中案件数量逐年增长，其中不乏同时引发多辖区申报的案件。以爱尔康案为例，本案是一个国际平行申报的案件，最早于 2010 年 4 月 20 日在我国申报，当年 8 月 13 日审结，计时 115 个自然日。欧盟委员会于 2020 年 6 月 18 日收到申报，当年 9 月 8 日作出决定，计时 83 个自然日；美国于 2010 年 8 月 16 日提起行政诉讼，当年 10 月 1 日作出行政决定，计时 46 个自然日。如第四章所论述，三个法域对本案都作出了附加限制性条件的决定，虽然各自界定的相关市场、分析思路、论证的详尽程度有所不同，但从审查时间来看，我国是最长的，是欧盟的 1.4 倍，是美国的 2.5 倍。当然，这与反垄断执法的机制体制有很大关系，就个案来说本质上是因为投入的行政资源方面的差异。

三、经营者集中法律责任规则再造

通过以上分析可以看到，与经营者集中有关的法律责任规则存在以下三

---

〔1〕　参见本书第四章数据统计。

个问题：一是在程序与实体违法的二元分类基础上，对违法行为的类型化及其救济措施的对应性错配导致矫正不足；二是对违法行为的惩处力度不足以实现威慑；三是解决"未申报即实施集中的案件"的思路在于其根源问题即审限过长以及不确定性，而不仅仅是惩戒；否则就会本末倒置，混淆了目的和手段之间的主从关系，最终的结果是既不能治标更不能治本。

（一）违法行为的类型化构建

行政处罚兼具处罚和教育的功能，必须根据违法行为的事实、性质、情节等因素方能同时起到实效。[1]而正确地识别行为类型并设置对策性的救济规则是有效的方法。具体而言，应当针对经营者集中可能发生的五类违法行为进行分类规范。

1. 实体违法与程序违法的二元模式改造

如前所述，在经营者集中申报审查的过程中，义务人提交的材料是基础性文件，是作出行政许可的前提，其真实性、完整性的重要作用不言而喻。因此，提交虚假材料、隐匿等行为并非单纯的程序性违法，而是直接关系到实体审查及其结果，最终影响市场竞争秩序。更进一步来说，正是因为这种必然联系，在申报人隐瞒有关情况或提供虚假材料的情况下，是否影响审查结果也只能事后揭晓，但其违法性已然确定。反观《经营者集中审查暂行规定》第58条，"申报人隐瞒有关情况或者提供虚假材料的，市场监管总局对经营者集中申报不予立案或者撤销立案，并可以依照反垄断法第五十二条规定予以处罚"。这一规定并不周延。基于错漏信息所作出的审查结果无效，这在逻辑上是自洽的，但对于已经审结并据此正在经营的市场竞争影响如何有效消除并没有作出规定；此外，"可以"根据第52条予以处罚的规则无法保护法益。

从时间线上来看，当发现有上述行为时可以判断该违法行为侵害了行政执法的权威性，此时有关集中的进程有以下几种可能性：一是已经无条件批准并已经完成集中；二是附加结构性措施，已经完成；三是附加行为性救济条件，正在履行期间；四是案件已立案正在审查中；五是已经提交材料但尚未立案。在这五种不同的情况下，仅以"申报不予立案或者撤销立案"这一

---

〔1〕 参见杨登峰、李晴："行政处罚中比例原则与过罚相当原则的关系之辨"，载《交大法学》2017年第4期。

解决措施来应对，明显不足。

另外，这种隐瞒、虚假对审查结果的影响也有不确定性。比如确实隐瞒了某材料，但这份材料记载的内容经查并不影响审查结果，被认定为"申报不予立案或者撤销立案"又过当，因此要细分为以下情形。

第一，反垄断执法机构在立案审查中、受理案件后或者作出经营者集中审查决定后，有事实和证据表明申报人提供的文件、资料存在或者可能存在不真实、不准确之情形，需要重新审查的，执法机构可以根据第三人请求或者依据职权进行调查。

第二，申报人隐瞒有关情况或者提供虚假材料的，执法机构应当按照2007 年《反垄断法》第 52 条的规定对义务人予以处罚。

第三，尚未立案的，不予立案；已立案尚未审结的，撤销立案。但义务人能够证明材料之错漏显著轻微且义务人没有主观故意的除外。

第四，已作出审查决定的，撤销原审查决定。撤销原审查决定意味着集中无效。但鉴于拆分对于企业和社会来说，成本巨大且操作难度高，所以对于无条件批准且已实施集中或者附加限制性条件的，执法机构应当责令义务人在限期内提出过渡性措施，使其效果恢复到集中前的状态并就集中事项重新申报；义务人与执法机构在限期内不能就过渡措施达成一致的，由执法机构委托第三方提出临时措施。

第五，申报人隐瞒有关情况或者提供虚假材料，导致审查结果给他人造成损失的，依法承担民事责任。

综上，在经营者集中申报时隐瞒情况或者提供虚假材料的，侵害了两种法益。就这一行为应当给予行政处罚；除情节特别轻微的，未予立案的不予立案；未审结的撤销立案；已作出审查决定的，撤销原审查决定，但同时要采取消除影响市场竞争的措施。

2. 违法实施集中后果的类型化改造

除因虚假申报造成执法机构误判以外，也可能发生前述违法实施集中的情形。同样，这种行为也侵害了两种法益，即第 48 条所保护的竞争秩序、竞争利益，以及第 52 条维护的行政执法权威性。对于侵害行政执法权威性的行为，应当给予行政罚款；对于竞争秩序、竞争利益的侵害救济，要根据具体情况分别处理。

第一，对于未申报即实施集中和申报后未经批准实施集中的，经审查认定不具有排除、限制竞争效果的，不侵害本类法益，对此不另作处罚；对前类行为，经审查认定具有或者可能具有排除限制竞争效果的，由执法机构根据具体情形责令停止实施集中，附加减少集中对竞争产生不利影响的限制性条件，责令其限期处分股份或者资产、限期转让营业以及采取其他必要救济措施恢复到集中前的状态。

第二，对违反附加限制性条件决定的，责令继续履行所附加之限制性条件中的义务或变更附加的限制性条件。因发生重大变化，原条件无法履行的，根据新情况设定新的限制性条件；无法有效救济的，责令限期处分股份或者资产、限期转让营业以及采取其他必要救济措施恢复到集中前的状态。

第三，对违反禁止经营者集中的决定实施集中的，责令限期处分股份或者资产、限期转让营业以及采取其他必要救济措施恢复到集中前的状态。

第四，对于违反附加限制性条件决定或者违反禁止经营者集中的决定实施集中的，推定其违法行为已经产生了排除、限制竞争效果；当事人有充分证据反证的除外。

综上，对于违法实施集中的行为，根据其法益侵害的情况分类归责。此处限于行政法律责任，除此之外，还可能引发民事责任或其他不利于经营者的后果。

3. 平台经济违法矫正措施的位序规则

首先要说明的是，此处讨论的并非平台经济领域经营者集中的附加限制性条件问题，而是与集中交易有关的违法矫正。无论申报义务人从事何种行业，在虚假申报和未依法实施集中方面所承担的法律责任并无特殊之处，平台企业也不例外。这里之所以要分析违法矫正措施的位序问题，是由于前文对违法实施集中且具有或者可能具有排除、限制竞争效果情形下的法律责任提出了多种类型，包括责令继续履行附加的限制性条件中的义务或变更附加的限制性条件，责令限期处分股份或者资产、限期转让营业以及采取其他必要救济措施恢复到集中前的状态。如果放在平台经济的语境下，笔者的观点是以行为性救济为主。

关于平台经济的特征有多种观点，较为集中的是平台具有显著的网络外部性、规模效应、跨界性、多栖性，其生态化[1]和公共性[2]属性决定了一旦实施集中在短期内即产生市场效果。这时如果采用剥离资产等结构性救济措施相对比较困难。而行为性救济所具有的灵活性特征更适合数字经济领域。以腾讯并购中国音乐集团案为例，经审查认定本项集中具有或者可能具有排除、限制竞争效果，给出的救济措施是"责令腾讯及其关联公司采取以下措施恢复相关市场竞争状态"，具体有三个措施，一是不得与上游版权方达成或变相达成独家版权协议，或其他排他性协议；二是没有正当理由，不得要求或变相要求上游版权方给予当事人优于其他竞争对手的条件；三是依据合理因素向上游版权方报价，不得通过高额预付金等方式变相提高竞争对手成本，排除、限制竞争。从本案的审查结果来看，通过评估，执法机构认为行为性救济措施可以更有效地恢复相关市场的竞争状态。

当然，之所以说以行为性救济"为主"，而非唯一，是因为在某些特殊情况下不能完全排除适用结构性救济的可能性。

（二）违法行为惩戒威慑性改进

我国实行经营者集中申报—审查制度，以义务人的申报为制度起点。通过目前的实践案例来看，大部分违法案件是当事人在实施集中后主动申报的，也有第三方举报的案件。几乎所有的案件都被无条件批准，故而应申报未申报实施集中、未经批准实施集中的案件只需承担最高 50 万元罚款的行政处罚，义务人压力较小、抵触情绪也可控。如果观察违反附加限制性条件和违反禁止决定实施集中的案件，即使根据 2007 年《反垄断法》第 48 条的规定，其后果也是比较严重的。例如上述腾讯并购中国音乐集团案的处罚决定书，其中的限制性内容对腾讯既有的经营模式有重大影响。在此情况下，就产生了隐瞒（提交虚假资料）或者变相隐瞒（不申报）的动机，导致发现案件线索的难度提高。更进一步，从发现案件线索到予以处罚决定也需要相当长的时间。以上因素导致法律责任在确定性和及时性上都要低很多，根据前述实现威慑的"三性要素"分析，有必要从以下几个方面作出改进，在严厉性上加大强度。

---

〔1〕　参见李广乾、陶涛："电子商务平台生态化与平台治理政策"，载《管理世界》2018 年第 6 期。
〔2〕　参见张晨颖："公共性视角下的互联网平台反垄断规制"，载《法学研究》2021 年第 4 期。

1. 提高行政处罚力度

细化违法行为类型以及针对性的矫正竞争损害措施，对于义务人而言已经加大了处罚力度。此外，还应当提高行政罚款的金额。

在2007年《反垄断法》《反垄断法（征求意见稿）》以及全国人大发布的《反垄断法（修正草案）》中，均有针对这两种违法的行政处罚规则，具体见表5-5。

表5-5 我国虚假申报、违法实施集中行政处罚规定对比

法律法规名称	虚假申报罚款额	违法实施集中罚款额
2007年《反垄断法》	第52条 ……对个人可以处二万元以下的罚款，对单位可以处二十万元以下的罚款；情节严重的，对个人处二万元以上十万元以下的罚款，对单位处二十万元以上一百万元以下的罚款；构成犯罪的，依法追究刑事责任	第48条 ……可以处五十万元以下的罚款
《反垄断法（征求意见稿）》	第59条 对其他单位处上一年度销售额百分之一以下的罚款，上一年没有销售额或者销售额难以计算的，处五百万元以下的罚款；对个人可以处二十万元以上一百万元以下的罚款；构成犯罪的，依法追究刑事责任	第55条 经营者集中具有以下情形之一的，由反垄断执法机构处上一年度销售额百分之十以下的罚款：（一）应当申报而未申报即实施集中的；（二）申报后未经批准实施集中的；（三）违反附加限制性条件决定的；（四）违反禁止经营者集中的决定实施集中的。除前款规定外，反垄断执法机构可以根据具体情形责令停止实施集中，附加减少集中对竞争产生不利影响的限制性条件，责令继续履行附加的限制性条件中的义务或变更附加的限制性条件，责令限期处分股份或者资产、限期转让营业以及采取其他必要救济措施恢复到集中前的状态

法律法规名称	虚假申报罚款额	违法实施集中罚款额
《反垄断法（修正草案）》	**第62条** 对单位处上一年度销售额百分之一以下的罚款，上一年度没有销售额或者销售额难以计算的，处五百万元以下的罚款；对个人处五十万元以下的罚款	**第58条** 经营者违反本法规定实施集中，且具有或者可能具有排除、限制竞争效果的，由国务院反垄断执法机构责令停止实施集中、限期处分股份或者资产、限期转让营业以及采取其他必要措施恢复到集中前的状态，处上一年度销售额百分之十以下的罚款；不具有排除、限制竞争效果的，处五百万元以下的罚款

通过分析，笔者提出如下建议：

第一，对违法实施集中的，以竞争效果为考量核心，提高行政罚款力度。通过本章前述分析已知，根据2007年《反垄断法》，对违法事实集中"可以"处50万元以下的罚款。该罚款力度不足，无法实现有效威慑，不能以此敦促义务人依法申报，既有损行政执法的权威性，又不利于发挥事前审查的制度功能。与国际上的规则相比，罚款力度弱，差距较大。为此，《反垄断法（征求意见稿）》和《反垄断法（修正草案）》都提高了行政罚款额度。但不同的是，前者将罚款作为必然的处罚，且并不区分四种违法实施集中的具体情况，都以上一年度销售额为基数，处以10%以下的罚款；而后者以经营者集中审查的目标——具有或者可能具有排除、限制竞争效果为判断标准，根据"是""否"两种情形，分别按照上一年度销售额10%以下的比例标准、500万元的定额标准两种模式确定罚款金额。应当说，后者更具合理性。

第二，对于申报人隐瞒有关情况或者提交虚假材料的，应当在2007年《反垄断法》的基础上大幅提高处罚力度。从修法的规则来看，趋势上都是在加大对经营者的行政罚款力度，采取了反垄断法上常见的以销售额为基数的罚款金额计算方式；在个人责任方面，《反垄断法（修正草案）》相较于《反垄断法（征求意见稿）》有所弱化，具体体现在对个人罚款的上限由100

万元降低到 50 万元。[1]聚焦在经营者集中领域，根据目前公告的违法实施集中案件，尚无虚假申报的情况，更没有个人因此承担行政责任的先例。但法律责任落实到自然人是有必要的。

第三，申报人隐瞒有关情况或者提交虚假材料的法律责任与违法实施集中的法律责任相比，前者不宜过低。如前所述，前者违法的动机、可能的后果至少不弱于未依法申报，不能理解为这只是简单的程序性违法。依照"举重以明轻"的法律逻辑，其罚款不应低于后者。

2. 建立可行的民事赔偿机制

我国反垄断法的施行采取执法机构公共执法和司法民事告诉的双轨机制。2007 年《反垄断法》第 50 条规定："经营者实施垄断行为，给他人造成损失的，依法承担民事责任。"据此，法律赋予原告民事诉权与损害求偿权。一般而言，反垄断法上的民事诉讼有双重目的，一是原告追求私益的目的；二是借损害赔偿等制度安排，通过私人诉讼作出对违法者不利的判决，以实现维护公益的效果。尽管我国反垄断民事诉讼规则相对审慎，制度工具适用有限，但立法目标是明确的，即应当为制止和打击垄断行为提供民事司法渠道。对此，笔者有以下建议：

第一，构建民事后继诉讼制度。从第 50 条规定来看，采用了"侵权法"的路径，即要证明被告实施了垄断行为、原告遭受损失、行为与损失之间有因果关系。实践中三个要件都难以举证，这是反垄断民事诉讼中的通病。为此，应当考虑民事后继诉讼方案。反垄断后继诉讼是指，在反垄断执法机关作出行政处罚之后，垄断行为的受害人对被处罚对象提起的民事诉讼。[2]这一制度的优势是以行政机关的行政行为为基础，可以大大减轻原告的举证责任，从而使垄断行为的受害者更有动力维护自身权利，客观上有利于维护良好的市场秩序。[3]聚焦于经营者集中的民事诉讼，行政执法机关所公告的违法行为即成就行为违法性要件。

---

〔1〕 从《反垄断法（修正草案）》第 62 条的规定来看，删除了"构成犯罪的，依法追究刑事责任"的规定，但在第 67 条特别规定"违反本法规定，构成犯罪的，依法追究刑事责任"。因此，从完整的法律体系来看，刑事责任的规定并没有被删除。

〔2〕 参见吴宏伟、闫卫军："论反垄断执法机构的行政决定在反垄断'跟进诉讼'程序中的效力"，载《新疆社科论坛》2010 年第 5 期。

〔3〕 参见张晨颖："论反垄断行政决定在民事诉讼中的效力"，载《法律适用》2017 年第 7 期。

第二，违法实施集中行为并非都构成民事赔偿逻辑下的违法性。如前所述，经营者集中法律规则下的违法可能侵害两种法益。对行政执法权力的侵害并不符合民事侵权赔偿逻辑下的一般原理，也就是说，对于应申报未申报即实施集中或者申报后未经批准即实施集中的案件，如果经审查认为集中并不具有排除、限制竞争的效果，则不构成 2007 年《反垄断法》第 50 条项下的"实施垄断行为"。

第三，设置具有可执行性的民事责任类型。根据民事诉讼规则，原告要就其诉讼请求进行论证。我国 2007 年《反垄断法》第 50 条只笼统规定了"依法承担民事责任"，没有具体细化责任类型。《反垄断法（修正草案）》第 60 条对此进行了完善，其中第 1 款规定："经营者实施垄断行为，给他人造成损失的，依法承担停止侵害、恢复原状、赔偿损失等民事责任。"对此，笔者认为"恢复原状"不适宜作为经营者集中范畴下的民事责任形式。前文已经论证，对于一个已经完成的集中，要恢复原状的成本是非常高的，并且就原理而言也是不切实际的，即使公共执法也要慎用这一措施。综观国内外的反垄断执法，对此都极为慎重。此外，经营者集中审查的专业性非常强、历时久，从我国反垄断执法的实践数据也可以得出这样的结论。专业执法人员尚且如此，何况目前我国法院尚无审理这类案件的先例，即使发生想必也是极少数。在这种情况下要让法官作出"恢复原状"的判决，挑战是极大的。我国 2007 年《反垄断法》第 53 条是有关反垄断行政诉讼的规则，其中第 1 款规定，对反垄断执法机构依据该法第 28 条（禁止经营者集中的决定）、第 29 条（附加限制性条件的决定）作出的决定不服的，可以先依法申请行政复议；对复议决定不服的，可以依法提起行政诉讼。与之相比，就这款规定以外的决定不服的，可以依法申请行政复议或者提起行政诉讼，二者择其一。可见，对于那些并非无条件批准的经营者集中，法定规则是先复议再诉讼。诚然，第 50 条是关于民事诉讼的规定，也并没有行政前置的要求，但上述有关救济制度的差异性规则足以证明经营者集中案件的复杂性和专业性。

（三）建立长效机制缩短经营者集中审查时限

本书前面部分有关经营者集中的数据可以说明以下方面的事实：第一，申报数、立案数、审结数逐年增加，近年因违法实施集中被处罚的案件数亦有增加。第二，数据显示，[1]美国司法部反垄断局有 830 人，其中律师 320 人；美国联邦贸易委员会共约 300 人；欧盟委员会竞争局约 785 人，另有外部支持人员 144 人。结合本书第一章图 1-2、图 1-3 所示的案件数量，相较于其他国家或地区，我国行政执法人均审查案件数量较高。第三，复杂类案件的审查时间较长。对此，应当从开发增量资源和整合存量资源两个角度考虑解决方案。

第一，完善申报标准制定规则。本书第三章讨论了申报标准的意义、原则和方法，其目的并非调整指标、提高门槛以减少申报量，而是通过设置科学、合理的标准，在消除潜在竞争问题与减轻企业负担之间取得平衡。从原理上讲，提高申报门槛会相应降低案件数量，实现执法资源合理配置。

第二，健全简易案件申报制度。根据《经营者集中审查暂行规定》第 17 条规定，对符合法定条件的，不会产生排除、限制竞争效果的集中，经营者可以作为简易案件申报，执法机构按照简易案件程序进行审查。为方便经营者申报，执法机构于 2018 年 9 月 29 日出台了《关于经营者集中简易案件申报的指导意见》，相较于普通申报，简易案件申报在资料准备、申报流程、审查程序方面简单、快捷。简易案件在我国经营者集中执法中占有很高的比重，以 2021 年的统计数据为例，当年共审结 723 件案件，其中有 646 件适用简易程序，占比为 89.35%，有效减轻了企业负担和行政执法成本，贯彻了行政执法的比例原则。

第三，通过授权规则建立央地两级执法的长效机制。2021 年 11 月 18 日国家反垄断局成立，增加了工作人员编制，在一定程度上缓解了执法力量不足的问题。但与案件的增长率、复杂性相比仍然有较大的差距。在短期增量约束的情况下，就需要优化资源配置。反垄断执法是中央事权，根据法律规定可以授权执法。2007 年《反垄断法》第 10 条第 2 款规定："国务院反垄断执法机构根据工作需要，可以授权省、自治区、直辖市人民政府相应的机构，依照本法规定负责有关反垄断执法工作。"《行政许可法》第 24 条规定，"行政机关在其法定职权范围内，依照法律、法规、规章的规定，可以委托其他行政机关实施行政许可……"据此，《经营者集中审查暂行规定》第 2 条第 2

---

[1] 参见李剑："中国反垄断执法机构间的竞争——行为模式、执法效果与刚性权威的克服"，载《法学家》2018 年第 1 期。

款规定，"市场监管总局根据工作需要，可以委托省、自治区、直辖市市场监管部门实施经营者集中审查"。此前，国家市场监督管理总局已普遍授权省级市场监管部门开展垄断协议、滥用市场支配地位和滥用行政权力排除、限制竞争三类行为的反垄断执法，为完善授权执法架构积累了宝贵的经验。[1]

综合以上分析，可以将简易申报案件授权至省级执法，这种做法有以下优势：一是充分利用地方执法资源，充实经营者集中审查力量，提高审查效率，缩短审查时限；二是地方执法机构更了解市场情况，有利于作出判断；三是整合行政资源，国家反垄断局可着力于复杂案件，提升经营者集中审查的效率。

为此，笔者提出以下建议：首先，反垄断法的价值目标是维护市场竞争秩序，这里的市场是指中国统一的大市场。对于可能具有排除、限制竞争效果的集中必须由国家反垄断局统一执法，避免地方利益干扰。因此，所有集中案件由国家反垄断局受理，只有适用简易程序的案件才能授权地方执法。其次，地方在收到案件后有合理理由的（如经审查认定不适用简易程序的，不适宜在本地审查的），可以将案件退回，国家反垄断局根据情况指定其他地方执法机构审查或者自行审查。再次，地方执法机构仅依上级授权审查，不得行使主动调查权。复次，加强培训，统一各地执法标准。最后，特殊行业的简易申报案件不宜授权执法，具体包括金融领域、数字经济领域的经营者集中案件。

（四）特殊情形下的法律责任问题

如前所述，2007 年《反垄断法》第 21 条，《经营者集中审查暂行规定》第 6 条第 1 款、第 2 款分别规定了经营者的申报义务和执法机构主动调查的权力。笔者的观点是，在此之外应当接受经营者自愿申报的案件，这不仅能够实现经营者集中审查制度的功能，又可以最大限度降低经营者商业上的不确定性和市场竞争风险，并且增量部分的行政成本可控。综上，启动经营者集中审查有三种情形：一是拟议集中符合法定条件，经营者履行申报义务；二是执法机构对未达到申报标准但可能具有排除、限制竞争效果的集中依职权启动调查；三是经营者就未达申报标准的集中主动进行申报。

---

〔1〕　笔者的观点是经营者集中简易申报案件实行普遍授权执法，以节约中央一级的执法资源；同时，调查类案件全部收归国家反垄断局执法。因本书讨论经营者集中问题，对此不作赘述。

在第二种情况下，经营者并没有申报义务，即使已经实施的集中有排除、限制竞争的效果，也不因此承担法律责任。无论以上哪种情形，经营者向执法机构递交的资料均应当是真实、完整的，没有隐瞒、虚假的情况，否则应承担 2007 年《反垄断法》第 52 条规定的法律责任，并且根据本章前述内容，对妨碍市场竞争的后果承担法律责任。

经营者集中是一种预防性制度，与之相关的法律责任条款不同于其他垄断行为，如实施垄断协议、滥用市场支配地位行为的行政法律责任是停止违法行为，没收违法所得，并处上一年度销售额 1% 以上 10% 以下的罚款。其中，财产处罚是最显性的指标，也是对违法者最严厉的惩戒。反观经营者集中的法律责任，其目的除一般意义上的威慑以外，更多的是矫正违法实施集中行为，也就是说从功能位序来说，救济功能是更优位的。所以就责任形态而言，采取措施以恢复竞争才是重中之重。

法律的生命在于实践。法律责任规则的价值就在于让法律得以实践。

参考文献

一、中文著作（含译著）

1. ［法］泰勒尔：《产业组织理论》，马捷译，中国人民大学出版社 1997 年版。

2. ［美］N. Gregory Mankiw：《经济学原理》（第三版），梁小民译，机械工业出版社 2003 年版。

3. ［美］G. J. 施蒂格勒：《产业组织和政府管制》，潘振民译，上海三联书店、上海人民出版社 1996 年版。

4. ［美］J. E. 克伍卡、L. J. 怀特编：《反托拉斯革命》，林平、臧旭恒译，经济科学出版社 2007 年版。

5. ［美］奥利弗·E. 威廉姆森：《反托拉斯经济学》，张群群、黄涛译，经济科学出版社 1999 年版。

6. ［美］保罗·A. 萨缪尔森等：《经济学》，中国发展出版社 1992 年版。

7. ［美］理查德·A. 波斯纳：《反托拉斯法》，孙秋宁译，中国政法大学出版社 2003 年版。

8. ［美］丹尼尔·F. 史普博：《管制与市场》，余晖等译，上海三联书店、上海人民出版社 1999 年版。

9. ［美］丹尼尔·W. 克拉克森、罗杰·勒鲁瓦·米勒：《产业组织：理论、证据和公共政策》，华东化工学院经济发展研究所译，上海三联书店 1993 年版。

10. ［美］赫伯特·霍温坎普：《反垄断事业——原理与执行》，吴绪亮、张兴、刘慷译，东北财经大学出版社 2011 年版。

11. ［美］赫伯特·霍温坎普：《联邦反托拉斯政策——竞争法律及其实践》，许光耀、江山、王晨译，法律出版社 2009 年版。

12. ［美］基斯·N. 希尔顿：《反垄断法——经济学原理和普通法演进》，赵玲译，北京大学出版社 2009 年版。

13. ［美］马歇尔·霍华德：《美国反托拉斯法与贸易法规：典型问题与案例分析》，孙南申译，中国社会科学出版社 1991 年版。

14. ［美］曼昆：《经济学原理：微观经济学分册》，梁小民、梁砾译，北京大学出版社 2015 年版。

15. ［美］曼昆：《经济学原理》（上册），梁小民译，机械工业出版社 2003 年版。

16. ［美］欧内斯特·盖尔霍恩、威廉姆·科瓦契奇、斯蒂芬·卡尔金斯：《反垄断法与经济学》（第 5 版），任勇、邓志松、尹建平译，法律出版社 2009 年版。

17. ［希］扬尼斯·科克雷斯、［美］霍华德·谢兰斯基：《欧盟并购控制——法律与经济学分析》，戴健民、邓志松译，法律出版社 2018 年版。

18. ［英］迈克·费恩塔克：《规制中的公共利益》，戴昕译，中国人民大学出版社 2014 年版。

19. ［英］亚当·斯密：《国民财富的性质和原因的研究》（上卷），郭大力、王亚南译，商务印书馆 2011 年版。

20. 丁茂中：《经营者集中控制制度中的资产剥离问题研究》，上海社会科学院出版社 2013 年版。

21. 冯江：《中国企业并购的反垄断法律实务》，法律出版社 2012 年版。

22. 国家市场监督管理总局反垄断局：《中国反垄断立法与执法实践》，中国工商出版社 2020 年版。

23. 国家市场监督管理总局反垄断局编：《中国反垄断执法年度报告（2020）》，法律出版社 2021 年版。

24. 国家市场监督管理总局反垄断局编：《经营者集中反垄断审查经典案例选编》，中国工商出版社 2021 年版。

25. 韩立余：《经营者集中救济制度》，高等教育出版社 2011 年版。

26. 韩伟：《经营者集中附条件法律问题研究》，法律出版社 2013 年版。

27. 姜明安、余凌云主编：《行政法学》，科学出版社 2010 年版。

28. 孔祥俊：《反垄断法原理》，中国法制出版社 2001 年版。

29. 李国海：《英国竞争法研究》，法律出版社 2008 年版。

30. 李俊峰：《经营者集中反垄断救济措施运行机制研究》，上海大学出版社 2015 年版。

31. 林文：《中国反垄断行政执法报告（2008—2015）》，知识产权出版社 2016 年版。

32. 刘和平：《欧盟并购控制法律制度研究》，北京大学出版社 2006 年版。

33. 刘继峰：《反垄断法》，中国政法大学出版社 2012 年版。

34. 美国律师协会反垄断分会编：《合并与收购：理解反垄断问题》，黄晋译，北京大学出版社 2012 年版。

35. 美国律师协会反垄断分会编：《美国并购审查程序暨实务指南》，李之彦、王涛译，法律出版社 2011 年版。

36. 孟雁北：《反垄断法》，北京大学出版社 2017 年版。

37. 漆多俊编：《经济法论丛》（第五卷），中国方正出版社 2001 年版。

38. 全国人大常委会法制工作委员会国家法、行政法室编：《〈中华人民共和国行政处罚法〉释义》，法律出版社 1996 年版。

39. 尚明主编：《企业并购反垄断控制》，法律出版社 2008 年版。

40. 中华人民共和国商务部反垄断局编：《世界主要国家和地区反垄断法律汇编》，中国商务出版社 2013 年版。

41. 沈敏荣：《法律的不确定性——反垄断规则分析》，法律出版社 2001 年版。

42. 时建中主编：《反垄断法——法典释评与学理探源》，中国人民大学出版社 2008 年版。

43. 孙晋：《反垄断法——制度与原理》，武汉大学出版社 2010 年版。

44. 王先林：《竞争法学》，中国人民大学出版社 2018 年版。

45. 王晓晔：《反垄断法》，法律出版社 2011 年版。

46. 王晓晔主编：《反垄断法实施中的重大问题》，社会科学文献出版社 2010 年版。

47. 吴振国：《〈中华人民共和国反垄断法〉解读》，人民法院出版社 2010 年版。

48. 徐孟洲、孟雁北：《竞争法》，中国人民大学出版社 2018 年版。

49. 叶卫平：《反垄断法价值问题研究》，北京大学出版社 2012 年版。

50. 袁日新：《经营者集中救济法律制度研究》，法律出版社 2017 年版。

51. 詹昊：《反垄断法下的企业并购实务》，法律出版社 2008 年版。

52. 张穹：《反垄断理论研究》，中国法制出版社 2007 年版。

53. 张瑞萍：《反垄断法理论与实践》，吉林大学出版社 1998 年版。

54. 张守文、于雷：《市场经济与新经济法》，北京大学出版社 1994 年版。

55. 张维迎：《博弈论与信息经济学》，上海三联书店 2012 年版。

56. 张越：《法律责任设计原理》，中国法制出版社 2010 年版。

二、中文论文

1. 曾晶："以'控制'弥补'经营者合并'的缺陷——兼论以'控制'为标准构建反垄断法'经营者集中'的审查制度"，载《政治与法律》2014 年第 3 期。

2. 陈弘斐、胡东兰、李勇坚："平台经济领域的反垄断与平台企业的杀手并购"，载《东北财经大学学报》2021 年第 1 期。

3. 程贵孙、李银秀："平台型产业反垄断规制的几个关键问题研究"，载《当代财经》2009 年第 7 期。

4. 董维刚、张昕竹："银行卡产业特征与反垄断难题"，载《数量经济技术经济研究》2007 年第 6 期。

5. 董维刚、张昕竹："中国企业并购申报制度设计"，载《中国工业经济》2008 年第 8 期。

6. 方小敏："经营者集中申报标准研究"，载《法商研究》2008 年第 3 期。

7. 傅瑜、隋广军、赵子乐："单寡头竞争性垄断：新型市场结构理论构建——基于互联网平台企业的考察"，载《中国工业经济》2014 年第 1 期。

8. 高薇："平台监管的新公用事业理论"，载《法学研究》2021 年第 3 期。

9. 韩伟："美国《横向合并指南》的最新修订及启示"，载《现代法学》2011 年第 3 期。

10. 侯利阳："市场与政府关系的法学解构"，载《中国法学》2019 年第 1 期。

11. 胡东："经营者集中反垄断评估中的救济措施"，载《价格理论与实践》2008 年第 7 期。

12. 黄坤、张昕竹："盲人摸象与相关市场界定——假定垄断者测试及其执行方法的一个框架"，载《财经问题研究》2013 年第 7 期。

13. 黄坤："并购审查中相关市场界定的方法研究——临界损失分析的框架、拓展和新思路"，载《财经论丛》2014 年第 8 期。

14. 黄勇、蒋潇君："互联网产业中'相关市场'之界定"，载《法学》2014 年第 6 期。

15. 黄勇："经营者承诺制度的实施与展望"，载《中国工商管理研究》2008 年第 4 期。

16. 焦海涛："我国反垄断法修订中比例原则的引入"，载《华东政法大学学报》2020 年第 2 期。

17. 焦海涛："我国经营者承诺制度的适用与完善"，载《当代法学》2012 年第 2 期。

18. 金枫梁："滴滴系列集中案反垄断申报的适用困境——兼论《国务院关于经营者集中申报标准规定》第 4 条的修订"，载《经济法学评论》2019 年第 1 期。

19. 孔祥俊："论互联网平台反垄断的宏观定位——基于政治、政策和法律的分析"，载《比较法研究》2021 年第 2 期。

20. 黎宏："关于'刑事责任'的另一种理解"，载《清华法学》2009 年第 2 期。

21. 李广乾、陶涛："电子商务平台生态化与平台治理政策"，载《管理世界》2018 年第 6 期。

22. 李剑："中国反垄断执法机构间的竞争——行为模式、执法效果与刚性权威的克服"，载《法学家》2018 年第 1 期。

23. 李剑："论反垄断法的实质理性"，载《学习与探索》2013 年第 12 期。

24. 李剑："双边市场下的反垄断法相关市场界定——'百度案'中的法与经济学"，载《法商研究》2010 年第 5 期。

25. 李俊峰、马翔："经营者集中救济措施的运行机制构成"，载《价格理论与实践》2016 年第 12 期。

26. 李俊峰："经营者集中救济措施的委托实施机制研究"，载《上海财经大学学报》2015 年第 5 期。

27. 李俊峰："全球平行审查背景下的中国经营者集中救济"，载《当代法学》2015 年第 2 期。

28. 刘继峰："我国互联网平台反垄断制度的立法模式选择"，载《价格理论与实践》2021年第1期。

29. 刘权："目的正当性与比例原则的重构"，载《中国法学》2014年第4期。

30. 刘权："网络平台的公共性及其实现——以电商平台的法律规制为视角"，载《法学研究》2020年第2期。

31. 刘权："行政判决中比例原则的适用"，载《中国法学》2019年第3期。

32. 刘武朝、时建中："论经营者集中反垄断审查中的监督受托人——欧美的经验及借鉴"，载《河北法学》2014年第5期。

33. 刘燕："企业境外间接上市的监管困境及其突破路径——以协议控制模式为分析对象"，载《法商研究》2012年第5期。

34. 刘燕："在'默认合法'中爆发的法律风险——协议控制-VIE模式下风险事件及案例述评"，载《证券法苑》2013年第2期。

35. 孙晋："论经营者集中审查制度在国有企业并购中的适用"，载《华东政法大学学报》2015年第4期。

36. 孙晋："谦抑理念下互联网服务行业经营者集中救济调适"，载《中国法学》2018年第6期。

37. 孙晋："数字平台的反垄断监管"，载《中国社会科学》2021年第5期。

38. 孙晋："数字平台垄断与数字竞争规则的建构"，载《法律科学（西北政法大学学报）》2021年第4期。

39. 谭袁："企业合营的反垄断分析及其规制"，载《上海政法学院学报》2015年第3期。

40. 万欣："我国经营者集中反垄断审查回顾与展望"，载《中国物价》2013年第10期。

41. 王健、方翔："威慑理念与我国反垄断制裁的有效协调"，载《经贸法律评论》2019年第2期。

42. 王健、朱宏文："论反垄断法对因特网的规制"，载《湖南大学学报（社会科学版）》2004年第6期。

43. 王先林："论反垄断法对平台经济健康发展的保障"，载《江淮论坛》2021年第2期。

44. 王先林："论反垄断法中的控制企业结合制度：兼析《中华人民共和国反垄断法（草案）》的相关规定"，载《法商研究》2006年第1期。

45. 王晓晔："我国反垄断法中的经营者集中控制：成就与挑战"，载《法学评论》2017年第2期。

46. 王燕：《中国经营者集中反垄断审查事后评估》，山东大学2018年博士学位论文。

47. 吴宏伟、闫卫军："论反垄断执法机构的行政决定在反垄断'跟进诉讼'程序中的效力"，载《新疆社科论坛》2010年第5期。

48. 吴振国："我国反垄断法对企业兼并的规制"，载《中国工业经济》2002年第2期。

49. 熊艳："产业组织的双边市场理论——一个文献综述"，载《中南财经政法大学学报》2010年第4期。

50. 杨登峰、李晴："行政处罚中比例原则与过罚相当原则的关系之辨"，载《交大法学》2017年第4期。

51. 叶军："经营者集中法律界定模式研究"，载《中国法学》2015年第5期。

52. 叶军："经营者集中反垄断审查之皇冠宝石规则研究"，载《中外法学》2016年第4期。

53. 叶军："先行修正和买家前置规则比较研究"，载《中外法学》2015年第1期。

54. 于晨："中国经营者集中申报标准的行业系数调整法"，载《吉林工商学院学报》2011年第6期。

55. 岳中刚："双边市场的定价策略及反垄断问题研究"，载《财经问题研究》2006年第8期。

56. 张晨颖："公共性视角下的互联网平台反垄断规制"，载《法学研究》2021年第4期。

57. 张晨颖："共同市场支配地位的理论基础与规则构造"，载《中国法学》2020年第2期。

58. 张晨颖："损失视角下的垄断行为责任体系研究"，载《清华法学》2018年第5期。

59. 张晨颖："论反垄断行政决定在民事诉讼中的效力"，载《法律适用》2017年第7期。

60. 张穹等："数字经济创新——监管理念更新、公共政策优化与组织模式升级"，载《财经问题研究》2019年第3期。

61. 张守文："经济法的法治理论构建：维度与类型"，载《当代法学》2020年第3期。

62. 张枭："互联网经济对反垄断法的挑战及制度重构——基于互联网平台垄断法经济学模型"，载《浙江学刊》2021年第2期。

63. 张昕蔚："数字经济条件下的创新模式演化研究"，载《经济学家》2019年第7期。

64. 张昕竹、董维刚："企业并购申报标准的估计"，载《东岳论丛》2007年第1期。

65. 郑江梅："双边市场下反垄断法相关市场界定研究"，湖南大学2014年法学硕士学位论文。

66. 钟瑞庆："论公司控制权概念的法理基础"，载《社会科学》2010年第6期。

67. 仲春："我国数字经济领域经营者集中审查制度的检视与完善"，载《法学评论》2021年第4期。

三、英文著作

1. Andrew McAfee & Eric Brynjolfsson, *Machine*, *Platform*, *Crowd*：*Harnessing Our Digital Future*, W. W. Norton & Company press, 2017.

2. Francesco Ducci, *Natural Monopolies in Digital Platform Markets*, Cambridge University Press,

2020.

3. Herbert Hovenkamp, *Federal Antitrust Policy: The Law of Competition and Its Practice*, West Publishing Company, 2005.

4. Lui, Ortiz Blanco, Andrew Read, *European Community Competition Procedure*, Oxford University Press, 2006.

5. Nigel Parr & Poger Finbow Thomson, *U. K. Merger Control: Law and Practice*, Sweet & Maxwell, 2004.

6. Patrick Rey, *Economic Analysis and the Choice of Remedy*, *Merger Remedies in American and European Union Competition Law*, Cheltenham: Edward Elgar Publishing, 2004.

7. Phillip Areeda & Donald F. Turner, *Antitrust Law* Vol. Ⅳ, Little Brown, 1980.

8. Richard Whish. *Competition Law (Fifth Edition)*, Great Britain: Clays Ltd, Bungay, Suffolk, 2003.

9. Stephen Davies, Bruce Lyons, *Mergers and Merger Remedies in the EU*, Cheltenham: Edward Elgar Publishing Limited, 2007.

四、英文论文

1. Arnol C. Harberger, "Monopoly and Resource Allocation", *American Economic Review*, Vol. 44, No. 2, 1954.

2. Barry C. Harris & Joseph J. Simons, "Focusing Market Definition: How Much Substitution is Necessary? ", *Research in Law and Economics*, Vol. 12, 1989.

3. Bear, William J. , Ronald C. Redcay, Solving Competition Problems in Merger Control: The Requirements for an Effective Divestiture Remedy, *George Washington Law Review*, 2001.

4. David S. Evans, Richard Schmalensee, "The Antitrust Analysis of Multi-sided Platform Business", *NBER Working Paper*, No. 18783, 2013.

5. Donald F. Turner, "The Definition of Agreement under the Sherman Act: Conscious Parallelism and Refusals to Deal", *Harvard Law Review*, Vol. 75, 1962.

6. Eckbo, B. E. Mergers and the Value of Antitrust Deterrence, *The Journal of Finance*, Vol. 47, No. 3, 1992.

7. Elizabeth Xiao-Ru Wang, Jonna Tsai, Sandra Chan, "Merger Remedies with Chinese Characteristics", *CPI Antitrust Chronicle*, Vol. 8, No. 2, 2013.

8. George S. Cary, Marian R. Bruno, "Merger Remedies", *Admin. L. Rev.* , Vol. 49, 1997.

9. Herbert Hovenkamp, "Antitrust and Platform Monopoly", 130 *Yale Law Journal* 1952 (2021), *U of Penn, Inst for Law & Econ Research Paper*, No. 20-43.

10. Jean-Charles Rochet, Jean Tirole. "Defining Two-sided Markets", *IDEI University of*

Toulouse Working Paper, 2004.

11. John E. Kwoka, Diana L. Moss, "Behavioral Merger Remedies: Evaluation and Implications for Antitrust Enforcement", *the Antitrust Bulletin*, Vol. 57, 2012.

12. Jonathan B. Baker, "Beyond Schumpeter vs. Arrows: Antitrust Fosters Innovation", *Antitrust Law Journal*, Vol. 74, No. 3, 2007.

13. Lapo Filistrucchi, Damien Geradin, Eric. van Damme, Pauline Affeldt, "Market Definition in Two-sided Market: Theory and Practice", *Journal of Competition Law & Economics*; *Oxford*, Vol. 10, No. 2, 2014.

14. Lawrence H. Summers, Competition Policy in the New Economy, *Antitrust Law Journal*, Vol. 69, 2001.

15. M. L. Katz and C. Shapiro, "Systems Competition and Network Effects", *The Journal of Economics Perspectives*, Vol. 8, No. 2, 1994

16. Michael A. Carrier, "The Rule of Reason: An Empirical Update for the 21st Century", *George Mason Law Review*, Vol. 16, No. 4, 2009.

17. Paul MSweezy, "Demand under Conditions of Oligopoly", *Journal of Political Economy*, Vol. 47, 1939.

18. Penelope Papandropoulos, Alessandro Tajana, "The Merger Remedies Study: in Divestiture We Trust?", *European Competition Law Review*, Issue 8, 2006.

19. Robert W. Crandall, "The Remedy for the 'Bottleneck Monopoly' in Telecom: Isolate It, Share It, or Ignore It?", *The University of Chicago Law Review*, Vol. 72, 2005.

20. Sergio Sorinas, Christine Jorns, "European Union: EU Merger Remedies", *International Financial Law Review*, Vol. 13, 2009.

21. Stan J. Liebowitz, "A Fool's Paradise the Windows World after a Forced Breakup of Microsoft", *Working Papers—Yale School of Management's Economics Research Network*, 2000.

22. Thomas Hoehn, "Structure Versus Conduct—a Comparison of the National Merger Remedies Practice in Seven European Countries", *International Journal of the Economics of Business*, Vol. 17, Issue1, 2010.

23. Tomaso Duso, Klaus Gugler, Burcin B. Yurtoglu, "How Effective is European Merger Control?", *European Economic Review*, Vol. 55, 2011.

24. W. B. Arthur, "Competing Technologies: Increasing Returns and Lock-in by Historical Events", *Economics Journal*, Vol. 99, No. 394, 1989.

后 记

2003 年我从北大毕业到清华任教，从此结下不解之缘，和清华，和反垄断。

那年秋天，我正式从教以来讲的第一门课，是给三年级本科生开设的《市场管理法》。一门新开课、一名新老师。因为是新课，要从申请课程开始，重点是编写课程大纲。为此，我查阅了大量资料以及珍藏的大学以来的课堂笔记、读书笔记。那时讨论最多的是反不正当竞争法、消费者权益保护法，与反垄断法有关的资料非常有限。后来，商务部条法司与清华法学院建立了学术交流机制。2006 年 9 月，我和另一位老师根据各自的专业到商务部条法司的两个处兼职工作，她在 WTO 法律处，我在竞争法律处。当时竞争法律处的一项重要工作是根据《关于外国投资者并购境内企业的规定》（2006 年 9 月）审查并购交易。从此，理论和实践相互砥砺成为我学术研究的基本方法，直到今天依然是我坚信的不二法门。

时光荏苒，这一年时间虽然不算很长，但对我影响深刻。从法律技术角度来说，经历了从全新认识到逐步理解，再到应用，进而检视改进的过程，比如今天常常讨论的协同效应、损害理论、救济措施等。无知的压力和学习的进步让这一年辛苦又无比充实。正是由于早期有这样的立法、执法实践，当 2008 年 8 月 1 日《反垄断法》施行以后，经营者集中领域的配套规定出台更早。

由分而合。2018 年，国务院机构改革组建国家市场监督管理总局，下设反垄断局，开启了统一行政执法的阶段。2021 年 11 月 18 日，国家反垄断局成立，反垄断任重而道远。这十三年间，从学习者到同行者，再到一些领域和案件的引领者，中国在反垄断方面取得的进步举世瞩目。今天说我国是三大辖区之一，名副其实。

时值《反垄断法》修订，回望其间研究的课题、参与的案件、讨论的问题，深感学无止境。竞争法学术共同体活跃并且单纯，大家志同道合、开诚布公、守望相助，各位前辈、同仁的关爱给予我莫大的鼓舞，学术之路并不孤单。谨以本书作为我个人学术成长的阶段小结，并以此向每一位帮助过我的师长、朋友、同事、学生致意。还要特别感谢亲爱的家人，时光美好悠长，你们的爱让我成为一个幸福的人。

昨日北京大雪，今天艳阳高照，可以听到窗外积雪融化的声音。所有相遇，都是重逢。

是为记。

张晨颖

2022 年 2 月 14 日于清华园凯原楼